讓生命潛能 帶你探索心靈世界的真、善、美
Life Potential Publishing Co., Ltd

愛·自由與單獨

Love, Freedom, and Aloneness

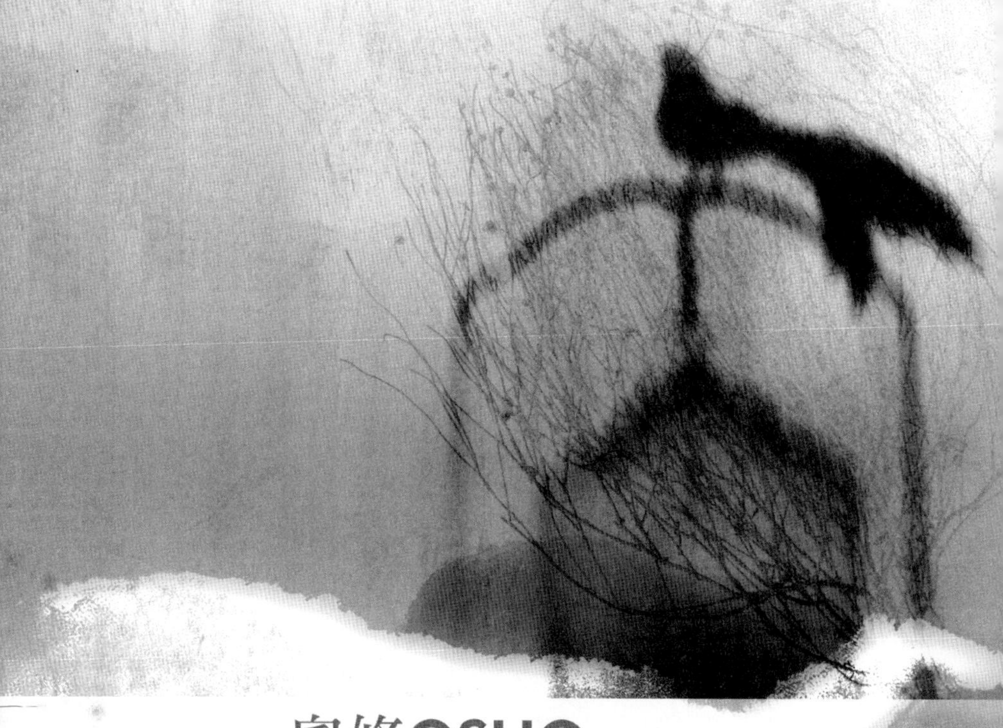

奧修OSHO著　黃瓊瑩Sushma譯

譯者小語

謹將這本《愛、自由與單獨》獻給一位摯愛的朋友，他是我所見過最溫柔敦厚、最細膩、最真誠的人，大而圓的雙眼與濃密的睫毛透露出他的慧心，可愛的門牙訴說著小男孩的天真。他是我的小天使、我的良師益友，也是此生我所收到最珍貴的禮物：Veet Chitta

未曾誕生

未曾死亡

只是

從一九三一年十二月十一日

到

一九九〇年一月十九日

拜訪這個星球

contents
目錄

第三部 自由

第四部 單獨

推薦序

存在的愛，無所不在

賴佩霞

存在展現生命的內涵，讓我嚐遍各種苦澀酸甜，也讓我經歷了人生的起伏與不解。它毫無選擇地將人性、動物性及大自然的殘暴與優雅，同時展現在我的眼前。我跌跌撞撞於茫茫人海中，與之糾結了許多年；不得不臣服於存在的浩瀚，它的宏偉，足以讓人畢生尋找不到出路。

存在賜予一切，而奧修這位師父，教我放下生活的悲苦。奧修的語彙，導引我從傷痛與疑惑中瞥見愛的深遠。他對人性的剖析常令人拍案叫絕，精闢的見解更令人折服。談笑中不時指出人心的弔詭，更一再提醒人們深入靜心，與愛融合。他要人們卸除不屬於愛的雜質，明白頭腦的模式，及觀察人性的制約。而我就在這不知不覺中自然地脫胎換骨，與周遭產生新的互動。

生活上總會遇到一些莫名其妙的人或出乎意料之外的事，在毫無預警的情況下從天而降。這時，所有防衛機能同時啟動，本能的反彈及一連串應對技巧，占滿了腦袋的空間。用邏輯分析時，更是教人心緒不寧，直落糾纏的陷阱。霎時間，只看見對方的干擾，而無法準確地觀照自身的狀態。因此，就容易引發一些過當的防衛或尖酸的字眼。即使當下已發現自己陷入混亂，都無法即時放開那不平的情緒。回頭想想，類似這樣的事件，往往在事後為自已繁衍出許多的懊悔或更大的怒氣。

就當這些不滿與愧疚累積到某個程度時，便轉而抱怨對人性的失望，及時勢的不公。怨懟上帝或存在的作弄，及懷疑生命的價值。

細聽周遭朋友的故事時，似乎都是被困擾在類似的輪迴中。日復一日，永無止境。人們為了要在複雜的人際關係裡試圖找出一道曙光，卻耗盡一輩子的心力。摸不著頭緒，滿心挫敗。有一天，恍然大悟，決定選擇脫離舊有的關係，一切重新開始。但事隔不久之後，同樣的故事繼續上演，困擾依舊存在。

雖然已感受到生活形態的乏味，了解自己思緒的固著，甚至早已厭煩了這些牽扯不清的人際關係，但又不知該如何回應。這些生活上的寫照你我都了醉，即使是一些心理學家或靈療大師，都很難通過這般生活禪的考驗。

該如何與挫折相處，深入了解愛的無私，為自己和心愛的人保留空間，又能享受單獨的唯美呢？奧修給了我一把鑰匙，教我分分秒秒透視生命新的契機。當我身陷混亂時，愈能洞悉它的珍貴。無論是外在世界的應對，或個人內心的成長，從靜心、愛、自由或單獨中，一切的學習均存在彰顯美麗的驚喜。

每一個人對「愛」都能侃侃而談，但又有幾人真正擁有成熟的親密關係與互動？相愛容易相處難，似乎道盡了人對愛的渴望與無力。沒有覺知的言行舉止，往往讓愛淪為口號。如果在你的愛裡蘊藏了痛苦，也許，該重新檢視它的內涵。

愛能帶給人解脫，讓人了解自由的真諦。在任何關係裡，一句惡意的話語或使壞的心眼，終會帶來不安及悔意。為了要讓自己能夠自由地遨遊世間，更需要體恤他人的制約，去除彼此的綑綁。我們來自整體，平和的回家總是心的嚮往。讓自己處在愛的狀態裡，為生命見證豐沛的自由，去經歷人類至高的善與慈悲。

當你被愛融解、被自由滋養時，也要享受單獨，這將帶領你迎向無遠弗屆的生命藝術。我們來自浩瀚的源頭，經過一番波折與洗禮，終將獨自回歸源頭。單獨是人們與生俱來熟悉的本能，又同時能讓你與整體交融。但由於長期習慣性地將思緒專注在不愉快的情境上，忘記了家的浩瀚與存在的單純。這一切的過程，是否就是為了喚醒塵封已久的記憶——單獨即是全然。

每當我知悉朋友的苦，直教我心疼。願將自己多年的學習與生活體驗傾囊相授。如果你身旁不乏知己或智者，那你是幸福的；如果沒有，也許奧修的書及一些靜心的方法，可以陪伴你安靜地品嘗獨處的美，更能讓你享受他的智慧。試著讓痛苦帶領你通往愛的道路，與存在會合。也許有一天，我們將在旅途中相遇，帶著我滿心的祝福。

賴佩霞

- 媒體人，自喻為求道者。
- 認真習油畫與攝影，九十年四月曾在私人俱樂部舉辦「個人習作展」。

作者序

愛與真理

在柏拉圖的《饗宴》（*Symposium*）中，蘇格拉底說過一段話：

對於一個活在愛的奧祕裡的人，他所觸及到的不是真理的反射，而是真理本身；再也沒有什麼事比得上愛，更能幫助人類領略這項天生就擁有的祝福。

我這一輩子已經用盡各種方式在闡述愛，但其實所傳達的訊息都是一樣的。你只要記得一件基本的事：你所以為的愛並不是愛；蘇格拉底或我所談論的愛，也不是你的那種愛。

你所知道的愛，不過是一種生物上的衝動，全看你們來不來電與荷爾蒙而定，那是可以輕易被改變的，只要一丁點的變化，就能讓你心目中的「終極真愛」頓時消失得無影無蹤。

換言之，你總將渴慾的感覺當成是愛，這當中的差異必須加以牢記。

蘇格拉底說：「對於一個活在愛的奧祕裡的……」渴慾的感覺一點神祕感都沒有，它純粹是一個生物遊戲，每一頭動物、每一隻小鳥、每株樹都知道怎麼玩這個遊戲。無庸置疑地，奧祕的愛和你平常所熟知的愛有顯著的不同。

對於一個活在愛的奧祕裡的人，他所觸及到的不是真理的反射，而是真理本身；

唯有來自意識的愛，才能使你與真理接觸，那般的愛不是出於身體，而是你最深處的本質。渴慾的感覺是身體層面的現象，愛則是意識層面的現象，但人們對自己的意識一無所知，所以總是錯將肉體的渴求當成是愛。

世上懂得愛的人非常稀少，那些懂愛的人是如此的沉靜、安定……在沉靜與安定當中，他們接觸到自己存在的深處及靈魂。當你與自己的靈魂交會之時，你的愛便不再是一種關係，它將如影隨形地跟著你，在你所到之處、對你所互動的每個人，你都帶著愛。

目前你所認定的愛是針對某個人、局限給某個人的，但愛卻不是一個可受限的現象。你可以將它置於張開的手掌心，可是無法將它緊捏在拳頭底下；緊握的雙手什麼也沒能抓到，一旦你鬆開手，整個世界便都是你的。

蘇格拉底說的沒錯，了解愛的人也會了解真理，因為兩者是同一個經驗，只是稱謂不同罷了。假如你還不懂真理，記住，你也還不懂愛。

再也沒有什麼事比得上愛，更能幫助人類領略這項天生就擁有的祝福。

第一部

愛

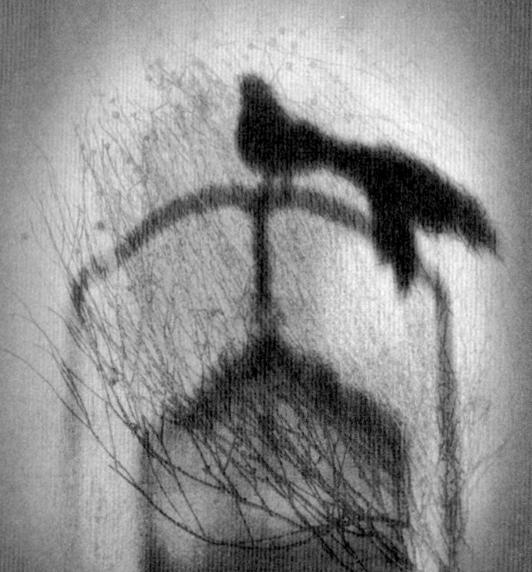

說來令人訝異，英文裡的「愛」（love）是來自梵文字「拉巴」（lobha），「拉巴」的意思是貪婪。英文的「愛」竟是出於一個意指貪婪的梵文字，或許這純屬巧合，但我覺得事情不可能就這麼單純，一定還有些奧義、某種轉化上的理由在背後。事實上，經過淬鍊後的貪婪會轉為愛，正是貪婪提煉後的「拉巴」——會成為愛。

愛是分享，貪婪是囤積；貪婪只會索取，從不施與，愛卻只懂得付出，永遠不會要求回報，愛是無條件的分享。「拉巴」之所以成為英語中的「愛」，說不定是因著某種煉金術般的緣故；換言之，「拉巴」透過內在的煉金術蛻變後，成為了「愛」。

第一章　多情非真情

愛，並非是人們平常從字面上所了解的那一回事。一般的愛只是種偽裝，它背後還潛藏著某種東西，真愛則是截然不同的現象；一般的愛是需求，而真愛是分享，它從不要求，只知道給與的喜悅。

尋常的愛百般做作，而真愛是絲毫不作假的，只是呈現出本然的樣子。尋常的愛幾乎可以說是病態的，你們管那又黏又膩的樣子叫「濃情蜜意」（lovey-dovey），著實令人噁心。真愛是一種滋潤，強化了你的靈魂；而尋常的愛卻只是助長你的自我，自我並非真實的你，而是虛假的你。別忘了，虛假的只能助長虛假的，唯有真實的才會助長真實的。

就讓自己成為真愛的僕人，在愛的究竟純粹中，當一名愛的僕人。給與、分享任何你所擁有的，盡情分享之餘，還享受著分享的感覺。別將分享當成苦差事，不然你無法體會箇中的樂趣；也不要覺得自己是在幫助別人，連想都不要這樣想。愛從不要人感激，當某個人接受了你的愛，覺得由衷感激的人反而是你；當愛被接納的時候，是滿懷謝意的。

真愛從不等待回報，甚至連謝謝也不指望；當別人致謝的時候，總是感到又驚又喜，那是一種喜出望外的感覺，因為愛是不期望的。

你無法令真愛受挫，因為打從一開始，真愛就不曾期盼過什麼；你無法滿足不真實的愛，因為它所懷的期盼之深，無論你做什麼永遠都不夠，沒有人能滿足得了那麼龐大的期盼。所以，不真實的愛會招致挫敗，而真愛，永遠令人心滿意足。

當我說：「成為真愛的僕人。」指的並不是成為你所愛者的僕人，完全不是的，我不要你當你戀人的僕人，我的意思是成為「愛」的僕人。人們應該對純粹的愛懷著崇敬之心，你所愛的人，只是那純粹之愛的一個樣貌，而整個存在所涵蓋的，不過是那純粹之愛的千千萬萬種形式。花朵是一種形式，月亮是一種形式，你的戀人又是另一種形式……你的孩子、你的母親、你的父親，無一不是形式的呈現，他們全都是真愛之洋裡的波浪。但是，千萬不要變成戀人的僕人，永遠記得：你所愛的人，只是讓你表達愛的一個小小體現。

透過你所愛的人來服侍愛，如此你就不會執著於這個人，當你不執著於所愛的人，愛就會來到顛峰。要是你起了執著，你馬上就會往下掉，執著是一種地心引力，而超然是一種優雅。不真實的愛有另一個名字，就叫「執著」；真愛是無比超然的。

不真的愛總有重重的顧慮，無法不操心；真愛則是體恤他人的，不會在意無謂的事。如果你真的愛一個人，你會體貼到他真正的需求，而不會對他的愚蠢、可笑的夢想表現出不必要的擔心；你將照顧他所有的需要，但你在那裡不是為了滿足他不切實際的欲望。你不會做出真的會傷害到他的事，例如，就算他的自我會要求，你也不滿足他的自我。一個有太多擔憂、太多執著的人，就會去履行自我的要求，那意謂著你正在毒害你所愛的人。體恤的意思是，你看得出這不是真實的需要，而是出於自我的需要，於是你不會去滿足他。

真愛只懂得慈悲，而不會擔心。這十分不容易，因為有時候你必須硬著心腸；有時你甚至必須非常冷漠，如果冷漠會有幫助的話；而有時你得要無情，如果情況需要你表現無情的話。愛會照顧到一切所需要的，卻不會掛慮些什麼，不會去滿足不真切的需求，也不會去實踐任何有害他人的想法。

深入愛去好好探索一番，你可以靜心或是做實驗；愛是生命中最偉大的實驗，那些不曾以愛的能量在生活中實驗過的人，永遠不會知道生命是怎麼一回事，只是過著粗糙的生活，而沒有機會活出生命的深度。

我的教導是朝向愛的，我可以輕而易舉地丟掉「神」這個字，一點問題也沒有，但我無法拋掉「愛」。假如必須在「愛」與「神」兩個字中選擇其一，我會選愛，而將神徹底遺忘，因為那些了解愛的人，也必定會了解神，反之卻不然，那些去思考神、將神哲學化的人，永遠不會知道什麼是愛——也永遠不會知道什麼是神。

第二章　先愛你自己

愛你自己，然後觀照——今天、明天、永遠。

我們從佛陀涵蘊最深的教誨之一開始探討：

愛你自己。

這世間的文明、文化、教會所教給你的正好相反，他們高唱：「愛別人，不要愛你自己。」這種教誨的背後，有著一套詭詐的策略。

愛是靈魂的滋養。一如食物是身體的滋養般，愛是靈魂的滋養；身體若是少了食物會虛弱，靈魂若是少了愛則會委靡。從來就沒有任何統治階層希望人民擁有強健的靈魂，因為，一個有著靈性能量的人，鐵定是叛逆的。

愛令你反叛、令你革命；愛賦予你羽翼，使你展翅飛翔；愛讓你洞悉世事，所以沒有人能欺騙、剝削、壓制你。宗教高層人士與政客倚靠的就是吸你的血為生，仰賴剝削你而得以倖存。

所有的宗教人士與政客全都是寄生蟲，為了使你的靈魂軟弱無力，他們發現了一則萬無一失、保證成功的方法，那就是教你不要愛你自己；因為，一個無法愛自己的人，他也無法愛任何人。這樣的教導十分陰險詐——他們說「愛別人」的理由是，他們很清楚如果你不能愛你自己，你就根本沒有愛的能力。他們宣揚：「去愛別人，愛人類，愛神。去愛大自然，愛你的妻子、你的先生、小孩、你的雙親。」但是別愛你自己——根據他們的說法，愛自己是自私的，他們對自我之愛的譴責，讓你以為愛自己是一件罪大惡極的事。

他們的教導看起來很合乎邏輯，像是：「愛自己是自以為是的表現；愛自己是一種自戀情結。」事實並不然。

愛自己的人，將不會有自我（ego）。一個人要是沒有先愛自己，就去愛別人，正是那種愛別人的「努力」會造就出自我。傳教士、社會改革者、社會服務人員的自我是屬一屬二的強，這是理所當然的，因為他們以優等人類自居，不是凡夫俗子，只有凡夫俗子才會愛自己，而他們愛別人，愛他們完美的典範——神。

他們口口聲聲的愛盡是虛言，因為那樣的愛，沒有任何根基。

對一個愛自己的人來說，他已跨出了朝向真愛的第一步。這就像是對著平靜的湖面擲出一顆小卵石的情形，漣漪總是圍繞著小卵石、從最貼近小卵石的地方開始泛起。不是這樣的嗎？不然那些漣漪要打哪裡出現？接著，它們會一波波地散開來，直到最遠的岸邊。假如你從小卵石的附近打斷了那一波波的漣漪，你就不能指盼在岸邊見到漣漪。

宗教人士與政客早就注意到這件事了：只要阻止人們愛自己，你就能剝奪他們愛的能力，從此他們所以為的愛只會是贗品，那樣的愛或許是一種義務，但絕不是愛，而「義務」是一個骯髒的字眼。父母親履行對孩子的義務，而基於回饋，孩子也履行對父母親的義務；妻子對丈夫有義務，丈夫也對妻子有義務，試問：愛在哪裡？

愛從來都不是義務，義務是負擔、是形式；愛是喜悅、是分享，而不是形式。一個有愛的人永遠都嫌自己做得不夠，他總是覺得可以再多做些什麼，而且，他非但不認為是自己加惠了別人，反而會因對方接受了他的愛而覺得感激，因為他的心意沒有被拒絕，對方收下了他贈與的禮物。

把愛當成職責的人會認為：「我比較崇高、比較有靈性，我是不同凡響的人，你看我是怎樣在造福他人！」這些公僕是世上最虛假、也是最具傷害性的人；要是能沒有公僕，人類的重擔將得以卸下，每個人會覺得萬般輕盈，重拾往日的輕快舞步與引吭高歌。

不過，你的根自累世以來已經被砍斷，也被下了毒，你被塑造成不敢去愛自己，然而，愛自己是愛的起始，是你對愛的首度體驗。愛自己的人會尊重自己，而愛自己、尊重自己的人，也才會尊重別人，因為他明白一件事：「人同此心，心同此理。正如我享受著愛、自尊與自重，別人也是如此。」他會意識到，人性的根本都是一樣的，我們是一體的，全都活在同一個律則之下。佛陀說我們活在相同的永恆律之中，在細小處上或許會有歧異，而美就美在這裡，那些歧異將造就各式各樣的人。但就基本的部分來說，所有人皆為自然的一小部分。

一個愛自己的人，會深深陶醉在愛的狂喜裡，他的愛自然地暈染開來，開始流動到他人身上，絕對是這樣的！如果你活在愛裡，你將不得不分享愛，因為你不可能永遠只愛自己。有件事再清楚不過了：要是開始愛一個人——也就是你自己，就能讓人雀躍不已，試想，若是能和許多、許多人分享你的愛，不知將會有怎樣的欣喜等著你？

漣漪緩緩地往更遠的所在蕩漾開來，你愛他人，接下來你開始愛動物、鳥兒、樹木、石頭。你可以用你的愛將整個宇宙填滿，單單一個人，就足以使全宇宙布滿了愛；只需一顆小卵石，就能讓整座湖泊泛起陣陣漣漪——光憑一顆小卵石。

唯有佛陀才說得出「愛你自己」，教會或政客絕不會同意這樣的話，因為這將壞了他們的豐功偉業，拆毀他們剝削的結構。如果一個人沒能愛自己，他的靈魂將會日漸萎縮，身體也許會成長，但不會有內在的成長，因為他失去了來自內在的滋養。只是徒具一副身軀，幾乎沒有靈魂，頂多只有靈魂的潛能與可能性，他的靈魂還是顆種子。如果你不去替靈魂找到正確的土壤——愛，種子將永遠只是種子，而如果你聽從了那句蠢話：「不可以愛自己。」你將找不到正確的土壤。

我也教你要先愛自己，這與自我沒有關係，事實上，愛的光芒是如此耀眼，晦暗的自我根本沒有立足之地。但倘若你先愛別人，倘若你的愛集中在別人身上，你將活在黑暗之中。先將你那道光朝向自己，你先成為光，再讓光明驅走你內在的黑暗和怯弱，讓愛使你成為一股無堅不摧的威力，一股靈性的力量。

當你的靈魂具備力量時，你知道你將不會死亡，因為你了解到自己的永恆不滅，愛讓人首次體會到永恆的真義。超脫時間的經驗就是愛，那經驗是獨一無二的，於是你得以了解，何以戀愛中的人們都不畏死，因為愛不知道死亡為何物；頃刻間的愛，就足以抵過整個永恆。

但愛必須從最初的地方開始，愛必須從這第一步開始：

愛你自己。

不要譴責自己。你不僅被過分責備，還將所有的罪過都承攬下來，這是對你自己的一種傷害。從沒有人認為自己俱足價值，也沒有人曾想過自己是神的創造物，更沒有人覺得自己是被這世界需要的，這些想法是具毒性的，就像是被自己母親的母乳所毒化，你已經中毒很深了，這即是你過往一生的寫照。

有史以來，自我譴責就像團漆黑的雲霧籠罩著人類，如果你對自己有譴責，你要如何成長？又怎麼才能成熟？如果你總是責難自己，你怎麼能夠對存在還有虔敬的心呢？要是你無法敬仰你內在的存在（existence），你也無法敬仰他人身上的存在，這是不可能的。

只有當你崇敬在你裡面的神時，你才能成為整體的一部分。你是主人，神是你的貴賓。藉由對自己的愛，你將會明白：神已經揀選你成為一個管道，這意謂著祂尊重你、愛你，在祂創造你的時候，即已顯示了祂對你的愛。你不是偶然間被祂創造出來的，祂已賦予你某種命運、某種潛能、某種你終將達成的光輝。是的，神以自己的形象造出了人，人必須成為神，除非你成為神，否則你不會真正感到滿足。

可是，要怎樣成為一個神呢？你的教士們說你是帶罪的，你已經被判了刑，注定要下地獄。那些人是很狡詐的，他們讓你不敢愛自己，這是一種斬斷愛的伎倆，使你失去了愛的根源。全世界最狡詐的專家非教士莫屬，他們告訴你「去愛別人」，這樣的愛一定是虛假、不自然的，這樣的愛只是一種偽裝的表演。

他們說：「愛人類，愛你的祖國，愛你的家鄉、生命、存在、神。」這些話是很動聽，但沒有半點實質上的意義。你曾經與人相遇嗎？你遇到的是一個個不同的人，而你已經譴責你所遇到的第一個人——你自己。

你未曾尊重過自己、愛過自己，現在你還賠上你的一生去苛責別人，那就是為什麼人們如此擅長於挑毛病，他們在自己身上找到錯誤，當然也會在別人身上找到相同的錯誤。事實上，他們會無所不用其極地將別人的錯誤大肆渲染，這似乎是給自己找到台階下的唯一方法，否則面子將會掛不住。於是你到處都聽得到批評的聲音，人與人之間極端缺乏愛。

我認為這是佛陀最富深意的經文之一，只有覺醒的人，能分享這樣的創見。

祂說：愛你自己……這將是徹底蛻變的基礎。別害怕愛你自己，全心全意地愛自己，接著你將會有驚人的發現：等你能擺脫所有自我的責難與貶抑的那一天——也就是你能拋開原罪想法的那一天；當你明白了自己的價值，也知道存在愛你的時候——那將是你生命中最幸福的一天；打從那一天起，你將開始看見人們真實的光輝，你的悲憫之心會油然而生，那種慈悲不是培養出來的，而是自然、自發的流動。

一個愛自己的人，很容易就具備了靜心品質，因為靜心的意義是和自己在一起。假使你痛恨自己——正如你現在的樣子，正如你忠心耿耿地奉行別人告訴你的「不要愛自己」——假使你討厭自己，你要怎麼和你自己在一起？靜心不是別的，正是享受你的單獨，能單獨與自己在一起是很美的。慶祝你自己，這就是靜心的精華。

靜心不是一種關係，在靜心之中完全不需要別人，你對你自己而言就夠了。你浸濡在自己的榮耀裡，沐浴在自己的光芒中，單單活著就令你感到無比的喜悅，因為你存在。

世上最偉大的奇蹟就是你我的存在，活著是最為不凡的奇蹟，靜心能開啟這扇偉大的奇蹟之門。然而，只有愛自己的人可以靜心，不然你總是在逃開、躲避自己。有哪一個人想要見到一張醜陋的臉？又有誰願意走進一個醜陋的內在？誰會想深入自己的那灘爛泥巴，探索自己的幽暗面？要是你認為自己是一座地獄，你還會想進去裡面看一看嗎？你一定會想用漂亮的鮮花將一切掩蓋好，因為你總想逃避自己。

所以人們才無時無刻需要有人作伴，他們無法和自己在一起，只得尋求形形色色的人事物與他們為伴，只要可以讓他們忘掉自己的，不論什麼辦法都可以。例如花兩、三個鐘頭坐在電影院裡，觀看一齣愚蠢的電影；或是讀好幾個小時的偵探小說，虛度他們的時間；或者一再地看同一份報紙，只因為不知道做什麼其他的事才好；他們會打牌或下棋，據說是為了打發時間，好像時間多得用不完似的！

我們並沒有多少時間，我們沒有足夠的時間可以成長、生活——而且是高高興興地活著。然而，錯誤的教育方式導致了一些根本的問題，其中之一就是：你逃避了自己。人們坐在電視機前面，屁股上好像有膠水將他黏在椅子上一樣，一坐就是四、五個小時，甚至是六個小時。美國人每天花在看電視的時間平均有五小時，這個疾病正向全世界蔓延開來，而你從電視上看到的是什麼？又從中得到了些什麼？不過是在耗損你的眼力而已……

事情一向都是如此，就算沒有電視，也有其他的事情可以替代，問題是一樣的：怎樣才能逃避自己——因為你覺得自己很醜陋。是誰讓你變醜的？你口中的宗教人士、你的教宗、你的宗教學者，他們成功地將每個人變醜，是他們應該為你的毀容負責。

孩子們出生時個個都是美麗無瑕的，接著他的美開始被扭曲，直到殘缺不全、失去平衡為止，到時候連他都會覺得自己面目可憎，由於不想看到自己，他隨時需要跟別人在一起，例如，為了逃避自己而去嫖妓。

愛你自己，佛陀這麼說。這將可以蛻變整個世界，還能夠將醜陋的過去全部了結。愛自己，宣示著一個新時代的來臨，代表著新人類的誕生。因此我總是談愛這個主題，但愛是由一己開始，接著才能擴大出去。愛會自行不斷擴張，你並不需要做任何事來使它擴展。

愛你自己，佛陀這麼說，緊接著祂又再加上一句話：「**然後觀照**。」那即是靜心（**meditation**），那是佛陀稱呼靜心的方式。但先決條件是愛你自己，接下來才觀照；假如沒有愛自己就開始觀照，你也許會經歷到瀕臨自殺的感覺！許多佛教徒很想自殺，因為他們沒有留意這經文的前半段，而直接跳到第二步：「觀照你自己。」事實上，我未曾在任何對佛陀《法句經》的評論中，見過任何人注意到第一句話：愛你自己。

蘇格拉底說：「認識自己。」佛陀說：「愛自己。」佛陀的話更真實，因為除非你能愛自己，否則你永遠無從了解自己。了解是後來才會出現的，愛先為認識自己做好準備，愛是認識自己的一個機會，也是認識自己的正確的方式。

有一次，我與一位佛教僧人賈地許・卡希亞（Jagdish Kashyap）住一起，他現在已經不在人世了。那時我們在談《法句經》，正好看到這一段經文，他就開始滔滔不絕的講觀照的事，好像根本沒有看到第一句話一樣。沒有任何佛教徒曾經注意到第一句話，他們都直接略過。

我對卡希亞說：「等等，你忽略掉一件非常重要的事情。觀照是第二步，你卻將它當成第一步，觀照不可能是第一步的。」

後來，他又將經文重讀一次，眼中不禁流露出一絲迷惑，他說：「這部《法句經》我已經讀了一輩子，不知讀過幾千幾萬回。每天我的晨間祈禱文唸的都是《法句經》，雖然對它已經是滾瓜爛熟了，但從沒想過『愛自己』是靜心的第一步，觀照才是第二步。」

世界各地無數的佛教徒都是這個樣子。就連新佛教徒（neo-Buddhists）也是如此。西方佛教徒在日益增加當中，佛陀的時代已來到西方，西方人已經準備好來了解佛陀，但是他們也犯了相同的錯誤，沒有人認為自我之愛是了解、觀照自己的基礎……除非你愛你自己，否則你無法面對自己，你將會逃開，你的觀照本身可能成為自我逃避的方式。

第一步：愛你自己，然後觀照——今天、明天、永遠。

在你所處的周遭創造出愛的能量；愛自己的身體，愛自己的頭腦，愛你的身體構造，愛你有機的整個人。「愛」的意義是，不管事情是什麼樣子，你接受它就是那個樣子，別有所壓抑，唯有當我們討厭、排斥某件事才會需要壓抑。別壓抑，如果你壓抑自己，你如何能觀照？我們沒法看著敵人的眼睛，只能看著我們所鍾愛的人的眼睛，所以，如果你不是自己所鍾愛的人，你將無法看著自己的雙眼，你會不敢正視自己的臉龐，面對你的真實面目。

觀照即是靜心，佛陀是這麼稱呼靜心的，觀照是祂的標語，祂說：要覺知、警覺，不要陷入無意識當中；別昏昏沉沉地行事，像台機械或機器人一樣，那是一般眾生過活的方式。

邁克剛搬進新公寓，所以他覺得應該要跟住在走廊對面的鄰居混熟一點。當鄰居的門一打開的時候，邁克意外地看見一位身著清涼睡衣的金髮美女，誘人的胴體簡直呼之欲出，見到這幅畫面令他不禁暗自竊喜。

邁克目不轉睛地在對方身上掃視，好不容易才脫口而出一句話：「嗨！我是對面新搬來的『蜜糖』，請問可否向你借一杯『鄰居』喝？」

人們活得一點意識都沒有，他們不知道自己在說什麼與做什麼，換句話說，他們沒有絲毫的覺照。人們只會臆想，而沒有睜開眼睛看，所以他們認不清事情，也無法有辨認事實的能力。唯有透過深度的觀照，你才能看得清楚，到時候就連閉著眼，你也能看得見；眼前的你，甚至是眼睛張開也什麼都看不到，你只是不斷在猜測、推論、論斷和投射。

葛瑞絲整個人癱在心理醫生的沙發上。

「請將你的雙眼闔上，放輕鬆。」心理醫生說，「接下來我要進行一個實驗。」

他從口袋裡掏出一只皮革製的鑰匙套，輕輕地將盒套拉鍊打開，然後甩甩鑰匙。他問說：「這個聲音會使你想起什麼？」

「性。」她輕聲呢喃著。

接著他將他的鑰匙盒蓋上，再把盒子觸碰她的手掌心，她的身體馬上挺直起來。

「那這個呢？」心理醫生問。

「性。」葛瑞絲口中咕噥出這個字，心頭不由自主感到一陣緊張。

「現在，請張開你的眼睛。」醫生指示說，「請告訴我，為什麼我對你所做的事會令你產生性方面的聯想？」

葛瑞絲遲疑了一下才將眼睛睜開，接著她看到醫生手上的鑰匙套，臉頰忽地就漲紅起來。「嗯……這讓如何啟齒是好？」她低頭囁嚅著：「人家以為頭一個聲音，是你的拉鍊鬆開的聲音……」

你的頭腦不停地在投射。頭腦總是會去干預事實，為事實添上色彩、形狀、外型，但那些都不屬於事實。頭腦從沒能允許你看見事情的本來面目，只讓你看它想看的。

科學家以前所知道的是，我們的眼睛、耳朵、鼻子及其他感官、還有頭腦，其實是通往現實的一扇窗或一座橋樑。但到了現在，他們的了解已經完全改觀，他們這時說我們的感官及頭腦並不真的是打開現實的一扇窗，而是對現實的一層防護。僅僅只有百分之二的現實能穿透這層防衛來到你身上，百分之九十八的事實都被留在外面，等到那百分之二的訊息來到你身上時也已經變質了，因為得先通過許多道關卡，適應過無數的事情，在你收到訊息的時候，訊息已經走了樣。

靜心是將頭腦放到一邊，好讓它不會干擾事實，你才得以看到事情的真實面。

頭腦究竟為什麼要干擾事實？因為頭腦是社會的產物，是安置在你裡面的社會代理人，記清楚，它並不是為了要伺候你，雖然是你的頭腦，但它並不聽候你的差遣，事實上，它的陰謀是要與你作對。社會制約了頭腦，對它灌輸了許多東西，使得它雖然是你的頭腦，卻已不再聽從你的使喚，它聽從的是社會的使喚。假使你是個天主教徒，你的頭腦就是天主教教會的代理人；假使你是印度教徒，你的頭腦就是印度教徒式的；假使你是佛教徒，你的頭腦就是佛教徒式的。而真實的情況卻不是天主教，也不是印度教或佛教，真實只是它原原本本的樣子。

你得將這些頭腦擱置一旁：共產主義的頭腦，法西斯主義的頭腦，天主教式的頭腦，新教徒式的頭腦……地球上有三千種宗教，這裡頭包括大大小小的宗教，加上非常小的宗派，以及宗派中不同的派系，全部合起來有三千種宗教，所以說，有三千種頭腦的存在；可是，事實卻只有一個，存在只有一個，真理只有一個！

靜心的意義在於：把頭腦放到一邊，然後觀照。第一步的「愛你自己」將會對你有極大的幫助，藉由對自己的愛，你將能夠卸除許多社會所加諸於你的東西，你會更自由，不再受制於社會與它所帶來的制約。

第二步是「觀照」，只要觀照。佛陀沒有交代要觀照什麼，祂的意思是凡事都要觀照！走路時，觀照你的走路；進食時，觀照你的進食，沐浴時，觀照你的沐浴，觀照那個正在觀照的人；觀照冷水打在你身上、水的觸感、沁涼的感覺、沿著你的脊椎而起的冷顫——觀照每一件事，今天、明天、永遠。

最後，連你的睡眠你都能觀照，那是觀照的最後一步，身體進入睡眠，但有一個觀照者還醒著，無聲地看著身體睡著，那是最終極的觀照。此時的你正好相反，你的身體醒著，但你卻睡著了；在終極的觀照中，你將是清醒的，而你的身體在睡眠。

身體需要休息，可是你的意識並不需要睡眠；意識是清醒的、警覺的，那正是它的本質。身體的疲倦是由於受地心引力法則的影響，也就是說，使你疲倦的是地心引力，所以當你快跑或是爬樓梯的時候，你會很快就覺得累壞了，因為地心引力將你往下拉。事實上，站著是累人的，坐著也是，只有當你平躺的時候，身體才能得到一點休息，因為這時候，你與地心引力的關係是和諧的。當你站著的時候，你是反地心引力的，血液必須逆著地心引力往上走到頭部，心臟這顆幫浦的工作將會很吃重。

但是，意識卻不受地心引力的影響，所以它永遠不會疲憊。地心引力對意識絲毫起不了作用，因為它不像石塊有重量。意識的運作法則是截然不同的「輕盈法則」（**law of grace**），或是東方所說的「漂浮定律」（law of levitation）。地心引力指的是往下拉，漂浮定律則意謂著往上提升。

身體不斷地被向下拉，那即是為什麼最後它總要躺在墳墓裡，因為對它而言，那才是真正的歇息——回歸塵土。身體必須返回它的出處，從此不再受苦，不再有衝突。你身體裡的原子，只有在墳墓裡才能得到真正的安息。

靈魂會愈飛愈高；隨著你的觀照更加深，你將感覺自己好像長了翅膀一樣——整片天空都任你縱情遨翔。**人是天與地的交會，是靈魂與身體的結合。**

第三章　享受以自我為重心

如果你不能自私，你也將無法為他人帶來任何好處。記住這一點，如果你不自私，你也無法慷慨；**唯有一個真正自私的人，才能是不自私的。**這件看起來似乎是矛盾的事情，需要我們加以了解。

自私是什麼意思？第一個基本要件，你凡事以自我為中心，第二個基本要件，永遠以自己的幸福快樂為考量。倘若你是一個以自我為中心的人，你所做的一切都會是自私的。你或許會為他人服務，但這麼做只因為你享受去服務，因為你喜愛做這樣的事，你是滿心歡喜的；更重要的是，你感覺到「自己」在做這件事，既非出於義務，也不是在造福人群，你並非崇高的犧牲者，所以你不會犧牲自己，那是沒有意義的事。你只是用自己覺得舒服的方式快樂地過日子，例如去醫院幫助病人，或是服務窮苦的人們，那是你高興這麼做的，你將因此而成長，因為你的內心深處覺得無比喜樂、平靜，你為自己感到幸福。

一個以自我為中心的人，總是會去追尋令他快樂的事。當你愈追求你的快樂，你就愈能幫助他人快樂，整件事情的美就在於此。這就是活在世上唯一能快樂的方式，要是你周圍的人都不快樂，你也不會快樂到哪裡去，因為人不是一座孤島，每個人都是廣大陸地的一小塊。如果你想活得快樂，你必須協助身邊的人快樂起來，到那時候——也唯有到那時候——你才會快樂。

你必須在周遭創造出快樂的氣氛，假使每個人都愁眉不展，你怎麼快樂得起來？你將敵不過旁人的影響，因為你不是一顆石頭，而是細緻、敏感的人，倘若身旁的人都活在愁雲慘霧裡，你難保不受到影響。痛苦就像疾病一樣有傳染性，但喜悅也是有傳染性的，如果你幫助別人快樂，最後你等於是幫助自己快樂。

一個真正關心自己快樂與否的人，一定也會關心別人快不快樂，但這不是為了別人，在他的心底，他是為了自己才去幫助別人的。假如全世界的人都被教導要自私的話，那人人都將是快樂的，痛苦將無法存在。

讓我們教導每個人成為自私的人，那麼，不自私將會從自私當中滋長；乍看之下也許叫做不自私，但被滿足的最後還是「你」，所以不自私終究是自私。如此一來，你的快樂將以倍數增加；身旁愈多的人快樂，你也愈快樂，直教你快樂得無法自已。

一個快樂的人是如此快樂，他不想被別人干擾，他要保有自己的私人天地，好與花朵、詩歌、音樂為伴。活得好端端的為什麼要去打仗，去被射殺和殘殺別人？為什麼他就該殺？為什麼要白白葬送自己的性命？這唯有不曾自私的人才辦得到，因為他們從不知道自己可能擁有的幸福，也從沒有「活著」的經驗。他們不知道什麼叫慶祝，因為他們從未嘗過手舞足蹈的滋味，從未呼吸過生命的感覺。所有對神聖的瞥見都是來自深層的幸福與深度的滿足，只可惜他們尚且不知神聖為何物。

不自私的人沒有根，沒有任何中心，這樣的人有著重度的精神官能症。違背自然將無法成為健全的人，因為他與生命、存在的洪流為逆，因為他試著當一個不自私的人。然而，他無法不自私，唯有自私才能使一個人不自私。

快樂時，你可以分享你的快樂；假使你自身都不快樂了，請問你如何分享快樂給別人？分享的先決條件是——先擁有。不自私的人總是嚴肅的，他的內心深處其實是有病的，他因錯過了自己的生命而感到痛苦萬分。請記住一件事，當一個人錯過生命時，他會有破壞與自殺的傾向；當一個人活得痛苦時，他就會想破壞。

痛苦是破壞性的，快樂是創造性的。創造性只有一種，那就是幸福、喜悅、開懷的創造性。當你滿心歡喜時，你會想創造些什麼，也許為你的孩子做一只玩具，也許是寫一首詩、或彩繪一幅畫，總之會想做些什麼。每當你心花怒放時，該如何表達出你的感覺？於是，你創造出某樣東西。然而，若是你活在痛苦中，你會想毀損、破壞，這時你會去當政客，你會想當一名軍人，總而言之，你想製造出某些環境好讓你能夠發洩你的破壞力。

那就是地球上不時有戰事興起的原因，這種現象可說是一種不輕的疾病。政治人物們常將世界和平掛在嘴邊，但滿嘴和平的是他們，讓戰爭發生的也是他們。事實上，他們說的是：「為了維持和平，我們準備開戰。」這種話真是無理至極！都要打仗了，怎還有和平可言？為了擁有和平，不是應該去做和平的事情才對？

世界各地的新世代對政府當局造成了威脅，原因是年輕人只想要快快樂樂的，他們想去愛、去體驗靜心，他們想接觸音樂和舞蹈，對政治卻沒有半點興趣——無論是左派或右派主義。全世界的政治人士都警覺到這件事了，年輕人一點都沒有興趣涉獵政治，他們既非共產主義者，也不屬於任何其他的「主義」。

快樂的人是屬於他自己的，本來就是如此，為什麼他應該屬於任何一個組織？那是不快樂的人才會做的事。會去參加某個組織、某個團體的人，是因為他沒有自己內在的根，沒有一份歸屬感，這令他心中十分焦灼，覺得自己應該有歸屬，於是他創造出歸屬的替代品，跑去加入某個政黨、革命團體或者宗教團體，然後他才覺得自己有所歸屬，因為現在他的根扎在一群人當中。

你的根應當扎於自己身上，因為你的內在深處是直接通往存在的。隸屬於某個群體無異走入死胡同，在那裡，你沒有成長的機會，有的只是路的盡頭。

所以我才不教導你不自私，因為我知道如果你能自私，自然你就是不自私的。而如果你做不到自私，那麼你就已失去了自己，這時你也無法與任何人連結，因為一旦連結的基礎沒有了，第一步即已錯失。

將這世界、社會、烏托邦、馬克斯主義給忘了，完全不要理會這些，生命不過在彈指的數年間而已，你要懂得享受，讓自己開開心心、快快樂樂的，去舞出你的人生、去愛，從你的愛與舞蹈當中，從你一心一意的自私當中，將會有一股流動的能量滿溢出來，然後你便可將這股能量與人們分享。

我說，「愛」是最最自私的事情之一。

第四章　真愛不會執著

愛是唯一讓人免於執著的自由；
當你無所不愛時，你便無所執。
……男人為女人的愛所囚禁，女人為男人的愛所囚禁，
兩者均不見容於自由彌足珍貴的王冠。
然而，男人與女人是愛的一體，
既無法分開，也無法區分誰是誰，
他們其實再值得愛的獎賞也不過了。

——摘自麥凱爾·奈米（Mikhail Naimy）《墨德之書》

《墨德之書》（*The Book of Mirdad*）是我最喜愛的書之一，墨德是一位虛構的人物，

但他的一言一行每每顯出十足的重要性。這本書不該被當成小說來讀，你應當視它為一部聖書——也許，是一部絕無僅有的聖書。

在這段話裡，你即可見識到墨德的洞見、覺知與領悟。他說：「愛是唯一讓人免於執著的自由……」而你向來所聽到的卻是：愛是唯一的執著！各個宗教無不同意這件事：愛是唯一的執著。

我同意墨德所說的：

愛是唯一讓人免於執著的自由；當你無所不愛時，你便無所執。

事實上，你必須探討的是執著本身的現象。為什麼你緊抓著某件事不放？因為別人也許會偷走它，你唯恐失去它。你所害怕的是，今天你所擁有的，明天也許就不在了。

誰知道明天會發生什麼事？對於你所愛的那個女人或男人，有以下兩種可能：你們之間不是更親密，就是更疏離。說不定明天你們依舊是陌生人；也說不定你們如此地靠近，使得你們不再是兩個人，肉體上當然是兩個人，但彼此的心已融為一體，你們的心正哼唱著同一首歌，幸福的雲朵將你倆團團圍住。你們消失在那般的狂喜之中，你已不是你，我也已不是我。愛是如此的淋漓盡致，愛是如此的強烈與來勢洶洶，使得你們無法自持，只好讓自己被淹沒與消融。

在那樣的消融之中，誰要去執著？又要對誰執著？萬般皆如是（Everything is）。當愛的花朵全部盛開時，你將發現萬般皆如是。沒有了對明天的恐懼，執著、罣礙、婚姻或任何的契約與束縛也都不存在了。

婚姻除了是一只生意上的合同之外，還能是什麼？當你在法官的面前彼此許諾時，這是對愛的一種褻瀆！你所依循的是存在裡最次等、也是最醜陋的——法律。將愛帶到法庭上，就是犯下了一項無可赦免的罪，你在法官面前許下諾言：「我們願意結為連理，而且永遠在一起。這是我們對法律的承諾：我們將永不分離，也永不背信忘義。」你認為這不是在冒瀆愛嗎？這不是將法律擺在一個比愛更高的位置嗎？

法律是專為那些不懂得愛的人所設的；法律所適用的對象是瞎盲、沒有眼睛的人；法律是給那些已經遺忘心的語言、只知頭腦語言的人所使用的。墨德的話極為珍貴，你應該要好好了解他所說的——不只從你的理智，不只以你的情感，而是用你的全心全意；你必須以你整個人，將他的話一飲而盡。

愛是唯一能讓人免於執著的自由……因為，當你愛的時候，「愛」是你唯一能想到的事情。當你無所不愛時，你便無所執。每一個片刻的來臨都充滿新的氣象、新的榮耀、新的樂章；每一個當下都帶來新的舞步教人翩翩起舞。伴侶或許會換，但愛總是長駐。

希求伴侶永遠不變就是執著，為了你的執著，你必須對法院、對社會、對一切愚蠢形式做出承諾，萬一你違逆了那些形式，在周圍的人眼裡，你將喪失所有的敬重與顏面。

愛不會執著，因為愛永遠不會令人失去尊嚴，愛即是榮耀，愛的本身即是受人敬重的，你無論如何也不能改變這一點。並不是說，伴侶不能變換，而是換不換都沒有關係；要是伴侶換人了，而愛依然像河水般流動，那麼這世界其實會比現在擁有更多的愛，不像水龍頭，只掉下一滴、兩滴水出來。愛需要像海洋般地潮湧，而非如同公共水龍頭一樣慢慢滴落；婚姻是一種公共的現象。

愛是宇宙性的，愛不會只邀請幾個人來慶祝，它會邀請眾星、太陽、花朵、小鳥，歡迎整個存在一同加入慶祝的行列。

愛不需要其他的東西——面對一個繁星點綴的夜空，人生還有什麼遺憾？只是幾位朋友……整個宇宙都對你那麼友善，我沒見過哪一棵樹是討厭我的，從以前諸多的爬山經驗中，我從未見過任何一座山對我有敵意，存在中的一切都是親切可人的。

當你對愛的了解開花之後，執著根本就不存在了。你可能經常更換伴侶，那並不代表你拋棄別人，說不定你會回到同一位伴侶的身邊，無論怎麼做，你都沒有抱持既定的偏見。

人應該將自己當成是一個在海邊拾撿貝殼與彩石的孩童，恣意地享受著海灘上的一切，好像自己發現了什麼不得了的寶藏似的。假使一個人能夠享受生活中的點點滴滴，不但自己活得自由，也讓別人活得自由，那麼這世界不但增添了動人與優雅的品質，還將充滿奪目的絢爛光彩，因為每顆心的火焰都被點燃了，那將會是個大異其趣的世界。一旦你懂得這火焰，它將會燃燒得愈發熾盛。愛的火焰將不斷延燒，且開花結果，如同樹木的成長一般。

然而，你所以為的愛並非愛，所以才會發生一些奇怪的事情，例如某人對你說：「你看起來真是美若天仙！我愛你愛得無法自已，這世間沒有任何女人能像你一樣。」你聽了從不會反駁說：「你並沒有資格說出這樣的話，因為你還沒有識遍全世界的女人。」沒有人會記得去想一下，那些隨口說出的話有多不合情理。

那些是人們從電影、小說中學到的玩意兒，都是毫無意義的對話，他們背後真正的意思是：「你何不直接到我床上來？」但我們是文明人，要是沒有先寒暄、介紹一番，再來點開場白，你不能直接對人家開口說：「我們上床吧！」對方保證會跑去警察局報案，告訴警察：「這個男人口出猥褻！」

然而，如果你用有教養的方式，先給對方上一道冰淇淋吃——讓心稍微冷卻一下——再獻上一把玫瑰花，幾句花言巧語……接下來，兩個人一定心中有數，結局遲早會是在某個宿醉的早上，一個人頭痛，另一個人偏頭痛，兩個人在醒來之後，尷尬地看著對方，心裡想著一件事：「我們在床上做了什麼？」其中一個人會躲在報紙後面，佯裝在讀報紙，另一個人在準備泡茶或咖啡，好讓自己可以忘掉發生過的事。

男人為女人的愛所囚禁，女人為男人的愛所囚禁，兩者均不見容於自由彌足珍貴的王冠。

愛一成為執著，就淪為一種關係；愛一成為索求，就形同一座監獄，這樣的愛已經摧毀了你的自由，使你無法在天空中飛翔，因為你被囚禁了。而你不禁會想……特別是我在想我自己，人們總猜想我在房裡都做些什麼，而我也在猜想他們——這兩個人都在做些什麼？我自己一個人至少是自適自在的，如果有另一個人，表示一定會有麻煩產生；如果另一個人在那裡，就沒有安寧，對方一定會要求點什麼，或說些什麼、或做點什麼，或者強迫你做某件事情。更慘的是，要是同一個人一再這樣做，日復一日……

發明雙人床的人是人類頭號的敵人，你連在床上都沒有自由！你不能隨便亂動，因為你身邊躺著一個人，而且通常都是對方占去絕大部分的空間，要是你能有一小塊地方可以睡，那你還算幸運，但別忘了，對方使用的空間還會繼續擴大。

這是個光怪陸離的世界，在女人日益壯大的地方，男人卻日漸萎縮，其實一切都要怪男人，是他們讓女人發胖、懷孕的，後頭還有更多麻煩，一旦你將兩個人擺在一起——一男一女——第三個人很快就會來報到，要是第三個人沒有出現，鄰居們就會很「關切」地詢問：「怎麼回事？為什麼還沒生小孩？」

我曾在不同地方與許多人一起住過，有件事總令我詫異：人們不知道在焦慮些什麼，讓他們老是要找他人的麻煩？假如某人一直沒結婚，他們會擔心地問：「你怎麼還不趕快結婚？」好像婚姻是宇宙的定律，每個人非遵守不可。在煩不勝煩之下，當事人會認為不如結婚算了，至少可以停止眾人給自己的折騰，這下你就錯了，等你一結婚，他們會換成問你：「什麼時候要生小孩？」

這下問題就大了，生孩子不是你能決定的，孩子也許會來，也許不來，就算會來也是按他自己的時間來。可是人們卻騷擾你……「一個沒有小孩的家就不像家。」沒錯，沒有孩子的家，就像是一座安靜的廟宇；而有了小孩的家，就像是一間瘋人院！而且小孩愈多，你所面臨的麻煩事會增加好幾倍。

我安安靜靜地坐在房裡，我一生都是這樣，從不去過問別人的事，我沒去問任何人：「你為什麼不結婚？為什麼不生個孩子？」我認為提這種問題很沒有禮貌，這是在干涉別人的自由。

人們與配偶、小孩每天住在一起，由於每一位進入家庭的成員會干擾許多事情，你自然變得愈來愈不敏感，你所聽到的會變少，看到的變少，聞到的變少，嚐到的也漸漸變少。

你並沒有百分之百地使用你的感官，那正是為何當某個人第一次談戀愛時，你一眼便可以從他臉上的光采看出來，你看到他走路的時候，像是踩著一支清新的舞步；你看到他的領帶打得很正，身上的衣服燙得平平整整，你曉得一定是有什麼不尋常的事。不過好景不常，一、兩個禮拜之後，他就會覺得很無趣，你看到灰塵又落在他身上，昔日光輝不再，他又再次拖著蹣跚的步伐，而不是踏著小舞步。儘管花朵如往昔展放，花兒的美他卻視而不見；星兒一再對他拋媚眼，他也不抬頭仰望天空。

許多人根本就沒朝天上看過，他們緊閉著雙眼活在地面上，好像深怕星星會掉下來砸中他們一樣。喜歡躺在滿天星空下睡覺的人寥寥無幾，人們對無邊無際的感覺，以及單獨、黑暗都有恐懼。

無數的人日復一日地過著這種生活，心中不禁在想：要是他們還是一個人該多好，要是不必煩惱愛情與婚姻這些事該多好……但現在一切木已成舟，你無法再回到過去，你不能再保持單身。實際上，或許你也十分習於那座監獄，已經離不開它了。那座監獄是一種安全的保障，儘管過得很慘，一切還算舒適；棉被已經舊了，但是雙人床上，至少你不是孤單一人在品嘗不幸。事實的情況是：某個人給你製造了那個不幸，而你也為他或她製造出不幸。

愛，必須是一種賦予自由的品質，不是給你套上枷鎖；愛，能為你添上一雙翅膀，支持你盡情地展翅遨翔，飛得愈高愈好。

男人與女人是愛的一體，既無法分開，也無法區分誰是誰，他們其實再值得愛的獎賞也不過了。

《墨德之書》將會是那些屹立不搖的經典之一，直到地球上的最後一個人消失為止。這本書的作者已被人所遺忘，墨德這個杜撰的人物是書中的英雄，而寫出這本書的人……他叫麥凱爾．奈米，不過他的名字並不重要，他的書是這麼了不起，遠比他的名字來得偉大。他曾再嘗試創作另一本類似的鉅作，只可惜失敗了，他還有許多本著作，但《墨德之書》就宛如聖母峰，其他書相形之下只是小山丘，顯得無足輕重。

當你了解到愛是兩個靈魂的相會——而不僅止於男人與女人的荷爾蒙相會——那樣的愛，將能賜予你一雙翅膀，它能為你在生命中帶來深入又清晰的領悟，這時相愛的人才能第一次成為朋友，否則他們只是變相的敵人。

愛是獨一無二的靈性，但宗教與那些逃離世界的人——那些所謂的聖人，其實是無法面對生命的懦夫——玷污了關於愛的一切。他們譴責性，而由於譴責性，他們也譴責愛，因為人們將性與愛視為同一件事。性與愛是兩回事，性是你的生物能中非常小的一部分，你必須學會一件事：性只是社會、種族必須延續下去的一項需要，如果你要的話，可以參與這個現象。但是你無法避免愛，要是你拒絕愛，你的創造力會凋零，你所有的感官會變遲鈍，一層灰濛濛的塵埃籠罩在你身上，你成了不折不扣的活死人。

沒錯，你呼吸、進食、講話，你每天去上班，直到死亡的來臨，才將你從一生的無聊中解救出來。

如果性是你的唯一，那你可說是一無所有，充其量，你只是一具生物傀儡，為宇宙繁衍生命的一座工廠。但是，如果你能讓愛成為你真實的本質，並且在刻骨銘心的情誼中與另一個人相愛，當兩顆心在一種同步狀態中翩翩起舞，你們可說已經合為一體，這時候，你不再需要去找尋其他的靈性，因為你已經擁有了。

愛是你朝向終極體驗的引航，你可以稱那是「神」、「絕對」（the Absolute）或「真理」，這些只是不同名相。其實「終極」是沒有名字的，但愛能指引你朝向那無名的體驗。

假使你所想的只有性，從未意識過愛的存在，那麼你算是白活了一場。沒錯，你生了幾個孩子，但你過得並不快樂；你會打打牌、看電影、觀賞足球賽，你會經驗到完全無用、厭煩、衝突的感覺，還有一股無時無刻都在的焦慮不安，存在主義者叫它做「憂慮」（angst）。你永遠無法領略存在真正的美，體會宇宙真實的寧靜與和諧。

愛，讓這樣的心領神會成為可能。

請別忘記，愛是沒有界限的。愛無法嫉妒，因為它並不占有，以愛去占據某個人是極為醜陋的。當你占據某人時，你已經扼殺了這個人，因為你將他貶為東西。

只有東西才能被占據；愛賜予自由，愛即是自由。

關於愛的問答

問：可否請你談談，在「健康的自我之愛」與「自以為是的驕傲」之間，有何差異？

這兩者的差異可謂南轅北轍，儘管表面上看起來很相像。健康的自我之愛是一項極為重要的靈性價值，一個不愛自己的人，將永遠無法愛任何人，愛的漣漪必須先從你的心中出現；如果愛不能為你出現，也就無法為任何人發生，因為沒有人比你更靠近你自己。

你必須愛自己的身體，愛自己的靈魂，愛自己一切的一切，自然是如此，否則你根本無法活著。愛自己是一件很美的事，因為它將美化你。愛自己的人會變得文雅、優美；愛自己的人，一定比不愛自己的人更恬靜、更有靜心品質，也更清楚祈禱的含義。

若是你不喜愛你的房子，你不會打掃它；若是你不喜愛你的房子，你不會為它上漆；若是你不喜愛你的房子，你不會在它的周圍蓋一座漂亮的花園，中間還做一個小巧的蓮花池。

當你愛自己時，你會在自己的周遭創造出一座花園，你將會設法發揮自己的潛力，將你懷藏的一切盡可能施展出來；當你愛的時候，你會不斷灌溉自己，會不斷給自己滋潤。

如果你愛自己，你將驚覺到一件事：別人也會愛你。沒有人會愛一個不愛自己的人，要是你都不愛自己了，誰會想招惹無謂的麻煩？

一個不愛自己的人，無法維持中立，記住，生命中沒有中立這回事，一個不愛自己的人會恨，他必須恨。生命總是在選擇之間，如果你不愛，那並不表示你就可以維持在一個沒有愛的狀態。不，你會憎恨，一旦你憎恨自己，你便帶有破壞性。恨自己的人也會恨別人，他滿肚子的怨恨與暴力，使他動不動就發怒；一個恨自己的人，怎還能指望別人愛他？他的人生已經窮途末路了。對自己的愛，是一項無比珍貴的靈性價值。

我教導自我之愛，可是請記住。自我之愛並不是自以為是的驕傲，這兩者一點都不同，事實上，它們正好相反。愛自己的人會發現，他裡面並沒有一個「自己」（self），愛總是融解自己，這個轉化的奧祕是你必須學習、了解並且去經歷的。每當你去愛的時候，自己就消失無蹤。當你愛上一個女孩時，至少在某些片刻，如果你對她的愛是出於真心，那時你的內在並沒有自己、沒有自我。

自我與愛無法並存，它們如同光明與黑暗的關係：每當光出現時，黑暗就銷聲匿跡。當你愛自己時，你將赫然發現，愛自己意謂著自己的消融。在自我之愛中，從沒能發現「自己」的蹤跡，那正是弔詭之處：自我之愛是完全沒有自我的。自我之愛並不是自私的，因為，有光明的所在就沒有黑暗，有愛便沒有自己，愛會將凍結的自己融化，自己宛如一塊冰，而愛就像朝陽；愛的溫馨……自己開始融化。當你愈愛自己，你愈找不到自己的存在，接著，愛成了一項偉大的靜心、朝向神性的大躍升。

其實你早就知道了！你或許還不懂得自我之愛，因為你還沒愛過自己，但你愛過其他人，你一定有過愛的瞥見。一定曾在某個少有的片刻，你忽然不見了，只剩愛存在；只有愛的能量在流動，從無處而來，自無處而去。當兩個愛人坐在一起時，那是兩個「空」（nothingness）坐在一起，也是兩個「零」（zero）坐在一起，那是愛的美麗動人之處，愛令你敞空了自己。

所以記得，自以為是的驕傲絕不是愛自己的表現，事實正好相反，一個不能夠愛自己的人，會變得自我中心；自以為是的驕傲，是心理分析上所說的自我崇拜與自戀。

你大概聽過希臘神話中納西斯（Narcissus）的寓言故事，他愛上了自己，當他往平靜的湖水中一探時，他愛戀上反射出來的自己——他的倒影。

請看看這當中的差別：愛自己的人不會愛上自己的反射，他直接愛他自己，不需要鏡子，他從內在即知曉了自己。難道你不知道，你就是你？你需要任何事物來證明你是誰嗎？你需要一面鏡子證明你的存在嗎？要是沒有鏡子，你是否會懷疑你的存在？

納西斯所愛上的是他的反射，而非他自己，那不是真正的自我之愛，他愛上了反射，而反射是來自外在的，於是他一分為二，那西塞斯是分裂的，那是一種精神分裂，因為他變成兩個人——愛人者與被愛者。他成了他自己所愛的客體，許多人以為自己在愛，其實不過就是這麼一回事。

當你愛上一名女性，注意看看，去警覺到那或許不過是一種自戀。她的臉龐，她的眼睛，她所說的話語，那些說不定都像一面湖水般，映照出你的倒影。根據我的觀察：百分之九十九的愛是自戀。人們所愛的不是他們眼前的女人，他們所愛的是她對他展現的讚賞，施與他的注意力，還有給他灌的迷湯。

女人為男人帶高帽子，男人給女人拍馬屁，那是一種相互取悅。女人說：「天底下再沒有哪個男人比你更帥了，你真是個奇蹟！你是神所創造的傑作，連亞歷山大都不能與你相提並論。」然後你聽了覺得飄飄欲仙，你的胸腔一下子擴張了一倍，你的頭也開始漲起來——裡面裝的不過是稻草，但卻會漲起來。接著你會對女人說：「你是神最了不起的創作，就算古埃及女王克麗奧佩屈拉（Cleopatra）也不能與你媲美，我無法想像神還能如何讓你更出色，這世上再也不可能有另一個女人如你一般。」

這便是你所認為的愛！這是一種自我陶醉，男女各自成了對方的一池水，反射出彼此的樣子。其實，那池水不單是反射，還會使盡各種方式讓倒影看起來更好看，人們就是稱這個叫做愛。這不是愛，這叫「自我交互滿足」。

真實的愛是沒有自我的，真正的愛，始於對自己的愛。

你擁有這副身軀、這個存在（being），你根著於其中——去享受自己、珍惜自己、慶祝自己！這本是天經地義的事，無關乎驕傲或自我，因為你並沒有與任何人做比較。只有在比較當中，才有自我的存在，對自己的愛裡，沒有「比較」這回事，你就是你，如此而已。你並沒有說某個人矮你一截，這一點都不是比較。每當比較出現時，你心中要很情楚，這不是愛，而是自我某個隱晦的詭計。

自我依恃著對照而存在，當你對一個女人說：「我愛你。」這是一回事；當你說：「埃及豔后根本就比不上你。」這又是另一回事，而且是完全相反的事。為什麼要提到克麗奧佩屈拉？難道沒有講到克麗奧佩屈拉，你就沒辦法愛這個女人了嗎？把克麗奧佩屈拉搬出來，是為了取悅女人的自我。愛這個男人就好，為什麼還需要亞歷山大的介入？

愛是沒有比較的，愛只是去愛，沒有任何比較。所以每當比較出現時，請記住，這是驕傲與自戀。當比較不存在時，你知道這即是愛，無論是對自己或他人的愛。

真愛當中是沒有區隔的，因為愛是一種融入彼此。在自我主義式的愛（egoistic love）裡，愛與被愛兩者的分野一清二楚。在真愛之中沒有關係，讓我重複一次：真愛不是一種關係，因為沒有「兩個人」可以相互關連。在真愛當中，有的只是愛，只有愛的開花與芬郁的氣息；真愛是一種融解與交融。兩個人只存在於自我主義式的愛裡：「愛人者」與「被愛者」。當愛人者與被愛者存在時，愛就不在了；當愛在的時候，愛與被愛的兩個人一併消融在愛中。

愛是一個如此不同凡響的現象，「你」無法倖存於其間。

真愛總在當下，自我主義式的愛卻總是在過去或未來。英文的愛裡有著一種熱情的定靜，聽起來很矛盾，但舉凡生命中偉大的事實都是矛盾的，所以我稱它做「熱情的定靜」（passionate coolness）。溫暖而不激烈，這樣的愛顯然是溫暖又不失平靜的，這是一種非常凝聚、鎮定、平靜的狀態。愛不會讓一個人像發燒似的，但自我主義式的愛會造成很高的熱度，於是這時的熱情會像是發高燒，沒辦法有絲毫的冷靜。

若是能謹記這些事，你心中自有判別的依據，而且，你必須從自己身上開始落實，除此以外沒有別的路。人必須從他所在的位置，踏出第一步。

愛你自己，要很愛很愛你自己！就從對你的愛當中，你的驕傲、自我和所有無謂的東西都會無影無蹤，當這樣的事發生的時候，你的愛就會開始觸及別人。此時，你的愛就不是一種關係形式，而是分享；愛不會變成主客體的關係，而是一種融合與一體感。那將不會是發燒狀態，而是「熱情的定靜」，交織著冷與熱，使你有生以來首次嘗到生命矛盾的滋味。

問：為什麼愛總教人痛苦難當？

愛是很痛的，因為愛能使你朝向狂喜；愛是痛苦的，因為愛能蛻變你。愛是一種突變，所以每一次的蛻變都會帶來疼痛，為了讓新的（the new）能發生，舊的（the old）必須清除。舊的是你所熟知、心安的，新的卻是完全的未知，你就像是航行在人跡未至的大洋裡，面對新的一切，頭腦根本派不上用場，因為頭腦所擅長的是舊的事物。

換言之，頭腦只會處理舊的事情，對新的事情，它完全無用武之地。於是恐懼升起，因為脫離舊有、舒適的領域，走出安逸的世界會造成痛苦。當胎兒即將離開母親的子宮時、鳥兒破殼而出之際，小鳥第一次嘗試飛行，這些都會造成相同的苦痛。對於未知的恐懼、已知的安全無虞、未知的不安定與無法預測，都教人心生無比的畏懼。

蛻變是一個從「自己」到「沒有自己」的過程，其間會經歷的痛苦是極為強烈而深刻的。但，你無法沒有經歷痛苦就擁有狂喜，就像黃金在蛻變成純金之前，必須通過火的淬鍊。愛就是火。

由於愛所帶來的痛，使得無數的人寧願過著沒有愛的生活，他們也會受苦，只可惜他們的苦是白受的。為愛受苦不會沒有代價，那種受苦具有開創性，因為你的意識將會往更高的層次躍升；沒有愛所受的苦則純粹是枉費的，你哪裡也沒去，只是被困在同一個惡性循環當中罷了。

沒有愛的人是自戀、自我封閉的，他除了自己以外誰也不認識。如果他不認識任何人，他又能認識自己到什麼程度？只有別人才能當他的鏡子。要是你不了解別人，你永遠不會了解自己。愛也是構成自我了解的基礎，唯有在刻骨銘心的愛裡，在強烈的熱情與完全的喜悅中了解別人的人，才會了解自己是誰，否則他將沒有鏡子可以照見自己的模樣。

關係是一面鏡子，而純淨的愛、高層的愛是更好、更潔淨的鏡子。但是，高層的愛需要你開放自己，高層的愛需要你顯露你的脆弱，你必須放下你的武裝，那是令你感到痛苦的。

你不能一直帶著防衛，還要除卻心頭的詭計；你得要冒險，過著危險的生活。別人可能會傷害你，當你顯現脆弱的那一面時，你不由得會心驚膽顫；別人或許會排斥你，這是處於愛當中會面臨的恐懼。

你在別人身上看到的自己或許是醜陋的，於是你的不安會讓你逃開鏡子。不過，逃開鏡子並不會讓你變美，一如逃避事情並不會使你成長，你必須迎向挑戰。你必須敢去愛，這是朝向神的第一步，繞道而行是行不通的；那些想省略過愛這一關的人，永遠無法知道神。愛是絕對必要的，因為，唯有藉著另一個人的激發，唯有你的存在受到另一個人的強化，才能令你意識到自己的整體性。你必須從自戀的封閉世界中抽拔出來，進入遼闊的天際。

愛是一片開放的天空，活在愛之中意謂著你可以展翅飛翔，但是不可否認地，一望無際的天空總教人害怕。

放掉自我是極為痛苦的事，人們總是教你去養成自我，導致我們以為自我是唯一的寶貝，我們極力保護、雕飾它，將它裝扮得光鮮亮麗。但是當愛來敲門的時候，唯一讓自己進入愛的方式就是將自我放到一邊，那想必是痛苦萬分的，因為這樣醜陋的自我，這老是以為「我和存在是分開的」的想法，是你畢生投注的心血。

自我醜陋的原因在於它不是真實的，它是一個幻象，但是社會所賴以維持的就是這個幻象：每個人只是一個自我的個體，而不是一個「存在」（presence）。

真實的情況是，世界上根本沒有人，只有「存在」。當你不是自我的時候，你與整體並不是分開的，你是整體的一部分。整體滲入你，透過你的呼吸而呼吸，在你的悸動中悸動，整體即是你的生命。

愛使你初嘗與某種東西和諧一致的感覺，那個東西不是你的自我；愛教導你與某個和你的自我毫無關係的人融洽共處。如果你能與一個女人和睦共處，如果你能與一個朋友、一個男人和睦共處，如果你能和你的孩子或母親和睦共處，那有什麼理由會使你無法與全體人類和平相待？假如只是與一個人的和諧就能帶來這麼多喜悅，想想要是你與所有的人都是這般友好的話，那會有什麼樣的結果？當你能與整體的人類處得來，你怎可能會與動物、小鳥和樹木處不來？你現在所踩的每一步，將會引導出你的下一步。

愛是一把梯子，以個人為第一階，而整體是最後一階；愛是起始，神是終結。倘若你懼怕愛，懼怕愛帶來更多的傷痛，那你會繼續活在封閉的角落裡。現代人都活在密閉的斗室裡，這是一種自戀；現代人滿腦子裝的都是自我陶醉的想法，於是問題產生了，有些問題是無意義的，有些是有創意的，創造性的問題會帶引你進入更高的意識，但無益的問題只是將你拴住，讓你困在你陳舊的混仗當中。

愛會製造問題，若是你想避免問題，你可以去避免愛，但那些可是非常重要的課題！你應該去面對它們，用你的生命去經驗，乃致於超拔出來。達成超越的方式就是去經歷過，而愛是唯一值得去經歷的事，其他的一切都是次要的，若它們能助長愛，很好，但那也只是手段，愛才是你的目的，所以不管有多痛，都要去經驗愛。

假使你不去經驗愛，誠如許多人所做的決定，那你就卡在自己的生命裡了，如此一來，你的生活不是一趟朝聖，也不是一條流向大海的江河，你的生活是一池發臭的污水，很快就只會剩下一灘爛泥而已。流動是維持乾淨的不二法門，一條溪水之所以常保清澈是因它不斷地流動，流動是一個保持如新的過程。

活在愛當中的人能有著初生般的純潔，所有在愛裡面的人都是如此。如果一個人無法愛，那意謂著他的生命已沒有新鮮度，裹足不前的人生遲早會開始腐臭，真要是這樣，如果能早一點腐臭倒也好，反正他們已經無路可走，活著形同槁木死灰。

這就是現代人的命運，於是各式精神官能症、各種精神異常的現象紛紛出籠。心理疾病已經變成大眾的問題，不再是少數人的事了，實際的情況是，這整個世界已經變成一座瘋人院。所有的人類都為某種精神官能症所苦，這是每個人自戀的窠臼所造成的，每個人都困在「我與整體是分開的」幻象中，這當然會令人發瘋，可是這樣的瘋狂是毫無意義的；或有人走上自殺一途，那也是沒有建設性與創造力的。

你或許沒有以服毒、跳崖、舉槍的方式自殺，但是你可以用一種非常緩慢的方式自殺，發生在人們身上的事就是如此，採取快速自殺的人很少，絕大多數人都決定慢慢來，他們以極為漸進、遲緩的方式步向死亡。無論是哪一種方式，自殺幾乎已經是世界性的傾向。

這不叫活著的方式，根本的緣由在於我們已然遺忘了愛的語言，不再勇於邁入那個叫愛的探險中。就是基於這個原因，人們才對性有興趣，因為性並不危險，它是暫時性的行為，你不用將自己投注進去。愛是一種投入，愛是承諾，它不是短暫性的，一旦愛著根的時候，可能就是永遠的。

愛可以是一生一世的投入，它需要親密度，也唯有雙方處於愛的親密之中，才能使彼此成為對方的鏡子。當你與一名男士或女士以性相會時，你並沒有真正的與這個人相遇，事實上，你等於迴避掉這個人的靈魂，你只是使用了對方的身體之後就逃走了，對方也只是利用了你的身體之後就逃走了。你們之間的親密度，還沒有深刻到足以揭露彼此的真實面貌。

愛，是一則至高無上的禪宗公案。

愛是令人傷痛的，但是別逃避愛，要是你這麼做，無異是逃掉了最棒的成長機會。進入愛，為愛受苦，因為透過受苦，你將體會極大的喜樂。是的，會很痛，但是就從痛苦當中，狂喜才會滋生。是的，你的自我必須死去，如果你的自我能夠死去，你才能以神的身分誕生，你的佛才能誕生。

愛將令你淺嘗「道」、蘇菲與禪的滋味，愛是讓你明白生命不是無意義的首要證明，那些說生命無意義的人是不懂得愛的，他們所透露的，不過是他們的生命已經錯失了愛。

讓自己承受傷痛，讓自己為愛受苦。經歷過淒苦的暗夜之後，你將得以見到絢麗的旭日東升；太陽在黑夜的子宮中孕育後，黎明才會來臨。

我的方法是愛的方法，我所教導的除了愛，還是愛。你可以不去想神，神不過是空洞的字眼；你可以忘了祈禱，祈禱只是別人加諸給你的形式。愛是自然的祈禱，不需要任何人強迫你，你天生就帶著愛，愛才是真正的神——不是神學家口中的神，而是佛陀、耶穌、穆罕默德以及蘇菲的神。愛是一種方法，將你孤立的個體身分打破，協助你成為永恆，使你這一滴小水滴消失而變成大海，只不過——你必須通過「愛」這扇門。

一個人做了那麼久的水滴，在水滴開始消失之際當然會感到很痛，因為他總是認為：「我是水滴，現在水滴在消失，我也快死了。」死的不是你，而是幻象，你太認同幻象了，認同歸認同，然而幻象終究是幻象。只有當幻象離去，你才能夠看見自己是誰，當你的真實面貌出現時，無盡的喜悅、狂喜與慶祝將尾隨而來。

問：為什麼希臘的德爾菲（Delphi）神廟上所刻的是「認識自己」，而不是「愛你自己」？

希臘人的頭腦對知識很著迷，凡事總是從知識的角度思考：該如何知道。全世界最非凡的哲學、思想、邏輯的傳統皆出自希臘，這是其來有自的，他們有著最理性的心智，不過那是因為他們有強烈的求知欲。

依我之見，這世上的頭腦只分為兩種：希臘頭腦與印度頭腦，希臘頭腦熱中求知，印度頭腦則鍾情存在（to be）。印度頭腦對求知不太在意，他們關心的是存在，塞特（Sat）就是存在，存在就是對「我是誰？」的追尋，不是從邏輯的角度探索，而是浸淫於自己的內在裡，好好去體驗、去活出來——一點也沒錯，要知道自己是誰只有這個法門。假如你去問一個印度人，他會說唯一的一條路就是去經歷，你要如何知道愛是什麼？唯一的方法是去成為一個愛人，經驗過愛人的滋味之後你就會懂得愛了。若你只想站在經驗外當一名旁觀者，那麼，你或許會知道「有關愛」的事，但你將永遠不會懂得「愛」。

人類在科學上的進步全拜希臘頭腦之賜，現代科學是希臘頭腦的副產物，因為它講求冷靜、旁觀、不帶偏見。如果你要當一名科學家，客觀與中立是必備的條件，你必須超然，不能受情緒的左右；你得保持冷靜，幾乎不能對任何假設有所偏好，只是觀察事實而不介入其中；你要保持局外人的角色，不可以跳進去參與。希臘人也有熱情，他們的熱情就是——冷靜地追求知識。

這樣的頭腦有卓越的功效，不過它的功效僅顯示在某一個面向——物質的面向。了解物質的方式就是如此，你不可能用那種方式了解人的心智，你無法以那樣的方式了解意識。你可以藉此知道外在的事物，但不可能由此知道內在的世界，因為你必須參與，不能袖手旁觀，講到內在世界，即表示你已經介入其間了。

你即是內在，你怎麼脫離得掉自己的內在？我可以觀看著石頭、岩塊、河流而不動感情，因為我與它們是分開的；但我如何能無動於衷地看著自己？我就在其中，無法抽離出來，我不能將自己貶為客體。我是主體，不論我做些什麼，我都將是主體——我是知道的人，而不是被知的對象。

所以希臘頭腦有漸漸轉向物質之勢，德爾菲神廟上所題的格言：「認識自己」成了科學上演進的來源，但是，對知識的冷靜卻逐漸使西方人的頭腦脫離自己的存在。

第二種頭腦，印度頭腦所走的是另一個方向：存在的方向。在《奧義書》中，有位傑出的師父烏達拉克，對他兒子兼徒弟史威可特說：「你就是那個」（That art thou）。你就是了，在「那個」與「你」之間並沒有分別；「那個」即是你的實相，「你」就是實相，兩者之間並無二致。你不可能像知道一塊岩石一樣知道「那個」，也不可能像知道其他事物一般知道「你」，你只能活出來。

德爾菲神廟上當然會寫著「認識自己」，那是希臘頭腦的表達方式，因為神廟位於希臘，上頭的碑文是希臘文；若神廟是在印度的話，碑文會換成「作你自己」（Be Thyself），因為——「你就是那個」。印度頭腦逐漸朝人的存在本質接近，所以才會變得不太科學，成為宗教而非科學。印度頭腦是內斂的，不過如此一來就失去了在外面世界的憑靠；印度頭腦的內在十分富裕，外在卻極度貧乏。

人類需要一個大整合，將印度與希臘的頭腦結合在一起，這將是地球上最大的福祉，截至目前為止，這件事一直都不可能，但到了現在，基本要件已經具備了，整合是有可能的事。東方與西方正以一種很微妙的方式聚合，東方人去西方學習科學，西方的追尋者來到東方了解宗教，一場浩蕩的融合與匯集正在發生。

未來，東方將不再是東方，西方也不會是西方，地球即將變成一個世界村——一個沒有界限的地方。於是，人類有史以來最偉大的整合發生了，這不是你能以有極限的角度想像的，並不是你去外面追求知識的話，便會失了本質的根；也不是如果你找尋自己的話，就會失去立足於世界與科學領域的根。你可以兩者兼具，當你能擁有兩者的時候，你便擁有一雙羽翼，想飛得多高就飛得多高，否則，你只有單邊的翅膀。

就我所見，我認為印度頭腦一面倒的情況，與希臘頭腦是半斤八兩，兩者都只是一半的事實，宗教占一半，科學是另一半。宗教與科學必須統合為一個整體，從此科學不否認宗教，宗教也不駁斥科學。

為什麼希臘的德爾菲神廟上所刻的是「認識自己」，而不是「愛你自己」？除非你成為你自己、作自己，否則愛自己不過是空談，唯一的可能性是你鍥而不捨地從外面觀察自己是誰，但那也只是一種「客觀」的方式，而非「直觀」的方式。

希臘頭腦所發展出的邏輯能力是無人能敵的，亞里斯多德成了邏輯與哲學之父；東方人的頭腦相形之下，顯得沒有邏輯可言，事實上，它本來就是非邏輯的。靜心所講究的就是非邏輯，靜心的觀點是：唯有將頭腦丟到九霄雲外，唯有思考完全停下來，你頭也不回地潛入自己的內在，沒讓半點思緒阻擾你，只有到那時候，你才能知道自己是誰。希臘頭腦認為清晰、理性、有系統、有邏輯的思路才是求知的方法；印度頭腦說，唯有思緒全部止息，那時候才是真知。兩者雖然所走的方向正好完全相反，但整合兩邊還是有可能的。

當你所面對的是物質，邏輯是絕佳的工具；而當你要進入靜心、無念的空間時，你也能將頭腦暫時擺一旁。這是由於你並不是頭腦，頭腦只是工具，就像是雙手和雙腳一般，假如我要步行，我就使用雙腳，要是不想走路，我的腳就休息。相同的，使用頭腦的邏輯來知曉事物也是一模一樣的道理，這麼做絕對正確，頭腦的功能切合這項作用；而等你要進入內在時，就將頭腦擱置一旁，這時你不需要用到雙腳，你不需要思考的動作，此時的你，所需要的是深沉的、寂靜的無念之境。

這兩件事能夠發生在同一個人的身上，這是我自己的經驗，所以我才會這麼說。這兩件事我都能辦得到，當情況需要的時候，我的邏輯可以跟任何一個希臘人一樣有條不紊；當情況不需要的時候，我可以像任何印度人一樣荒誕不經，完全沒有邏輯可言。所以當我講出這番話時，可不是隨口說說而已，這不是假設，因為我已親身經歷過了。

頭腦可以被使用，也可以被擺到一旁，它是工具，而且是非常棒的工具，不需要對它太執著。沒有必要固執地守著頭腦不放，否則它就會演變成疾病。試想一個畫面：有個人想坐卻又坐不住，因為他說：「我有腿，我怎麼能坐著？」或者，他想要保持靜默，可是卻靜不下來，因為他說：「我有頭腦。」這是同樣的事。

你的功夫要好到甚至能將最離不開身的工具放到一旁不用，這是辦得到的，已經有人辦到了，只可惜為數不多，但將來會有愈來愈多的人能做得到。像我在這裡對你所做的嘗試也是：我對你說話、與你探討問題，這是邏輯的，我在使用我的頭腦；接著我又對你說：「丟下頭腦，好好地靜心。跳舞的時候，讓自己忘情地跳，直到內在沒有任何念頭為止，將所有能量都化成舞蹈；當你唱歌時就暢快地高歌；打坐時只管打坐，坐禪就坐禪，不要做其他的事，不讓一點思緒有經過的機會，就讓自己安安靜靜，全然的靜默。」這是矛盾的事。

每天早晨你做靜心，每天早晨你來聽我說話；每天早晨你聽我的演講，然後你又去靜心，這是矛盾的兩件事。假若我純粹是希臘人，我會與你說話，讓我們之間的對話完全合乎邏輯，但是接下來我就不會告訴你去靜心，那是愚蠢的。又假若我是個純粹的印度人，那就沒必要對你多說些什麼，我大可以說：「去靜心就對了，講話有什麼意義呢？你應該靜下來才是。」這兩者我都是，而這也是我的希望：你也能夠成為這兩者，如此一來，生命將會熱鬧豐盛、精采非凡。於是，你沒有任何損失，關於生命的諸多面向都被你收納，所有正面與反面都在你裡面——你成了一首交響樂。

對希臘人而言，「愛你自己」的想法是荒謬的，他們會以邏輯的方式說——只有在兩個人之間才可能有愛。你可以愛某個人，甚至是你的敵人，可是要怎麼愛你自己？你只有一個人而已；愛存在於不同的兩端之間，所以你怎麼愛你自己？以一個希臘人的頭腦來看，自我之愛這個想法是不合理的，因為：愛需要另一個人才能成立。

再看印度人的頭腦，《奧義書》中說，你對你妻子的愛不是因為她的關係，而是為了自己的緣故，你透過她來愛你自己。因為她為你帶來快樂，所以你愛她，但是內心深處，你愛的是你自己的快樂。對你兒子、朋友的愛也是如此，你的愛不是因為他們，而是因為你自己，因為你兒子使你快樂，你朋友帶給你慰藉，那才是你所渴望的。故《奧義書》說愛你自己，此話一點不假，即使你說你愛別人，別人也不過是讓你愛自己的媒介——雖然是多繞了一大圈來愛自己。

印度人說沒有其他的可能，你唯一能愛的就是自己；希臘人則說愛自己是不可能的，因為愛最少需要兩個人。

如果你問我的話，我既是印度人也是希臘人；如果你問我的話，我會說愛是一個弔詭，是非常矛盾的現象，所以別試圖將它縮減成只剩一邊，兩邊都是必要的。你需要別人，但當愛深入時，別人就消失了。假如你曾觀察過情侶的話，你會發現他們既是兩個人，又同時是一體；那即是愛的弔詭，也是愛的美。他們是兩個人，不錯，他們是有兩個人，同時卻又不是兩個人，因為他們是一體的。如果不是一體的話，表示愛不存在，他們或許只是以愛之名在做別的事；如果他們依然是兩個人，還不是一體的話，那意謂著愛尚未出現。話說回來，如果你只是單獨一個人，沒有其他人，那愛也是不可能的。

愛是一個似非而是的現象，開始的時候需要兩個人，最終的時候，兩個人必須以一體存在。愛是世上最難解的謎，也是人類最無法理解的事。

問：我如何可以愛得更好？

愛的本身已經一切俱足，它的樣子本來就是完美無缺的，根本不需要更完美。這個想要更好的欲求，顯示出對愛及其本質的誤解。你能擁有一個完美無缺的圓嗎？要是圓不完美的話，它就不叫做圓了。完美是圓的本質，這個定律也適用於愛，你不能愛少一點，也不能愛多一點，愛不是數量，而是一種品質，一種無法衡量的品質。

問這個問題顯示出你從未體驗過愛，你想以欲求如何愛得更好來掩蓋你沒有愛的事實；一個懂愛的人，不會問這種問題。

你必須了解愛，生理上的迷戀不是愛，那叫情慾。情慾存在所有的動物之間，沒有什麼大不了的，連樹都有情慾，那是大自然得以繁衍的方式，既與靈性一點關係都沒有，也不是人性中特別的事。所以首先，在情慾與愛之間要有清清楚楚的區分。情慾是一種盲目的熱情，愛則是寧謐、寂靜、冥思的心所散發出來的芬芳。愛，與生理或荷爾蒙一點關係都沒有。

愛，是你的意識朝向更高領域的飛翔，直到你超越了物質，超越了身體。當你了解愛的超越性之後，愛就不再是基本問題，基本的問題是如何去超脫身體，如何去發掘內在那個超越一切可以衡量的東西。「物質」（**matter**）這個字來自梵文**matra**，意思是丈量或可被衡量的事物；「計量器」（**meter**）也是來自同一個字根。所以根本的問題是，該怎樣去超越可衡量的事物，進入不可衡量的世界，換句話說，要如何跨過物質，並且張開你的雙眼見到更多的意識。意識是無邊無際的，當你愈有意識，你愈明白前方還有更多的可能性；當你達到一個頂峰，眼前又會出現另外一個高峰，這是一趟無止盡的朝聖。

愛，是意識上揚時的附加產物，恰如花朵的芬芳，花的香味不在根部，所以不用去那裡找。你的生理是你的根，你的意識是你的開花，隨著你蓮花般的意識漸漸開啟，你將驚喜地經驗到某種品質，那正是「愛」，你感到無比的喜悅、幸福，你渾身上下的每一根纖維都在狂喜中起舞，猶如一朵雲彩，只想盡情灑下雨水。

當你洋溢著狂喜時，你將會感到一股渴望分享的驅力，那樣的分享，就是愛。

愛不是你能從某個還沒經歷到狂喜的人身上獲得的，全世界的人之所以深陷苦海就是這個原因，每個人都要求被愛，另一方面又假裝在愛。你無法愛，因為你不了解意識，你不明白真、善、美（satyam、shivam、sundram），你不知道真理長什麼樣子，你不知道神聖是什麼樣的感覺，你不知道美的芳香聞起來是何種味道，請問你有什麼可以給別人？你那麼空虛、那樣膚淺……既沒有內在的長進，也失去生命該有的活力；你的心田裡，沒有開出半朵花，你的春天還沒有來臨。

愛是一個副產品，當春天翩然而至時，忽然間，落英繽紛，你釋出從前被包藏住的香氣——分享那般芬芳，分享那般從容，分享那般優美，那就是愛。

我不想刺傷你的心，但是我別無他法，只能將事實告訴你：你並不懂愛，因為你的意識尚未深入，因為你還沒經驗到自己，對自己所知不多。以你這種盲目、無知，以及這樣的無意識，愛不會發生。你活在沙漠中，在這淒黑一片的沙漠裡，愛的花朵不可能盛開。

你的光明必須先點亮，使你盈滿洋溢著歡欣，直到你的能量不由自主開始往外躍動，那股流動的能量便是愛，這時的愛可說是世間最大的圓滿，它不可能更少或更多。

然而，我們的成長過程實在太精神異常、太心理變態了，我們內在一切的成長契機皆因如此而被阻絕。你自小就被灌輸要當個完美主義者，當然你會將完美主義的標準套在所有的事情上，連愛也不例外。

前幾天我聽到有此一說：「完美主義者承受了巨大的痛苦，而他加諸給旁人的痛苦甚至更大。」結果，造就了一個所有人都活得很痛苦的世界！

每個人都想成為完美的，當一個人開始向完美看齊的時候，也就是他開始期望別人也要完美的時候。他會批評別人、奚落別人，你口中的聖人所做的盡是此事，宗教對你所做的也是這樣——以完美的觀念毒化你。

由於無法完美，你開始有罪惡感，失去了對自己的尊重。一個對自己失去尊重的人，他身為人的一切尊嚴也已蕩然無存。你的尊榮被粉碎，你的人格被諸如完美這類動人的話語給泯滅了。

人不可能是完美的。的確，有些事情是人可以經驗到的，但那超乎人可以想像的範圍，除非人能體悟到神聖的空間，不然他無法了解完美是什麼。

完美不是一項紀律，你無法透過練習而成為完美，完美不是你可以排練出來的。但大家都是在這種教育下長大，所以這世界才會到處都有偽君子，他們對自己的空乏與膚淺心知肚明，卻繼續假裝自己有種種的優點，其實全都是空洞的表相。

當你對某個人說「我愛你」時，你曾想過自己所指的是什麼嗎？那是不是兩性之間的生理衝動呢？等你滿足了你動物性的胃口，你所有的愛就會消失殆盡；那是一種飢餓，你填飽肚子之後就沒事了。曾經在你眼中的絕世美女，你眼中優秀的亞歷山大，此時你卻開始思索該怎麼擺脫這個傢伙！

讓我們一同來看派迪寫給他心愛的莫琳的信，相信會為我們帶來無限的啟示：

我的甜心莫琳：

為了你，我願意攀上最險峻的山巔，我願意游向最深闊的汪洋；我可以力排萬難，只為了待在你身邊感受片刻的溫存。

PS：星期五晚上我會過去看你，如果沒有下雨的話。

在你說「我愛你」的時候，你並不知道自己在說什麼。你不曉得是情慾躲在動聽的愛後面，情慾終將褪去，因為它是很短暫的。

愛是永恆的，這是諸佛的親身體驗，不是眾多無意識人們的經驗。已經了解到愛的人寥寥可數，這些人是人類中最醒悟、覺醒的人，他們的意識居於人類意識的頂極高峰。

如果你真的想了解愛，只要忘掉愛，記得靜心；如果你期望在你的花園裡看到玫瑰花，就不要想玫瑰花，只要照顧好你的玫瑰花叢，給她養分，灌溉她，讓她有足夠的陽光和水分。當一切都被照料得宜，在適當的時間裡，玫瑰自然會綻開，你無法要她提早開花，這是強迫不得的，而且你也無法要求一朵玫瑰更加完美。

你曾見過哪一朵玫瑰花不是完美無瑕的嗎？你還能有什麼更多的要求？每一朵玫瑰花都有其獨到的完美，當她搖曳在風中、雨中及陽光底下時，你難道看不出無比的美麗與欣喜？一朵小小的玫瑰花，可以散發出存在潛藏的光輝。

愛是你內在的一朵玫瑰，但是你的內在必須準備好，讓黑暗與無意識褪盡，讓自己愈來愈警醒、覺知，愛即會在屬於它的季節自動到來。你無須為它憂慮，無論任何時候，當它來臨時，總是完美無缺的。

愛是靈性上的經驗，與性、身體毫無關連，但與內在核心的本質有關，可是你連自己內在的神殿都還沒進去探頭過。你根本連自己是誰都不知道，卻想知道要如何愛得更好？先作你自己，先了解自己，愛隨後會成為一個獎勵降臨到你身上，那是來自彼岸的禮物，彷彿甘霖從天而降……充實了你的存在，它不斷灑落在你身上，使你迫不及待想去分享。

以人類的語言來說，唯一能注解「分享」的，就是「愛」這個字，這注解雖然短了一些，但點出了正確的方向。

愛是警覺與意識的影子，讓自己更加有意識，隨著你愈發有意識，愛將會來臨。愛像是訪客，這個客人勢必會造訪那些已經準備好迎接自己的人。而你現在甚至都還不認得愛！要是愛來到你家大門前，你也不知道那是愛；要是愛來按你的門鈴，恐怕你會找一堆藉口不去開門，你可能以為是風呼嘯的聲音或是其他理由。就算你去應了門，你也認不出來那就是愛，因為你從沒見過愛，你如何知道愛的長相？

唯有你知道的，你才認得出來。當愛首次駐進你的內在時，你只感到一股無法抵擋的神祕力量，你並不知道發生了什麼事。你感覺你的心在跳著舞，你聽見神聖的樂章圍繞你左右，你聞到以前從沒聞過的芬芳，這需要花上你一點時間，才能將所有的經驗湊在一起，然後一時之間你猛然想起：也許這就是愛。漸漸地，愛會沒入你的本質當中。

只有神祕家知道愛，人類中除了神祕家，沒有其他人曾經驗過愛，愛絕對是神祕家的專利。如果你想知道愛，你一定要進入神祕家的世界。

耶穌說：「神是愛」，神是厄色尼教派（Essenes）的一員，不過，看樣子或許祂沒有從這個神祕學院畢業，因為祂所說的並不正確。神不是愛，應該說「愛是神」，這當中的差異甚鉅，不是文字上的排列組合不同而已。當你說神是愛的時候，你指的是愛只是神的一個特質，除了愛，神有許許多多的特性，祂不但是饒富智慧的，祂還是悲天憫人、寬大為懷的，而愛只是其中一個屬性。

但事實上，連說愛只是神的一小部分特質也是不合理的，邏輯上並說不通，因為假如神是愛的話，祂的愛不會只是小愛。如果神是愛的話，神不可能殘忍到將罪人打下地獄；如果神是愛的話，祂就無法成為審判的律法。

有一位了不起的蘇菲神祕家歐瑪爾·海亞姆（Omar Khay'am），他的見解比耶穌還深入一籌，他說：「我就是作我自己，不管那些教士或傳道者說些什麼，因為我信任神的愛夠強大，我不可能犯下比祂的愛還來得大的罪過。所以，有什麼好擔心的？我們微小的雙手，只能犯微小的過錯。我們的能力所及有限，怎麼可能做出神無法原諒的事？如果神是愛，祂就不可能出現在最後審判日那一天——只挑選出聖者，然後將其餘的上百萬人丟進永無翻身之日的地獄。」

厄色尼教派的教誨正好相反，耶穌的引述是錯誤的，或許祂並沒有十分與他們的教導相契，他們所教的是：「愛是神」，這是截然不同的，現在神變成是愛的一個特質，神只是愛無與倫比經驗中的一部分；神不再是一個人，而是只有懂愛的人才能體會到的經驗，這時神是次於愛的。我告訴你，厄色尼教派是對的。愛是最終極的價值、最終的一朵花，沒有任何事物能夠超越愛，所以，你也無法令它完美。

其實，在你達到愛之前，你必須先消失。當愛出現的時候，你就不存在了。

東方有位偉大的神祕家卡比兒（Kabir），他曾說過一句非常重要的話，只有已經體驗過、了悟，已經進入自身最真實的聖境中的人，才說得出這樣的話，他說：「我總在追尋真理，奇怪的是，只要追尋的人還在，真理就無法被找到；當真理被找到的時候，我向四周看了看……我消失了。當真理被找到的時候，求道的人就不見了；當求道者在的時候，真理便無跡可尋。」

真理與求道者無法並存，你與愛也無法並存，共同存在是不可能的；不是你就是愛，你可以選擇。如果你準備好消失、融解、融合，只留下純粹的意識，愛的花朵旋即綻放。你無法要它完美，因為你並不存在，而且它本來就不需要完美，它天生就是完美的。

人人都在使用愛這個字，卻沒有人了解愛的真諦。父母親告訴小孩：「我們愛你。」而他們卻是毀了自己小孩的人。他們傳給小孩各式各樣的偏見與刻板的迷信，要小孩去背負世代以來的垃圾，那些垃圾已經一代傳過一代。這種瘋狂的事不斷進行下去……垃圾堆得像山一般高。

但是每位做父母的都認為自己愛他們的孩子，假如真是如此，他們不會希望小孩像自己一樣，因為他們過得一點都不快樂。他們的生命經驗裡有些什麼？有的只是痛苦……生命對他們來說不是祝福，而是一項詛咒，可是他們卻還要孩子步上他們的後塵。

有一次，我去到一戶人家家裡做客。我坐在他們的花園裡，夕陽正緩緩西下，那是個十分恬靜、美好的黃昏，我看著小鳥們紛紛飛回樹上的巢。那家的小男孩坐在我的身邊，於是我隨口問他：「你知道你是誰嗎？」孩子比成年人要來得清楚與靈敏，不像大人們已經受到過許多意識型態、宗教的腐化。那個小男孩看著我，他說：「這個問題很難回答。」

我說：「難在哪裡？」

他說：「難就難在我是家裡唯一的小孩，打從有記憶以來，每次我家有客人來的時候，就會有人說我的眼睛長得像我爸爸，或是我的鼻子像我媽媽，或是我的臉蛋像我舅舅：所以我不知道我是誰，因為從沒有人說過有什麼是像我的。」

每個孩子就是這麼被對待的，你不讓孩子經驗他自己，也不讓他作他自己，只顧著將自己未完成的野心加到孩子肩上，每對父母都希望孩子和自己是同一模子做出來的。然而孩子有他自己的命運，假如他成了另一個你，他永遠無法作他自己。當他無法作自己時，他永遠不會覺得滿足，永遠無法從容自在地活在世上，他總是會處在一個若有所失的狀態。

你的父母愛你，同時他們還告訴你，因為他們是你的父母親，所以你必須愛他們。這是一個奇怪的現象，而且似乎都沒有人注意到這件事，雖然你是這孩子的母親，那也並不表示他必須愛你，是你必須要有可愛之處，光身為一名母親是不夠的；你或許是位父親，但那並不代表你因此就值得人愛，單憑父親的身分，並不會在小孩內心製造出對你的愛，可是，大家都這麼期望著……可憐的小孩，他不知道該怎麼做，於是只好開始假裝，那是唯一的解決之道，他開始在不想笑的時候，嘴上卻掛著微笑，露出愛、尊敬、感謝等種種樣子，但一切都是堆砌出來的，單從孩提時代，他就成了一名演員、偽君子、政客。

我們生活在一個父母、老師、教士的世界裡，每個人都侵蝕你、帶你脫離你自己。我所致力的是將你的中心還給你，我稱這個歸於中心的過程叫「靜心」（meditation）。我要你尊重自己，並且只是去作你自己，體認存在需要你的事實，然後帶著這般的榮耀開始去找尋你自己；先來到中心點，接著開始去找尋你是誰。

知道自己的本來面目，將為愛與慶祝般的生活揭開序曲，你將有能力付出許多的愛，因為愛永不耗竭。無可衡量的愛不可能消耗殆盡，你愈能付出，你就愈有給與的能力。

這是生命中最無可比擬的經驗：你單純地付出，而連一句謝謝也沒有期望。當你的愛是真心誠意時，你反而會因為他人接受你的愛而由衷感謝，對方原可以拒絕你的。給與愛的同時不忘對那些接受的人致以謝意，你將赫然發覺，自己貴為國王的身分；而不再端著一個鉢四處敲門向人乞討愛，那些你所乞討的對象無法給你愛，他們自己也是乞丐。乞丐們互相索求愛不成，使得他們心生挫折、氣憤，因為他們要不到愛，這是一定會發生的。愛是國王世界裡的存有，不屬於乞丐。當一個人能夠無條件地付出愛的時候，他才是一個國王。

接下來還有一個更大的驚喜：當你開始對所有人、甚至是陌生人付出愛的時候，你將發覺重點不是你付出愛的對象，因為付出本身所帶來的喜悅是這麼豐富，你根本不在意是誰在接受。當你的內在浸浴在這樣的空間裡時，你不斷地對每一個人付出，不只是人類，還有動物、樹木、遠方的星星，即使是藉著觀看的動作，也能將你的愛傳送到最遠的那顆星星；只是透過你的碰觸，愛就能傳遞到一棵樹的身上，無須隻字片語……愛即在悄然無聲中傳輸，愛是無須訴諸言語的，它自有表達的方式能觸及你的內在深處。

所以，首先讓自己充滿愛，接著分享就會發生，再來是令人驚喜的……隨著你的給與，不知道打哪裡來的，從未知的角落、從無名的人們身上，以及從樹木、溪流、群山那裡，換你開始接受存在自四面八方傾灑給你的愛。你所給出的愈多，你得到的會更多，生命成了一場洋溢著愛的舞蹈。

第二部

從關係的形式到互動

從你能感覺出自己不再依附任何人的那一刻起，一股悠悠的淡然與深深的平靜由衷而生，那是一種放鬆地釋放開來，並不是從此你便不再愛了，事實正好相反，你生平頭一次從一個嶄新的層面了解到愛，那樣的愛不再是生物性的，那樣的愛，比任何形式的關係都要來得接近友善（friendliness）的品質。有鑒於此，我才不使用友情（friendliness）這個字眼，因為那艘「船」（ship）已經害得無數人滅頂。

第五章　永續的蜜月期

愛不是一種關係。愛會使人產生連結，但它不是關係，因為關係代表著結束。關係是一個名詞，表示終點站已經到了，蜜月期已告結束，從現在開始沒有歡欣、沒有熱情，一切都落幕了，你可以光為了信守承諾而繼續留在關係裡。你可以維持下去，因為在關係裡是舒適、方便、安逸的；你可以維持下去，因為你沒有其他的事好做；你可以維持下去，因為假如你擾亂了關係的話，將為自己惹來很大的麻煩……關係意謂著完結、結束、終結。

愛永遠不會是一種關係，愛是關係的互動（relating），就如同一條奔流不息的河水。愛不會停下來，它是一場開始之後就不會結束的蜜月，而不是一本有著開場與結尾的小說。愛是一個持續的現象，相愛的人會有告別的一天，但愛仍持續著，它是一個連續不斷的進行式。**愛是一個動詞，不是名詞。**

為什麼我們要將互動的過程貶成關係的形式？為什麼我們如此心急？因為，光是互動並不穩固，關係才令人感到安全。關係是一種確認，互動的過程不過是兩個陌生人的相會，也許在一夜溫存後，隔天早上就道再見了，誰能知道明天的事會變成怎麼樣？由於心理上的害怕，使得我們想要尋求確定感，尋求可預見的一切；我們希望明天的事，可以按照自己的想法進行，不允許明天自由自在地發展，於是我們一開始，就忙著把每一個動詞縮減成名詞。

當你一愛上了某個人，很快地就想到要結婚，想將愛變成一只合法的契約，怎麼會這樣？為什麼愛會與法律扯上關係？愛會與法律扯上關係是因為愛不存在，那樣的愛只是一個不實際的空想，你曉得空想終究會有幻滅的一日，在它消失以前就穩定下來，在它消失以前就採取一些行動，這樣兩人就沒有分開的機會。

在一個更進步的世界裡，會有比較多人走入靜心，將更多光明散播到各個地方，那時人們將會愛，而且全心全意去愛，不過他們的愛會維持在互動的過程，而不會是關係。我並不是指他們的愛是短暫的，他們的愛，很有可能比你的愛還來得深刻，他們之間的親密或許品質更高，也許更詩意、更具神性。他們的愛，很有可能比你所謂的關係還持久，但法律並不會保證這一點，保證來自他們的內在，來自心裡的一份承諾，那是一種靜默的交流。

如果你享受與某個人在一起，你自然會想享受得更多一點；如果你享受親密感，你自然會想要更深入其中探索。唯有經過長久的親密互動後，愛的花朵才會綻開。有一些季節性的花朵，六星期之內就在陽光底下綻放了，但六個星期之內也就從此凋謝；有些花要經年累月的時間才會開放，時間愈久，開出來的花朵愈有深度，然而，那必須是一顆心對另一顆心的承諾，甚至是不用言語的，因為言語對愛來說是一種褻瀆。愛，必然是一種寧靜的承諾；眼對眼、心對心、存在對著存在。愛只能被了悟於心，無法訴諸言語。

忘掉關係的形式，去學著如何與人處於互動的狀態中。

一旦你在一段關係裡，你會漸漸將對方視為理所當然，那是導致愛破裂的原因。女人以為她了解她的男人，男人以為他了解他的女人，但其實誰都不了解誰！了解是不可能的，對方永遠都是個奧祕，將對方視為理所當然是一種冒瀆，那是不尊重的表現。

若你自認為很懂你老婆，表示你是個不知感激的人，你怎麼能懂她？你怎麼懂你的男人？他們是過程，而不是東西。昨天你愛的那個女人今天已經不在那裡了，恆河的水從昨天到今天已匆匆流過無數，她現在已經是完全不同的一個人，重新和她連結，一切從頭開始，別把對方的存在當成是應該的。

昨晚與你一同入眠的那名男子，早上你再去看看他的臉，他已經有許多轉變，那些轉變是無法測量的，他已不再是原來的他。那就是人與東西之間的不同，屋子裡的家具依然沒變，但住在裡面的人卻不一樣了。再探索一回，再開始一次，我所說的「關係性互動」就是這個意思。

「關係性互動」意謂著一再重新開始，你們朝對方靠近，試著熟悉彼此；一次又一次，你們將自己介紹給彼此，希望能看遍對方的所有面貌，努力深入另一個人內在的感情，進入他的心底深處。你想解開一個無法被解開的奧祕，**愛的喜悅正來自對於意識的探索**。

當你與另一個人展開互動時，別使你們的互動淪為關係，如此，對方將能成為你的一面明鏡。去發掘他，在不知不覺中，你也等於是發掘你自己。遁入對方內在幽深的那一面，去了解他的感覺、他的想法、他底層的波動，於是你也將了解自己底層的波動。你們相互成為對方的鏡子，這樣的愛，就是一種靜心。

關係形式是醜陋的，而關係性互動是美麗的。

關係的形式會使兩個人看不見對方，只要想想一件事，上一次你與老婆深情凝視著彼此是什麼時候的事？你已經多久不曾正視你老公一眼了，可能有好幾年了。誰沒事會拿自己老婆猛看？你自認對她已經熟得不能再熟了，還有什麼好看的？對於陌生人，你的興致遠比已經認識的人來得高昂，而對於認識的人，你熟知他們全身上下的每一處罩門，你知道他們回應事情的方式，也知道已發生的事會一再發生——那是個重複的循環。

不是這樣的，事情並不真是如此。從沒有一件事重複過，每天的一切都是全新的，只不過你的眼界與想法變舊了，你的鏡子堆積了塵埃，致使你失去了反映對方的能力。

所以我說的是關係性互動，這是一個持續進行的蜜月：不斷地探尋彼此，找到愛對方的新方式，發掘和彼此在一起的新方法。每個人都是一個深不可測、永無止盡的奧祕，你不可能有機會說：「我已經認識她了」或「我已經了解他」這種話，頂多你可以說：「我已經盡全力了，但這個奧祕依然是個奧祕。」

事實上，你愈深入對方，對方就愈顯得神祕，於是，愛成了時時刻刻的探險。

第六章　情慾的追求

以一般人的頭腦狀態來說，愛幾乎是不可能的事，唯有當一個人回到自己的本質時，愛才是可能的，在此之前的愛，永遠都是別的東西。我們老將不是愛的當成愛掛在嘴上，那樣的行徑，有時簡直就是荒唐可笑。

有人愛上了一個女孩子，因為他喜愛她走路的丰姿、她的聲音、她打招呼的樣子，或是她的雙眸。前幾天，我讀到一則文章，有一個女人是這麼描述另一個男人的：「他有著全世界最好看的眉毛。」倒不是這有什麼問題，眉毛可以很好看，但如果你愛上的是眉毛的話，遲早你會大失所望，因為眉毛不是一個人最重要的部分。

人們為了這種枝微末節的事而墜入愛河——身材、眼睛……這些是不重要的，因為，當你與一個人一起生活的時候，你不是跟對方的身體比例一起生活，你不是和對方的眉毛或頭髮的顏色在一起。特別是當你和另一個人住在一起時，對方的眾多樣貌……不是三言兩語就能描繪清楚的，而那些表面上的小事，早晚會變得一點意義都沒有，不過到時候你會驚覺到：該怎麼辦？

每一段愛的起始都是羅曼蒂克的，等到蜜月期結束後，一切都化為零，因為人不能靠浪漫過活，人必須活在現實裡，而現實完全是另一回事。當你看著一個人的時候，你看不到他的全部，你只能看到表面，這個道理就像你因一部車的顏色而喜愛它一樣，你甚至連車蓋都沒掀起來看一下，也許這部車根本沒有引擎，或某個地方有缺陷，遇到這種情形時，到頭來，就算顏色再好看也無濟於事。

當兩個人遇在一起時，他們內在的真實面會產生撞擊，外在的事相形之下便顯得無足輕重，這時，再好看的眉毛與髮型又如何？你幾乎都要將它們給忘了，那些一眼就能看盡的對你不再具有吸引力。而且，你對另一個人的認識愈深，你就會愈害怕，因為你開始見到對方的瘋狂，對方也漸漸發現你的瘋狂，然後兩個人都覺得自己被騙，都為此忿忿不平，然後相互展開報復，好像是自己一直受騙一樣。事實上沒有誰在欺騙誰，儘管，每個人都上當了。

基本上，當你愛一個人的時候，你的愛是因為你得不到對方，現在你得到這個人了，愛怎麼還會存在？

你想變成有錢人是因為你沒有錢，是貧窮燃起你想變富有的欲望。一旦你有錢，你就不會在乎了，或是你會以另一種角度看待這件事。你肚子餓，所以你滿腦子只有食物，可是當你一切無恙、酒足飯飽的時候，哪裡會在乎食物？誰會去想食物？

你所謂的愛也是這樣。你追一個女人，而她不斷躲你，她那樣的舉動會使你的熱度更往上攀升，於是你追她追得更賣力，這是遊戲的一部分，女人天生就知道她必須躲給你追，這樣追逐的遊戲才會繼續下去。當然，她也不會躲得太過火，不然你會把她完全給忘了，她會在你看得到的地方誘惑你、召喚你、邀請你，但是她就是不會讓你給找到。

所以男人先追女人，女人試圖逃跑，等到男人抓住女人之後，整個局面旋即逆轉，那時候換男人跑給女人追——「你上哪裡去？你在跟誰說話？為什麼遲到了？你和誰在一起？」

問題就出在兩方因為彼此的不認識而受到吸引，也就是說，吸引力的來源在於——與對方的不熟識。現在兩個人都很熟了，他們已經上過許多次床，到後來，每次做愛幾乎已經變成老套，頂多那是幫助放鬆的習慣，但再也浪漫不起來了。接下來他們會覺得無聊，在習慣了彼此之後，他們沒有對方反而不能過活，但是因為浪漫盡失的緣故，他們又無法在一起生活。

無論是不是愛，上述這些是你絕對不可不知的重點。你不應該欺騙自己，而且心裡應該要清楚，如果那曾經是愛，或甚至只有片段的部分是愛，這一切都會成為過去。你應當明白這些都是自然的事情，沒什麼好生氣的，你還是愛著對方，即使你已經了解對方了，你還是會愛他或她。

其實，如果愛在的話，你會因為了解的產生而更愛對方。如果有愛的話，愛會留下來；如果沒有愛，一切就會消逝。兩者都很好。

我所說的愛，不可能發生在一般的頭腦狀態下，那樣的愛，唯有當你的內在整合之後才有可能。整合的內在以愛為運作，而沒有浪漫的夢幻故事，愛與那些蠢事無關，愛直接看進對方的靈魂，與另一個人內在進入親密的交流。那是截然不同的愛，每份愛都可能成長到那一階段，也應該成長到那個階段，然而，百分之九十九的愛從沒能發展到那個點上，他們所面臨的痛苦與困擾之鉅，足以使一切都毀了。

然而，我不是說你應該執著，而是你必須警覺、覺知。假如你的愛不過是由愚蠢所構成，它遲早會消逝，並不值得為之傷神；倘若愛是真實的，那麼經過所有的苦痛之後，它會續存下來，所以你只需觀照……

愛不是問題，問題在於你的覺知。這或許只是一個使你的覺知加深的狀況，你將會對自己更有意識。或許這次的愛會消失，下一段愛會更好，那時，你以更清明的意識做出更好的選擇；也許因為你更有意識，你就能夠改變現在這份愛的品質。所以無論發生什麼，你應該保持開放的心胸。

愛有三種層次。其一是動物性的愛，它只是情慾、肉體層面的現象。另一種是人性的愛，它比情慾、性慾、感官更勝一籌，而不是只把別人當成剝削的手段。第一種愛純粹是一種剝削，另一個人成了被利用的工具。在第二種愛裡，對方不是被利用的工具，對方是與你平等的；如同你一樣，他或她本身即是俱足的一端，愛不是一種剝削，而是你們兩端相互的分享，分享你的存在、你的歡樂、你的音樂，還有分享你純純的生命詩篇。

第一種愛是占據式的，第二種則否；第一種製造包袱，第二種給與自由。第三種愛是神聖的、如同神一般的：當沒有被愛的客體時，當愛一點都不是一種關係，當愛成為你的本質，你只是散發著愛的氣息，沒有特定愛某個人，而是活在愛的境界裡時。無論做什麼，你都懷著愛意去做；不管遇到誰，你在愛中與他們相會。即使你伸手去摸一顆石頭，也像是碰觸你所鍾愛的人一般；就連看著樹木，你的眼神也都流露著愛。

第一種愛，別人是被利用的工具；第二種愛，別人不再是工具；第三種愛，完完全全沒有別人的存在。第一種愛製造包袱，第二種愛賦予自由，但第三種愛超越了兩者，超越了二分性，沒有愛人者也沒有被愛者，只有愛。

那是愛最終極的狀態，也是生命要成就的目的。大多數的人還局限在第一種愛，只有鮮少的人進入了第二種愛的境界，我所說的第三種愛，是最罕見的現象，只有一個佛陀、一個耶穌……稀落的程度只需靠手指頭就可以數完，這些人進入了第三種愛的次元。但是，只要你將目標牢牢盯住最遠的那一顆星，那是可能辦到的。當這樣的愛成真的時候，你才會滿足，你於是不再有缺憾；處在那份滿足感之中即是喜悅，無窮無盡的喜悅，即便是死亡，都無法帶走你的喜悅。

第七章　給彼此空間

在紀伯倫的《先知》（*The Prophet*）中，阿穆斯塔法這麼說道：

在你們的依偎中保留幾許空隙，
讓天堂的風飛舞過你倆之間，
相愛，但不使愛淪為束縛；
願在你們靈魂的雙岸間，
有著一片波動的汪洋。

如果你們在一起不是因為情慾的緣故，你們的愛一定會與日俱增。情慾，會讓所有的事縮水，因為生物性並不在乎你們是否在一起，它只關心繁衍，而繁衍是不需要愛的；人就算沒有愛，也生得出小孩。

當我住在森林裡或山上的時候，我常對各種動物做觀察，有件事一直令我想不透，每次我看見動物們在做愛的時候，牠們看起來總是非常悲傷的樣子。我沒見過做愛時很快樂的動物，好像是牠們被某種莫名的力量驅使去做這件事一樣。牠們不是自願的，對她們來說，做愛不是隨心所欲的自由，而是一種負擔，那即是令牠們難過的原因。

我也在人類的身上觀察到同樣的事。你有沒有在路上見過夫妻檔走在一起？或許你並不知道他們的關係，不過，如果他們兩個都悶悶不樂的樣子，你就可以確定他們是夫妻。

在我從德里旅行到斯里蘭卡的途中，我的冷氣火車廂裡只有兩個位子，其中一張是我預定的位子。沒多久，來了一對男女，女的生得明麗動人，男的長得英俊瀟灑，由於那張位子擠不下他們兩個人，所以男的讓女的留下來，他自己去另一個車廂坐，不過，火車每停一站，他就會帶一些甜點、水果、鮮花來看她。

一切我都看在眼裡，於是我開口問那個女的：「你們結婚多久了？」

她說：「應該有七年了吧。」

我說：「別想唬我！你可以騙得了別人，但你騙不了我，你們並沒有結婚。」

她大吃一驚，心想這個一句話都沒說，只有旁觀的陌生人……她說：「你怎麼發現的？」

我回答：「這也沒什麼，道理其實很簡單，假如他果真是你丈夫，一旦他走開後，要是他會在你們下車的那站快到時回來找你，那已經算你很幸運了！」

然後她就說：「雖然我們素不相識，不過你所說的沒錯，他是我先生的朋友，也是我的情人。」

我說：「那就說得過了……」

先生與妻子間有哪裡不對的嗎？那不是愛，大家好像還真的懂愛一般，認為夫妻之間一定有愛，那是肉體的欲望，你們要不了多久就會受不了對方。你被以繁殖為目的的生物性給耍了，遲早你會覺得一切了無新意——同一張臉孔、同一個身體，你知道自己曾經探索過這人幾回嗎？全世界的人都因為婚姻而過得不快樂，卻仍然沒有人意識到原因出在哪裡。

愛是最奧妙的現象之一，阿穆斯塔法說的愛，並不會使人覺得乏味，因為那不是情慾。

他說，**在你們的依偎中保留幾許空隙**。

在一起，但別想去控制，別試圖占有，而且不要剝奪對方的主體性。

當你們生活在一起時，**給彼此一些空間**……當先生晚歸時，妻子不需要、也沒有必要問他去了哪裡，或為什麼他回來晚了。他有他自己的空間，他是一個自由的個體。兩個自由的人住在一起，沒有人去侵犯對方的空間。如果是妻子回來晚了，並不需要問她：「你去哪裡？」你以為你是誰啊？她有她自己的空間與自己的自由。

這就是每天發生在每個家庭的現象，夫妻間為了一點雞毛蒜皮的事吵架，而真正的內幕是，他們並不允許另一個人有自己的自由。

喜好是因人而異的事，也許你先生喜歡的，你不見得會喜歡，這並不表示你們一定會因此衝突，但也不表示因為是夫妻，你們的喜好就應該一樣。所有那些老掉牙的問題……每個作老公的回家時，腦筋裡都在想：「她會問什麼？我該怎麼回答？」而其實作老婆的都知道她要問什麼，以及他會說什麼，他都用一些假話在敷衍她。

這種不時疑神疑鬼、動不動就嫉妒的愛算什麼愛？假如你老婆撞見你跟其他女人在一起有說有笑，光是那樣就足以毀了你的一整夜，弄得你覺得很不值，才一點點笑聲就要你賠上這麼高的代價。如果是老公發現自己老婆和別的男人在一起似乎更開心、更快活的話，這不讓他痛苦萬分才怪。

人們並沒有意識到他們其實不懂愛。愛從不懷疑，從不嫉妒，從不干涉別人的自由。愛絕不會在別人身上施加壓力，愛給與自由，唯有當你們之間有空間時，才可能有自由。

這即是紀伯倫很了不起的地方……他的見解別具洞悉力。愛，應該會樂於見到心愛的女人快樂地與別人在一起，因為愛想要心愛的女人快樂；愛，希望丈夫是高高興興的，如果他享受跟別的女人談天說笑，作妻子的應該覺得開心，沒有必要為此起爭執。兩人在一起，原本是為了讓生活更快樂，但事實卻剛好相反，他們在一起好像是為了置彼此於毀滅，因為他們甚至連愛的意義都不了解。

在你們的依偎中保留幾許空隙……這並不矛盾。你給對方愈多空間，你們就愈緊密地在一起；你們容許彼此愈多自由，你們就愈親密，不是親密的敵人，而是親密的朋友。

讓天堂的風飛舞過你倆之間。這是存在中的基本法則，相處過頭會失去自由的空間，愛的花朵因此而枯萎、凋謝，你摧折了那朵花，因為你沒有給它生長的空間。

科學家發現，動物們喜歡保有自己的空間，你一定見過小狗在不同電線桿下撒尿的情形，你以為牠那樣是沒事找事做嗎？才不，牠是在劃分界限，藉以表示「這是我的地盤」，其他的狗兒聞到尿液的味道，就不會來覬覦這塊地方。狗不會介意其他狗兒靠近自己的地盤，但要是對方越過雷池一步，一場衝突就不可避免了。

自然界的動物們都是這樣的，即使是獅子，如果你不越過牠的領地，牠並不會無端去攻擊你，你對牠而言是有教養的紳士。但若是你擅入牠的地盤，無論你是誰，牠一定會把你給生吞活剝下去。

人類的生存空間權還有待發掘，你一定感覺得出來那是什麼，只是科學上還沒有正式界定。當你去到像孟買這種城市裡的任一處火車站，火車上的人就如同擠沙丁魚似的……大家都是站著，只有少數人才有位子坐，不過，你去看看那些站著的人，雖然他們的身體挨得很貼近，他們還是死命地不要和別人互相碰觸。

這世界日益擁擠，愈來愈多人發瘋、自殺、互殘，原因只出在，他們沒有一點自己的空間。相愛的人應該敏感一些，你的妻子需要她自己的空間，正如你也需要自己的空間。

泰戈爾的《最後一首詩》（*The Last Poem*）是我最喜愛的其中一本書，這不是詩集，而是小說，而且是一本十分奇特、富有見地的小說。

有一位年輕女子和一位男士墜入愛河，很快地他們就想步入紅毯。女子說：「我只有一個條件……」她是個素養很高的人，而且也很有錢。

那男人說：「什麼條件我都同意，沒有你我活不下去。」

她說：「先聽完條件，再好好想一想，這個條件不是普通的條件：我們婚後不同住一棟房子，我有一塊土地，周圍是一座湖，湖邊長有樹木、花園和草地，我會在湖的另一端為你蓋一棟房子，正好與我的房子遙遙相對。」

他說：「那為什麼還要結這個婚？」

她回答：「婚姻不是為了摧毀彼此，我這是給你空間，也給自己空間。偶爾在花園裡散步時，我們會不期而遇；有時候，我們會在湖中泛舟時遇到彼此。有時我可以邀請你一起和我喝下午茶，或者你可以邀請我。」

男人說：「這個想法簡直太荒謬了！」

女人說：「那結婚就不必談了，這是唯一可行的方式，唯有如此，我們才能繼續成長，因為我們之間永遠保持新鮮感，才不會將彼此視為理所當然。我有權利拒絕你的邀約，就像你有權利拒絕我的邀約一樣，我們的自由絕對不容干擾。在兩人的自由之中，美好的愛才會滋長。」

這男人當然無法理解，他放棄了。

泰戈爾與紀伯倫真是英雄所見略同……而且他們幾乎是同一時間寫作的。

如果這是可能的，兩人在一起的同時又擁有各自的空間，接著自是……**天堂的風飛舞過你倆之間。**

相愛，但不使愛淪為束縛。愛該是一項免費的贈禮，在給與和接受之間，不該有任何要求，不然，任你們的結合有多迅速，其實卻像遙遠的兩顆星；你倆之間沒有共識的橋樑，甚至連給橋樑存在的空間都沒有。

願在你們靈魂的雙岸間有著一片波動的汪洋。

別讓愛僵滯不動，別讓它成為例行公事。願在你們靈魂的雙岸間有著一片波動的汪洋，倘若你能同時擁有自由與愛，你便什麼都不需要了，因為你已經得到了生命所賦予你的禮物。

第八章　關係是最佳公案

對人們來說，愛與關係就像是則公案；最佳的公案是愛與關係。關係就像是一道難題，你完全不知道該拿它怎麼辦，就算你極力想找出一個解答，卻怎麼也發現無解。它生來就令人費解，你愈力求解開這個謎，它只會愈困惑你；你愈試圖了解它，就愈摸不著頭緒。

這比起禪師們所給弟子的任何公案都來得偉大，因為他們的公案是一個人單獨的靜心。當你所收到的是關係的公案時，事情要複雜得許多，因為你們有兩個人，你們長得不同、制約不同，你們從完全相反的方向拉扯彼此、相互控制、企圖占據、操縱……多得不勝枚舉。

當你靜心的時候，唯一的問題是要如何靜下來，如何不被念頭抓住，不像關係有層出不窮的問題。如果你默不作聲，問題就來了，不過是安靜地坐在你老婆的身邊，你等著看，她會拿你開刀，問你：「為什麼你不說話？你這樣是什麼意思？」但要是你開口說話，你一樣會有麻煩——不管你說的是什麼，她永遠會曲解你的話。

沒有一段關係不會遭遇到問題，或者這麼說，要是你見到任何沒有問題點的關係，就表示那個關係已經不存在了。兩個人吵架吵累了之後，他們開始接受現狀，一切都變得很無趣，所以他們不想再吵了，不想再改善什麼。

以前的人則是試圖製造一種強迫來的和睦，女人就是那樣長期受到打壓。直接強迫女人順從男人是一個解決的辦法，但那也不叫關係，當女人不再是一個獨立的人時，問題就平息了，不過，這個女人也消失了，她只是一樣可以被利用的東西，而一旦男人覺得不再有樂趣時，他就會開始去找其他女人。

假如你曾見過有哪一樁幸福的婚姻，千萬別相信你從表面所看到的，只要再深入一點，你就會對浮出的事實感到驚訝。我聽過有一樁幸福的婚姻是這樣的……

有個鄉下農夫覺得自己差不多該成婚了，於是他騎上他的驢子進城去找老婆。沒多久他就遇到一個女人，於是他們結婚，然後騎上驢子準備回到鄉下去。才到半路，驢子突然不走了，農夫下來找到一支棍子，他將驢子打了一頓，直到牠又開始走為止。

「這是第一次。」農夫說。

走了幾哩路之後，那隻驢子又不動了，然後整件事重複上演一次，在將驢子打過一頓之後，牠又走了，農夫說：「這是第二次。」

又過了一會兒之後，驢子第三度停下來。農夫下來，讓他的新婚妻子也下來，然後他拿出一把手槍，對著驢子的眼睛射了一槍，驢子應聲倒地。

「這麼做實在很蠢！」老婆驚呼道，「那頭驢子很值錢，你只為了一時氣憤就殺了牠！你這個不講道理的笨蛋……」她就這樣劈哩啪啦痛罵了一陣，等她停下來喘一口氣時，農夫開口了：「這是第一次。」

據說，從那之後，他們一輩子過著幸福快樂的婚姻生活！

這是一個解決之道，也是過去以來人們所採用的方式。未來，事情將會顛倒過來，換先生對太太百依百順，不過那也只是換湯不換藥。

關係是一則公案，除非你已經把一件更根本的事情處理妥當——你自己，否則你無法解開這則公案。愛的課題，只有在你穿越過靜心的課題之後才能得到解決，在那之前不可能，因為，製造問題的就是你們兩個沒有在靜心的人，兩個人都處於迷霧當中，都不知道自己是誰，那麼各自的困惑相乘之後，勢必會多了好幾倍。

除非你能靜心，否則愛只會是痛苦。等你學會如何獨處，等你學會不必任何理由就能享受自己單純的存在，就有可能處理好接下來第二件事。第二件是更複雜的問題，因為那牽涉到兩個人的相處，唯有兩個靜心的人能活在愛裡，那時愛就不是公案了，不過到那時候，愛也不是你認知裡的關係，那將只是一個愛的境界，而不是關係的狀態。

我了解關係的困難，然而我鼓勵人們去經歷這些困難，因為這些困難會使你意識到根本的問題：你——在那深處的你是一個謎。對方只是一面鏡子，要直接看出你的問題出在哪裡並不容易，在關係裡則可以很清楚的顯示出來。鏡子就在那裡，你可從那面鏡子中看到自己的模樣，對方也可以從你的鏡子中看到自己的模樣。例如，因為兩個人都從鏡子裡看到自己醜陋的臉孔而很生氣，他們會理直氣壯地對彼此叫囂：「就是你，都是你這面鏡子讓我看起來那麼醜，不然我可是很美麗的。」

那正是相愛中的人常想解決的問題，但他們解決不了。他們說了又說的總離不開這句話：「我是這麼棒的人，但你使我看起來這麼醜。」

沒有人使你變醜，是你自己原本就醜陋；抱歉，但事實就是如此。要謝謝對方，要感激對方，因為他幫助你看到自己；別生氣，只要深入你自己，潛入靜心冥想當中。

不過，事實的情況常常是，當一個人在愛裡頭時，他就將靜心拋到九霄雲外去了。我一直在觀察周遭的人，每當有幾個人失蹤時，我就知道他們在忙些什麼了，他們正在經歷愛，所以他們覺得自己不需要在這裡。只有等到愛所帶來的麻煩多到他們承受不起時，他們會來問我：「奧修，我該怎麼辦？」

當你在愛的時候，不要忘了靜心。愛不能解決任何問題的，愛只會讓你看到自己的樣子，以及你所處的位置。愛讓你警覺到你的惶惑不安和你內在的混亂，這是好事，這時該是靜心的時候了！**假使愛與靜心能並行不悖，你就擁有一對翅膀使你平衡**。

反過來看，靜心之後就不要愛的也大有人在。當一個人深入靜心時，他會開始刻意逃避愛，因為他認為，進入愛會使他的靜心受到干擾，那也是錯誤的想法。靜心非但不會被干擾，反而會受到幫助，為什麼愛能幫助靜心？因為愛會讓你意識到問題的所在，沒有愛，你不會注意到你的問題。然而，沒有注意到問題，並不表示你已經解決問題了。如果沒有鏡子，並不表示你沒有臉孔。

愛與靜心應該相輔相成，那即是我想與你分享的重要事項之一：愛與靜心必須同心協力，愛與靜心，靜心與愛——逐漸地，你會見到自己的內在有種和諧產生，只有那份和諧，能使你歸於中心。

關於愛的問答

問：我要怎麼樣才知道女人是真的墜入愛中，而不是在和我玩遊戲？

這可不容易！目前為止沒人有本領知道這件事，因為事實上，愛就是一個遊戲，那即是愛的真相！所以說，如果你在那邊等待、觀望、思索、分析這個與你墜入愛河的女人只是在玩遊戲，還是真的愛上你的話，那你永遠無法去愛任何女人，因為愛是一個遊戲——而且是十分重要的遊戲。

無須要求愛是真實的，去玩這個遊戲，那才是真實的。若你是那種非找出真相不可的人，那你不適合愛。愛是一個夢幻、一個奇想、一個虛幻的東西，它是一首羅曼蒂克的詩，若你死命追逐真相不放的話，愛就不是你玩得起的，那表示你適合走靜心的道路。

我知道問這個問題的人不是這一類的人，至少在他這一世，他不可能走靜心的道路！他與女人之間有許多的「業」尚待所修。他總一邊想要靜心，可是又一邊和這個女人、那個女人發展關係。他所交往的女人們也跑來問我：「他是不是真的愛我？該如何是好？」你看她這會兒就問了這個問題！

其實，這個問題大家不時都會碰到，因為沒有人知道評斷真愛的方法。我們彼此間是如此陌生，誰也不認識誰，只是意外地湊在一起，既不了解自己，也不了解對方。兩個陌生人在半路上相遇，都覺得很孤單，他們握著彼此的手——然後覺得自己愛上了對方。

他們需要彼此，那是毫無疑問的，但是，要如何確定是否有愛？

我讀過一則很不錯的笑話，請仔細聆聽這則笑話：

有個女人在午夜到達中西部的一個小鎮上，卻發現鎮上每一間旅店都客滿了。「對不起，」櫃檯的人員對她說，「最後一間客房才由一位義大利人剛住進去了。」

「請問那是幾號房？」她洩氣地問道，「說不定我能和他打些商量。」

工作人員告訴她房間號碼，她上去找到那間房，敲了門，開門的義大利人讓她進去。

「聽著，先生。」她開口了，「我不認識你，你不認識我，不過我實在需要一個地方睡覺。我保證，我不會吵到你，可否讓我睡那邊那個沙發？」

義大利佬想了一下，然後說：「好吧。」

她蜷在沙發上睡覺，義大利佬則去睡他的床。可是，沙發其實不是個睡覺的好地方，幾分鐘後，她躡手躡腳地去到床邊輕輕拍義大利佬的手臂。「聽著，先生。」她說，「我不認識你，你不認識我，不過那個沙發實在無法睡人，我能不能就睡在你的床沿？」

「好吧。」義大利佬說，「就給你睡床邊吧。」

於是她躺上床，可是過了一會兒，她覺得很冷。她又去搖了搖義大利佬。

「聽著，先生。」她說，「我不認識你，你不認識我，但睡在這裡很冷，可不可以也讓我鑽進被窩？」

「好吧。」義大利佬說，「進來吧。」

女人縮進棉被裡，不過，由於靠近一個男性的身體，挑起了她的情慾，令她禁不住有點性衝動。於是她又去搖了搖義大利佬。

「聽著，先生。」她說，「我不認識你，你不認識我，不過……要不要來開個小派對？」

義大利佬這下光火了，他從床上坐起身。「聽著，小姐。」他破口而出，「我不認識你，你不認識我，在這三更半夜的時候，你是想邀請誰來參加這個派對？」

事情就是這樣的：「我不認識你，你不認識我。」相遇不過是個意外。每個人都有需求，人們感到孤單，所以需要某個人來填滿他的空虛，他們說那是愛。他們將「愛」抬出來，因為那是唯一使另一個人上鉤的方式，對方也說那是愛，因為那是唯一能釣到你的方式。可是，究竟誰知道那是不是愛？事實上，愛只是一個遊戲。

是的，真愛是可能的，但唯有當你不需要任何人的時候，真愛才會發生。這與銀行的運作原理是一樣的。假如你去銀行跟他們說你需要錢，他們不會給你錢。當你不需要錢，當你錢夠多的時候，他們會來找你，並且隨時願意掏錢出來。當你沒有需求的時候，他們可以給你；當你有需求的時候，他們不願給你。

在你根本不需要另一個人的時候，在你完全地滿足於自己，在你能夠單獨，而且覺得快樂無比的時候，愛才有可能發生。只不過，到了那時候，你還是無法確定「別人的愛」是否為真，你只能確定一件事：「你的愛」是否真實。你哪有辦法知道別人的事？話說回來，那時候的你，也不需要知道了。

對於別人的愛是否為真這件事，如果你總在為此焦慮的話，那很顯然地，你的愛不是真實的。不然的話，你何需在意？有什麼好擔憂的？當愛在的時候就是去享受它，當你們能夠在一起的時候就在一起；關係不是真的，但你需要它。

尼采曾說，人沒有謊言活不下去，他無法活在真理底下，他會承受不住。你需要謊言——掩飾得很好的謊言——來潤滑你的系統。謊言是潤滑劑，例如當你見到一個女人時，你用一副驚為天人的口吻：「多麼美啊！我從沒見過這麼動人的美女！」這些就像潤滑的謊言，你心裡有數！你以前對其他女人說過一樣的話，你知道，將來你也會對其他女人說一樣的話。同樣的，女人也會說你是唯一有吸引力的男人，這些都是假話，在這些假話的後面沒有別的，正是需求。你要這個女人跟你在一起，好填補你內在的那個洞，你想用她的人塞滿那個內在的空虛，她也在做同樣的事。你們試圖將對方當成工具來使用。

那即是為何相愛的人——所謂的戀人——總有吵不完的架，因為沒有人喜歡被利用；當你利用一個人的時候，那個人已經變成一樣東西，你無異是將對方貶為生活用品。女人在做完愛之後總感到一絲悵然，有種被騙的感覺，因為身邊的男人轉過身就睡著了——做完就沒戲唱了！

許多女性曾告訴我，在與男人做過愛之後，她們會難過得想哭，因為做完後他馬上就是一副不在乎的樣子，他的興趣只在於滿足他特定的需求，滿足後就轉身睡他的大頭覺，甚至根本不關心女方現在怎麼樣了。男人也會有被騙的感覺，他們漸漸會開始懷疑女人是為了其他理由才愛他——為了錢、勢力、安全感，她們的興趣是基於經濟上的理由，那不是愛。

那是事實，事情理所當然是那個樣子，那是唯一的可能！你的意識恍惚，彷彿在夢遊，幾乎可以說是活在沉睡狀態裡，照你的情形來看，事情只可能是這樣子。其實，也不必去擔心女人是否真的愛你，當你還在沉睡的時候，你會需要別人的愛，即便那是假的愛，你一樣需要它。所以就享受吧！不必將自己弄得焦慮不堪，而是致力於讓自己愈來愈清醒。

有朝一日當你真的覺醒時，你將擁有愛的能力，儘管如此，到時候你也只能確定你自己的愛，可是，那也就足夠了！有什麼關係呢？眼前的你想要利用別人，等你自己一個人也可以真的很喜悅時，你就不會想再利用別人了，你只會去分享。你擁有的是這麼多，多到滿溢出來了，就會想要某個人來與你分享，而且對那個能夠接受你分享的人，你覺得很感謝，就這樣！一切不過如此。

你現在過於掛慮別人是不是真的愛你，說真的，這只因為你無法確定你自己的愛，這是其中一個點。而且你也不能確定自己的價值，所以你不敢相信別人會真的愛你，你看不出自己內在有些什麼。連你都不能愛自己了，教別人如何愛你？這似乎是不真實的，也是不可能的事。

你愛你自己嗎？你甚至都沒問過這個問題。人們厭惡自己、鞭笞自己，他們一味地將責難往身上攬，認為自己很糟糕。怎麼有人會愛一個自認糟糕的人？沒有人能真的愛你，愛你的人肯定是在欺騙自己，他們的愛，絕對摻揉了其他理由！她必定是因為某個緣故去愛，而他必定是基於某個理由才愛。

如果你認為自己是個差勁的人，如果你自覺沒有價值，那麼對你來說，愛似乎是不可能的事。當某個女人告訴你她愛慕你時，你不會信任她所說的話；當你對一個討厭自己的女人吐露情衷，她如何能相信你？是人對自己的憎惡，導致了那個焦慮。

別人的可靠與否並不是你能決定的，先確定自己再說，一個能肯定自己的人，就能肯定全世界。你內在深處的確定感，會令你對於自己所做的事，以及發生在你身上的事抱持肯定的態度。當你沉穩地根植於自己的中心時，你就不再為這種事擔心，你接受了一切。

假如某個人愛你，因為你愛你自己而接受對方的愛；你對自己感到快樂，有個人也一起覺得快樂，很好！這樣的事不會讓你的自我膨脹，不會讓你得意洋洋，你只是享受你自己，而對方也覺得你十分怡人，很好！當夢幻還在的時候，讓它愈美麗愈好——因為夢幻不會永遠持續下去。

那也會產生問題，當一份愛結束的時候，你會以為那愛是假的，所以它才會結束。不是的，並不盡然如此，說不定曾經有那麼一絲真實的部分，可是你們沒有能力守住、把握那些許的真實，你們摧毀了它。愛曾經存在，但你讓它從指縫中溜走，你沒有愛的能力；你需要愛，但你沒有能力去愛。在你遇到一個女人或男人的初期，一切都進行得很好，非常順利、非常精采、非常美麗；等你們一安頓下來，事情就開始發酸發臭。你們愈穩定，衝突就愈來愈多，愛於是走樣了。

就我所看到的，我認為每一段愛，在開始的時候都帶有一束光芒，但相愛的兩個人卻以他們自身的黑暗，將光芒給撲滅——他們熄滅了光。當光被熄滅後，他們轉而認為那是因為他們的愛不是真的，事實上是他們自己撲滅掉光的！光並不假，假的是他們，那道光曾經真實存在過。

所以不必去管別人，不必煩惱別人的愛是不是真實的。當愛在的時候，享受就對了，就算那是個夢，能作作夢也不錯。讓自己的警覺、意識加深，漸漸地你就會脫離睡眠狀態。

當你帶著覺知，你心中會升起一股與眾不同的愛，那愛是絕對真實的，因為它來自永恆。那樣的愛不是一種需求，而是場盛宴。

問：當嫉妒、占有、執善、需求、期待、欲望與幻想全都放下之後，我的愛裡還會剩下任何東西嗎？難道說，從前我所作的詩與澎湃的熱情都只是謊言嗎？我在愛中所經驗的傷痛是因為痛苦，還是因為愛？我能夠學得會去愛嗎？

你無法透過學習去愛，愛無法被培養出來，能被培養的就不是愛，因為那樣的愛不會是真實的玫瑰，而是一朵塑膠花。當你去學習某件事的時候，表示那件事是外來的，不是自身內在的成長；而真摯的愛，必須是基於你內在的成長。

愛不是一個學習的歷程，而是一種成長，就你的部分而言，你所需要做的只有一件事：卸下所有不是愛的東西，而不是去學怎麼去愛。你必須排開愛的障礙，銷毀愛的羈絆，然後你會發覺，愛原來是你天生的本性。等障礙移除、石塊被丟開之後，玫瑰花才會顯現，她已然存在，只不過被許多的石頭掩藏住；春天早就在那裡了，那正是你的存在。

愛是一項禮物，而不是某個未來才會發生的東西，在你初生之時，你就帶著這份禮物了。活著就是愛，若你能夠呼吸，你就能夠去愛，愛就像呼吸。呼吸之於肉體，正如愛之於靈魂；身體沒有呼吸會死去，靈魂沒有愛會凋零。

所以第一件要記住的事就是：愛不是你可以學得來的，如果你去學的話，你就錯過了重點，到時候你所學到的是某個以愛為名義的東西，那是虛假的。一枚假硬幣可能看似逼真，如果你不曾見過真硬幣的話，你會一直被假硬幣所蒙蔽；只有當你知道真實的面目時，你才會具備辨識真假的能力。

這些是阻礙物：嫉妒、占有、執著、期待、欲望……你所憂心的沒錯：「如果這些都沒了的話，我的愛裡還會有什麼留下來？」不會有任何東西留下來，「愛」會被留下來……不過愛與「我」或「你」沒有任何關連。就事實而言，當一切的占據、嫉妒、期望消失時，愛並不會跟著消失，消失的是「你」、是「自我」，那些都是自我的陰影。

不是愛在嫉妒，再仔細地看一次，好好去觀察：當你覺得嫉妒時，正在嫉妒的並不是愛，愛從不知道何謂嫉妒。猶如太陽從不知黑暗是什麼，愛並不知道嫉妒是什麼，事實上是自我覺得受傷、覺得受到威脅，它陷入掙扎當中。自我的野心使得它想比別人出類拔萃、獨樹一格，所以才會有強烈的嫉妒心、占有慾，因為自我倚賴著占有而存在。

擁有的愈多，會讓你的自我愈強，自我要是什麼都沒有的話就無法存活，它所仰賴的就是它所占有的一切。所以要是你有更多金錢、更大的權勢、更高的名氣，或是你有一個長得漂亮的妻子、英俊的先生、優秀的小孩，你的自我會受到無限的滋養。當你失去你擁有的、當你一無所有時，你的內在裡將找不到自我，沒有誰在那裡可以說「我」。

假如你將這些當成愛的話，你當然也沒有愛可言。你的愛不叫愛，那是嫉妒、占有慾、怨恨、憤怒、暴力，它可以是一切，但絕對不是愛。它只是假扮成愛——因為這些東西太醜陋了，沒有戴面具不能見人。

有一則古老的寓言：

世界初創之時，神每天都會派一些新的事物到地球上。有一天，祂所派的是「美麗」和「醜陋」。從天堂到地球是一趟遙遠的路途，當他們到的時候正是一大清早，東方剛露出一抹晨曦，他們著陸的附近剛好有一座湖，於是兩個人決定先到湖裡洗個澡，因為他們從頭到腳都髒兮兮的。

由於初來乍到，對世間的狀況還來不及了解，他們直接脫光衣服，一絲不掛就跳進冷颼颼的湖水中。隨著天色漸亮，陸陸續續有人們出現。「醜陋」耍了一個詭計，當「美麗」游到很遠的地方去時，「醜陋」先上了岸邊，穿上「美麗」的衣服就跑了。等到「美麗」意識到有人來了，但自己還赤裸著身體時，她東張西望……衣服不見了！「醜陋」跑掉了，光天化日之下「美麗」全身光溜溜地站在那裡，而人群的腳步近了，情勢所逼，她只好趕緊先披上「醜陋」的衣服，然後去找尋「醜陋」的蹤影，好將衣服對換過來。

故事上說她至今還在尋找……卻總被狡猾的「醜陋」給溜掉。「醜陋」還是穿著「美麗」的衣服，喬裝成「美麗」的模樣，而「美麗」穿著「醜陋」的衣服到處在尋找。

這個寓言故事十分發人深省。

這些東西是如此醜陋，要是你看見它們真實的樣子，恐怕連一秒鐘都無法忍受，所以，它們不讓你看到真相。嫉妒假裝成愛，占有戴著愛的面具……這麼一來你便心安理得了。

你在愚弄的不是別人，而是你自己。這些都不是愛，所有被你當成是愛的、目前為止所有你還以為是愛的一切，有一天注定會消失。這些東西裡面沒有詩，是的，是有激情，但激情是一種高燒狀態，激情是一個無意識的狀態，而不是詩。只有佛才懂詩，只有佛才懂得生命的詩境，存在的詩意。

興奮或是高燒並不是狂喜，它們看起來很相像，那正是問題所在，生命中有許多事情看起來都很類似，其間的分野非常精微與細緻。興奮可能看似狂喜，其實不然，狂喜基本上是冷靜的，而激情是滾燙的。愛是平靜、冷靜，不是冷漠。憎恨是冷漠的，而激情、渴慾是激烈高昂的，愛正好在中間，它是冷靜的——既不冷漠，也不激烈，是一個無比平靜、沉著、寧靜的境界。從那樣的平靜之中所升起的是一首首的詩，從那樣的沉著之中所升起的是不絕如縷的歌詠，從那樣的寧靜之中所升起的是你存在本質的歡舞。

你所稱為詩和激情的東西，不過是好聽的謊言，一百首詩當中，有九十九首不是真愛，而是人們處在痛苦、情感、熱情、渴望、性慾、感官裡的抒發，只有一首是真正的詩。

真正的詩人或許從不寫詩，因為他整個人就是詩；他走路的動作，坐的姿勢，吃東西的方式，睡覺的樣態，無一不是詩，他的存在即是詩。說不定他寫詩，也說不定不寫，那與他是否為詩人一點都無關。

你的詩所抒發的，不過是你發燒的意識，那是一種瘋狂的狀態。激情是瘋狂、盲目、無意識的，它帶給你一種錯覺，使你以為那是愛。

只有當靜心發生的時候，愛才有可能發生。如果你不知道如何歸於你的中心，如果你不知道如何放鬆地歇息在自己內在當中，如果你不知道如何完全地單獨一人，同時能感受到幸福，那麼你永遠不會了解愛。

愛所呈現出來的樣子是關係，但它始於人深沉的單獨；愛在關係的互動中表達它自己，但愛的根源不在關係裡，愛的根源是靜心。當你在單獨中感到無比的快樂，也就是說，當你一點都不需要別人，那時，你才有愛的能力。假若你對別人有需求，你只能剝削、操縱、控制，你無法愛。

由於你對別人有倚賴，占有慾於是產生，因為你害怕：「天曉得？今天和我在一起的這個人，明天也許就不會和我在一起了，誰知道下一刻會發生什麼？」你的女朋友或許會棄你而去，你的孩子們也許已經長大，他們會離開你，你的先生可能拋棄你，誰知道下一刻會怎麼樣？出於對未來的恐懼，你的占有慾變得非常強，你在所愛的人身上製造出沉重的包袱，而那些是你認為自己所愛的人。

可是，愛不會造成囚禁，如果愛造成了囚禁，那恨豈不沒事可做了？愛帶來自由、給與自由，愛並不占有。不過，只有當你已經知道一種完全不同品質的愛時——那樣的愛不是出於需求，而是分享——愛才有可能是自由的。

愛就是分享滿溢的喜悅，由於實在快樂無比，你承載不住那麼多喜悅，非與別人分享不可，於是來自彼岸，有種詩意、有種不屬於塵世的美出現。這樣的愛不是你可以學習的，不過，阻擾愛的障礙卻可以排除。

我常說學習愛的藝術，其實我真正說的是：學習「消除愛的阻礙」的藝術，那是一個負向的程序，有點像是鑿井：你朝地底一直挖下去，除去層層的石頭、岩塊，忽然間你挖到水了，在排除萬難之後你終於得到水。愛也是這個情形：愛是你存在中的一股暗流，它已經在底下汩汩流動著，只不過層層的土石有待移除。

我所說的學習愛的藝術就是這個意思，不是真的要學習去愛，而是卸除不是愛的一切。

問：請問「喜歡」和「愛」之間有什麼不同？還有，「平凡的愛」與「靈性的愛」的差異何在？

喜歡與愛有著非常顯著的差異，喜歡是沒有承諾的，而愛是一種承諾，那正是為什麼人們不太談愛。事實上，人們開始將愛用在不需要承諾的對象上，舉例來說，有人說：「我愛冰淇淋。」你怎麼可能愛冰淇淋？你可以喜歡，但無法愛，還有人說：「我愛我的小狗，我愛我的車，我愛這與那。」

說穿了，是人們根本不敢對別人說：「我愛你。」

我聽過一件事：有位男士與一位女孩約會了好幾個月之久，女孩子自是殷殷企盼著，他們甚至上床做愛了，可是，這男人始終不曾對她說一句：「我愛你。」

只需想一下其中的不同：在以前的時代，人們會「墜入愛中」，現代人則是「做愛」，你能看出其中的差異嗎？墜入愛是被愛所征服，那是被動的；做愛幾乎是有褻瀆的意味，所有的美感都沒有了，那是採取主動的姿態，彷彿是你在「從事」某件事，你在操縱、控制。現代人已經轉換了語言，不用「墜入愛中」這樣的話語，他們說「做愛」。

回到故事裡，這個男人與女孩做愛，卻未曾對她說過一次「我愛你」，她左等右等，就是在等他開口。

有一天他打電話給她，隔著話筒他說：「這件事我已經想好久了，我一直想告訴你，現在似乎是時候了，我必須對你說出來，因為我再也忍不住了。」女孩聽了大感興奮，她將電話貼近自己的耳朵，準備洗耳恭聽：「說啊！你說啊！」那男人說：「我再也憋不住了，我現在一定要說出來：『我真的好喜歡你。』」

人們對彼此說「我喜歡你」，為什麼他們不說「我愛你」呢？因為愛是一種承諾、投入、冒險與責任。喜歡是短暫的，我也許喜歡你，明天我也許不喜歡你，沒有什麼風險在裡面。當你對一個人說「我愛你」，你是在冒險，因為你說的是：「我愛你，而且我會一直愛你，明天我依然愛你。你可以信賴我，這是一個承諾。」

愛是一種允諾，喜歡是用不著任何允諾的。當你對一個男人說：「我喜歡你。」時，你是在說關於你自己的事，而不是那個男人；你說：「這是我的情形，我喜歡你，一如我也喜歡冰淇淋和我的車子，同樣的，我喜歡你。」你說的是你自己。

當你對一個人說：「我愛你。」你所說的是關於對方，而不是你。你說的是：「你是一個可人兒。」你的箭頭是指向別人的，接下來，你就會面臨一個險境——你在付出承諾。愛所擁有的特質是承諾、投入，愛有著某種永恆的特質；喜歡是瞬間的，既不必承擔風險，也不用負任何責任。

你問我：「喜歡」和「愛」之間有什麼不同？還有，「平凡的愛」與「靈性的愛」的差異何在？

喜歡與愛是不同的，不過「平凡的愛」與「靈性的愛」就沒有差別了，原因在於愛本來就是靈性的，我從沒遇到過平凡的愛，平凡的是喜歡，愛從來就不是平凡的，不可能，它的本質即是不凡，愛是不屬於人間的。

當你對一個女人或男人說出「我愛你」時，你事實上是說：「你的身體無法蒙蔽得過我，我看見了你；或許你的身體會變老，但我已看見了那個不具形體的你，那是你內在最深處的核心，神聖的核心。」喜歡是膚淺的，愛卻直驅一個人的最內在，碰觸到對方的靈魂。

沒有任何愛是平凡的，愛不可能是平凡的，否則愛就不足以成為愛。說愛是平凡的，表示你從頭到尾都誤解了愛，愛未曾平凡過，它永遠都是卓絕非凡，永遠都是靈性的。那正是喜歡與愛的差異：喜歡是物質的，愛是靈性的。

問：當你談及愛與喜歡的不同點時，我不禁覺得困惑，你說愛是一種承諾，但我卻認為承諾是另一種執著。我愛許多人，但並不覺得想對他們承諾，我怎麼能預知明天我還會愛他們呢？

這個問題十分重要，你得好好地了解清楚，這裡面既微妙且複雜。

當我說愛是一種承諾時，我的意思是什麼？我不是說你必須為明天承諾，可是承諾自然就在那裡；你用不著下承諾，是承諾在那裡，這就是事情複雜與隱微的地方。你並不說：「我明天也愛你。」然而當愛在的時刻，承諾是清楚體現的，它不需借重任何表達。

在你愛一個人的時候，你不會去想像相反的狀況，你無法想像有一天你會不愛這個人，那是不可能的，愛不會那樣。並不是說你不能離開這個愛情，你或許會離開，或許不會，重點不在那裡，當愛情正濃、當兩個人之間的能量在流動時，會有一座橋樑，一座金色橋樑將彼此連接起來。這種事根本不可能會發生：頭腦無法想像有朝一日你將不會和這個人在一起，或這個人將不會和你在一起，這就是承諾。而不是你到法院去做這樣的正式宣示：「我愛你永誌不渝。」事實上，做那種聲明只是證明了你們沒有愛，所以才需要一個法定儀式。如果承諾在那裡，自然不需要任何儀式。

人們需要婚姻是因為沒有愛，假若愛是豐盈的，就沒有結婚的必要；結婚要做什麼？那無異是畫蛇添足，多此一舉。為什麼要上法院？一定是你內在有些恐懼，唯恐愛不是百分之百的。

就連你深愛著一個女人時，你也在想著明天也許會拋棄她；女人會想：「誰知道？明天這個男人或許就不要我了。最好走一趟法院，先將愛合法化，我才有確定感。」可是，這說明了什麼？這表示愛是不純粹的，否則，純粹的愛本身即具備承諾的特質，你並不需特別提出承諾，那是愛的本質。

當你身處愛當中時，承諾自然會降臨，並非是你計畫要下承諾，承諾的感覺自然而然會出現，有時也會流露在言語之間：「我會永遠愛你。」這樣的愛是「這個當下」的深度，記住，這無關乎明天，別將它當成你明天的希望。不過是你感受到愛的深刻與全然，使你自然脫口而出：「我會愛你直到永遠，即使是死亡也無法將我們拆散。」這就是全然的愛會帶來的感覺。

讓我再重複一次：那並不表示明天你們會在一起，誰知道呢？那並不重要，明天的事，船到橋頭自然直，在愛當中的人不會去想明天的事，明天根本不存在，未來消失了，這個片刻成了永遠，這即是承諾。

而明天……有可能你們不會在一起，但這不是背叛，你們並沒有欺騙對方；你會傷心、遺憾，但你還是必須離開。我沒有說這一定會發生，或許並不會發生，發生與否取決於諸多的因素。

生命中並不是只有愛而已，要是如此的話，照理說你會長生不死。決定生命的因素有太多，雖然愛令你產生「我們將永遠在一起」的感覺，可是——愛並不是生命的全部。當愛在的時候，愛是那麼強烈，你是如此地陶醉其中，然而生命裡還有數不清的許多事，有時候，只是一點小事就能造成改變。

當你愛著一個男人時，在那個片刻你可以和他一起上刀山下油鍋，那樣的話你可以說得出口，而且你不是在說假話，當你說：「如果必須和你一起下地獄的話，我也會去。」時，你是真心誠意的。讓我再說一次，你是真實的，你沒有說謊。

但是到了明天，一件與這個男人在一起的一點小事，例如一間髒亂的浴室就會妨礙到你們的感情，講地獄太遙遠了，不需要提那麼遠的事，光是一間髒亂的浴室就夠了！或者，只不過一個小小的習慣：你的男人晚上睡覺時會打鼾，把你弄得快抓狂，而你說你可以和他一起下地獄，那是真的，那是那個片刻的真心話，你沒有誆對方，那是你當時唯一的想法。然而他睡覺打鼾，或他的汗臭味叫你無法忍受，或是他有口臭，當他親吻你時，讓你覺得你簡直是在受難。

只是一些雞毛蒜皮的小事，當你在愛的時候，你連想都不會去想的事，誰會想到浴室？誰又在乎打鼾的聲音？可是當你和一個人同住一起的時候，牽涉的事情可就多了，隨便一件芝麻綠豆的事就可以變成天大的阻礙，足以將愛的花朵摧殘殆盡。

所以我的意思是，承諾當中並沒有希望的意味，我說的是：有愛也就會有承諾，就讓自己毫無保留地沉浸在愛與承諾裡。自然而然地，下一個片刻由這個片刻衍生出來，所以你們當然有可能繼續在一起，明天是從今天而來的，明天不會從石頭縫裡無端蹦出來，而是從今天當中延續。如果今天有著許多的愛的話，明天也會承接到同樣的愛，那是一個連續的過程，所以你們很有可能仍然相愛，不過——事情永遠都只是「可能」而已，愛了解這一點。

要是有那麼一天，你離開了你的女友，或你的老婆離開了你，你就不會對她大吼大叫：「這是什麼意思？你曾告訴我『我們會相守一生』的，但是現在呢？你怎麼要走了？」假如你曾愛過，假如你懂得愛的話，你將會知道，愛包含著那種承諾的特質。

愛是一個奧祕，當愛在的時候，你覺得彷佛置身天堂；當它遠走時，一切都顯得乏善可陳、了無意義。曾經，沒有這個女子你會活不下去，如今卻變成，再與她生活在一起的話會讓你活不下去，而這兩種情境都是真實的。

你問道：當你談及愛與喜歡的不同點時，我不禁覺得困惑，你說愛是一種承諾，但我卻認為承諾是另一種執著。

我對承諾的定義，和你對承諾的定義是不一樣的，你指的是法律上的承諾，這不是我所指的意思。我只對你敘述愛的品質，當你為愛所包圍時，承諾就發生了。承諾並不會讓愛發生，是愛創造出承諾的；先有愛，才有承諾。有朝一日愛沒有了，承諾也會隨之煙消雲散，它如同愛的影子。

當愛不在的時候，別再去講承諾，否則你就是傻子。承諾是愛的影子，它只與愛一塊兒出現，一旦愛不在了，它也隨愛而去。你不會還叨絮個沒完沒了：「那承諾你怎麼說？」如果沒有愛，就沒有承諾，因為愛是承諾！愛遠走時，一切的承諾也不會存留，這即是我所指的意思。

我了解你的問題，你說的是：「當愛不在時，那麼當初的承諾怎麼辦？」那是你的意思，當愛已不在，你還要承諾延續，你說的承諾是種法定的承諾。

讓這件事永遠銘記於你的心中：當你聆聽我的話語時，試著順隨我所指的意思，我知道這十分不容易，但你得去嘗試付諸行動，在你的努力當中，你就能夠脫離自己建構的意義，慢慢、慢慢地，一扇窗將會打開，你將能夠懂得我所說的。否則，你一定會覺得困惑，因為我在說一件事，你聽到的是另一件事。

問：即便有時候我心中有一股喜愛的感受湧上來，但接著我又會感覺這不是愛，這一點都不是愛，一切全是我對性的渴求，只不過這個渴求被隱藏起來罷了。

有什麼不對的？愛必須由情慾當中滋長。假如你不想經歷情慾的話，經驗愛的機會也就連帶失去了。愛並不是情慾，不過，沒有情慾也就沒有愛，這也不假。是的，愛比情慾的境界更高，然而，要是你將情慾摧毀得連一絲都不剩的話，那麼蓮花從淤泥當中生長的機會也一併被毀了。愛是一朵蓮花，情慾是蓮花所生長的那片泥沼。

記住這一點，否則你永遠無法企及愛，充其量，你可以假裝自己已經從情慾中超脫；但是若沒有愛，沒有人能超越得了情慾，你可以將情慾壓下來，只不過愈壓抑就中毒愈深，毒性將遍布你的全身，直到你讓毒給吞噬。當情慾蛻變為愛之後，才能為你帶來光輝，使你光芒四射，你開始覺得自己很輕盈，好像快飛起來一般，你的翅膀開始長出來；受壓抑的情慾會令你沉重，彷彿你肩上扛著千斤重擔。當你壓抑肉體的欲求時，你將喪失所有振翅高飛的機會。當情慾轉化為愛的時候，你即已通過了存在的試煉。

存在給了你原料，讓你以創意的方式去揮灑，情慾即是原料。

我聽說過一件事……

柏可衛茲與麥可森兩人不僅是生意上的好搭檔，也是多年的拜把兄弟，他們相互約定一件事：兩人當中要是誰先往生時，他就要回來告訴另一個人天堂的情形。

六個月之後，柏可衛茲過世了。他是一個道德高尚的清教徒，你幾乎可以用「聖人」來形容他，平常為人不但行止端正，而且對性的渴望一向都不敢踰矩。麥可森等候著他親愛的聖人朋友為他顯靈，他焦急地引領盼望，希望柏可衛茲捎來一點消息。

就在柏可衛茲過世一年之後，他對麥可森說話了。當時是夜深人靜的時候，麥可森正躺在他的床上。

「麥可森，麥可森。」柏可衛茲的聲音回響著。

「是你嗎？柏可衛茲？」

「是啊。」

「你現在過得如何？」

「我們吃過早餐之後，然後做愛，接下來是午餐，然後做愛，吃完晚餐後再做愛。」

「天堂的生活就是那樣啊？」

「誰在說天堂了？」柏可衛茲說，「我現在在威斯康辛州，我是一頭公牛。」

記住，這就是壓抑性的人會有的下場，沒有別的，因為被打壓的所有能量，將變成重量將你往下拉，你會墮入存在更低等的階級。

若愛從情慾中滋生的話，你即會往存在的高層境界攀升，請將這件事好好放在你心上：無論你想成為什麼樣子，是佛也好，是公牛也罷，那都視你而定。如果你想成佛，那麼就別對性心存畏懼，進入性去經驗，好好了解它，讓自己愈來愈警覺到它。不要輕忽性，那是一股萬分珍貴的能量，將這能量當成靜心去經驗，然後點點滴滴轉化它成為愛。它是原料，就像一顆未經雕琢的鑽石，你必須去精雕細琢，然後它就成了價值不菲的珍寶。如果有人交給你一顆還沒磨亮也沒有切割過的鑽石，你或許甚至都認不出來那是鑽石；因為即使是全世界最大的柯依諾爾鑽石（**Kohinoor**：譯注：著名的印度鑽石，歷史可追溯到十四世紀左右，一八五〇年獻給維多利亞女王，現為英國國寶），在它還是原料的時候也沒有半點價值。

肉體的欲望正是世上最壯觀的柯依諾爾巨鑽，你必須發掘它，好好將它琢磨一番。

問這個問題的人似乎在怕些什麼，他語帶敵意地說：「一切全是我對性的渴求，只不過這個渴求被隱藏起來罷了。」他的話語裡面帶有譴責的味道。沒有什麼不對的，人是有性慾的動物，我們原來就是這個樣子，這就是生命要我們成為的樣子，所以我們才會出現在這裡。放手去經驗它，沒有這麼做的話，你就沒有機會蛻變，我不是要你沉溺縱慾，而是帶著深入的靜心能量來了解性。這必定是極為寶貴的經驗，不僅因為你是透過性而來，也因為存在享受著性——整個存在都流動著性能量。

性，是神所選擇來到這世界的方式，儘管基督教徒總是說耶穌是處女所生，那全是蠢話，他們想佯裝耶穌的誕生與性無關，因為他們對性很恐懼，所以才會編出這麼愚蠢的笑話，說耶穌是處女馬利亞所生。馬利亞她一定是位非常純潔的人，那是千真萬確的，她的靈魂必然是聖潔的，可是，要說不經由性能量就可以進入生命，那是不可能的事。身體只懂得這一條法則，自然的力量無所不包，它不允許有任何的例外。你透過性出生，所以充滿性能量，不過事情不僅止於此，這可以是一個起頭；性是一個開始，但不是結束。

人可分成三種，其中一種人認為性就是終點，他們過著耽溺式的生活，這種人錯失了重點，因為性是一個開始，而非結束。接下來是反對耽溺的人，他們走另一種極端，由於不希望性是開始，他們直接斬斷性，於是他們也斬斷了自己；由於摧毀了性，他們摧毀了自己、步上凋零的道路。以上兩者都是愚蠢的態度。

還有另一種可能性，第三種是英明睿智的人，他們可以看懂生命，不會拿任何理論硬套在生命上，只是試著去了解生命是什麼，他們了解到性是開始，不是結束。性純然是一個成長的契機，讓你去超越性——但你必須深入其中去經歷它。

問：東方人強調你必須維持只和一個人在一起的關係；在現代的西方，人們則是漂游於關係之間。請問你贊成哪一種？

我贊成愛。

容我解釋一下：對愛真實，而不要在意伴侶的事情。不管你有一個伴侶也好，有許多伴侶也好，那不是重點，重點是你是否對愛真實。假如你與一個你並不愛的女人或男人住在一起，你就是個不折不扣的罪人。如果你與某個你不愛的人結婚，還住在一起，和他或她做愛，那你就是犯下一個違反愛的罪。

為了舒適、便利、形式這些社會性的理由，你做出了違反愛的決定，這就好比你去強暴了一個人，當你強暴一個人的時候就是犯了罪，因為你不愛這個人，這個人也不愛你。同樣的，當你和一個女人一起生活，而你並不愛她的時候，那是一種強暴，當然，這種強暴是社會上所接受的，但它就是強暴，因為你違背了愛。

所以像在東方，人們決定和一位伴侶在一起，那沒有問題，如果你對愛是真誠的話，與一個人在一起是最美不過了，因為你們之間的親密感會加深。但是，關係中有百分之九十九的機率是沒有愛的，你們僅是住在一起而已。住在一起只代表某種關係會成長，但那是你們住在一起的關係，並非愛的關係，別錯把它當成是愛。

如果有可能的話，如果你愛一個人，而且兩人一生一世都在一起的話，你們之間的親密度將與日俱增，愛將會對你揭開它更深遠的那層面紗。要是你經常換伴侶的話就不可能了，好比你經常將一顆樹從一個地方移植到另一個地方，那麼它永遠無法在任何所在真正著根，根部要成長的話，樹需要待在同一個地方，然後它才能深入、長大。

親密感是很好的，維持在一個承諾當中是件美好的事情，不過基本要件是愛。如果樹木所在的地方底下只有石塊，那些石塊無法帶給樹滋養，那麼最好能將樹移走，這時候就不用堅持它應該在同一個地方。對生命要真實，遷移樹木，因為現在樹的生命正受到威脅。

在西方，人們正在改變，他們是有過多的關係。這兩種方式都會將愛抹滅，愛在東方被抹滅，是由於人們害怕改變；在西方，則是因人們不敢與一個伴侶在一起太久，原因是在一起久了之後會是一種承諾，所以在它變成承諾以前就先換，這樣你才能一直漂來漂去，不受任何拘束。於是，某種放蕩不羈的舉止正藉愛之名盛行著，而其實愛正處於垂死邊緣，愛在這兩者方式中受了許多苦。東方人緊抓著安全、舒適，拘泥於形式；西方人執著於他們自我的自由、不要承諾，但是愛在兩者中，都飽受苦楚。

我所支持的是愛——既不贊同東方，也不贊同西方——我不管你是屬於哪一個社會，我不屬於任何一個社會。我所支持的是愛。

永遠牢記一件事：如果那是一份愛的關係，很好。當愛還在時，讓自己儘量深入地承諾於關係中，愈全然愈好，讓關係將自己給吸取，那樣一來，愛將能夠令你脫胎換骨。如果沒有愛了，則改變是比較好的，不過也別對改變上了癮，別讓自己養成改變的習慣。不要使改變成了機械式的慣性，你每兩、三年就變換伴侶，就好像每兩、三年或一年就要換一部車，每當一種新車款出現時，該怎麼做？你當然要換部車開。當你不期然遇到一個新女人的時候，同樣的，換車與換伴侶有什麼不同？

女人就是女人，正如男人就是男人，他們的差異是次要問題，重點在於能量。女性的能量是陰柔的能量，每一個女人代表的是所有的女人，每一個男人所代表的是所有的男人，他們的差別性是很粗淺的，鼻子長一點，或短一點，頭髮是金色或棕色，這些都只是表徵上的不同，重點是底下的女性或男性的能量。所以，當愛在的時候，就堅持到底，給愛一個機會成長，但要是愛不在了，在你尚未對沒有愛的關係上癮以前，趁早改變吧。

一位年輕的少婦在懺悔室裡對神父說到避孕藥的事。「你萬萬不可使用那種東西。」神父說。「避孕藥是違逆神的意旨的。記得喝一杯水。」

「服藥前或服藥後喝？」

「我是叫你用喝水取代吃避孕藥！」神父回答。

你問我該依循東方或西方的方式，兩者都不，你跟隨的是神聖的方式，什麼是神聖的方式？對愛抱持赤誠的心。如果有愛，一切都是可行的，如果沒有愛，沒有什麼事是能被容許的。如果你不愛你的妻子，就不要去碰她，因為那是一種侵犯；如果你不愛這名女子，就別與她同床，那麼做違反了愛的法則，愛是最崇高的法則。唯有當愛存在的時候，你做什麼都沒有問題。

某人問聖奧古斯汀（Augustine）說：「我這個人大字不識一個，所以沒辦法研讀經書和神學書籍；你只要給我一小段話，因為我不是聰明人，加上記憶力又不好，所以你只要告訴我最重要的大意，這樣我就能記得住，而且去身體力行。」

聖奧古斯汀是位鼎鼎大名的哲學家，同時也是受人愛戴的聖者，他經常在講道，不過從沒有人要他說一小段重點。據說，他眼睛閉上冥想了數個鐘頭，那個人說：「麻煩您，如果您知道的話，請直接告訴我，這樣我就可以離開，因為我已經等了好幾個小時。」聖奧古斯汀說：「我所能找到的只有這句話：去愛，其餘的事情對你而言即會暢所無阻，只管去愛就是了。」

耶穌說：「神是愛。」我想對你說：「愛是神。」別去管神，愛會帶你找到神。讓自己常保有充足的勇氣去經驗愛，其他的一切都無須考慮。如果你所關注的是愛，對你來說，什麼事都可能成真。

首先，如果你不愛別人的話，請不要和她或他一起，別因為一時的興起，因為情慾的作祟就和別人互動，去發現你心中是否升起承諾的渴望，你是否成熟到足以去經驗一個深刻的探觸，因為，那樣的探觸將會改寫你的一生。

當你與人交往時，請以你的真心誠意去經驗，別在你所鍾愛的人面前隱藏自己，展現出真實的自己。丟掉你學會戴上的那張假面具，將所有的面具全都揚棄，由衷地做自己，讓對方看見你的真心，將自己赤裸裸地呈現出來。相愛的人彼此不該有任何祕密，否則愛就不在了，所有的祕密都要掀去，私密是政治性的，只有政客才會用這種手腕，它不該出現在愛中，兩人之間的一切應當開誠布公。無論心中有什麼事，都應該讓你鍾愛的人知道，你們相互之間是完全透明的。逐漸你將會發現：透過對方，你們進入了更高層次的融合。藉著外在的女人，藉由你與她真實的遇合、愛她，也就是說，藉著你將自己許諾給她的人，消融進入她的內在、與她一起溶化，你將會漸漸開始與你內在的女人相逢，與你內在的男人相會。外在的女人只是一條通往內在女人的途徑，而外在的男人只是一條通往內在男人的途徑。

當你內在的男人與女人遇在一起時，真正的高潮就發生了。那正是印度教中半男半女的神所象徵的意思，想必你一定見過濕婆（Shiva）一半男人一半女人的雕像，每個男人都是一半男人一半女人，每個女人都是一半女人一半男人，事情理當如此，因為你一半來自你父親，一半來自你母親，你兩者兼備。你需要一個內在的高峰、內在的交會與統合，然而為了完成那個內在的統合，你必須從外面找一個能呼應你內在女人的女人，她能啟動你的內在本質，使你內在沉睡的女人能甦醒過來。經由外在的女人，你必定會遇到內在的女人，對男人來說也是一樣。

所以說長時間持續的關係是比較好的，因為內在女人需要一點時間才能被喚醒。西方正流行的「打帶跑」式的愛情，對內在的男人與女人來說，並沒有足夠的時間可以甦醒過來，才稍微被觸發而已，那個女人就走了……而下一個女人有著另一種震動頻率。無庸置疑地，要是你老是在換你的女人與男人，你會變得神經失調，因為許多的事情、許多的聲音會進入你的內在，那麼多不同品質的感覺會使你不知所措，你不知道上哪裡找你的內在女人，那是難如登天的事，而且你還有可能沉迷於改變，你開始享受換來換去的感覺，於是你迷失了。

外在的女人只是朝向內在女人的途徑，而外在的男人是找到內在男人的方式。終極的瑜伽與最終玄祕的統合發生於你的內在，當這件事發生的時候，你就能從男人與女人當中自由，你不再受制於男人與女人的性別，轉瞬間你超越了，你兩者都不是，這即是超凡入聖（transcendence）的意思，這即是brahmacharya（譯注：禁慾、獨身之意，也可指超越性的人）的意思。這時候你才能反璞歸真，重新回到你純淨無瑕的聖潔，再次回歸你原始的自性。

問：我近來開始了解到，連我的愛人對我而言都是那麼陌生，不過，我依然會渴望突破

我倆之間的距離。我們幾乎就像是一對比鄰的平行線，注定是無法相遇。請問，意識的世界是否就像幾何學一樣，或者，平行線也有可能交會的機會？

這是所有的愛人都必須面對的痛，因為他們之間的陌生感與距離感，是不可能擺脫得掉的。而就事實說來，愛的運作原理就是這樣，愛人們本就是相對的兩極，他們愈是遙遙相對，當中的吸引力就愈大，換句話說，分開就是吸引力。他們朝彼此靠近，緊密地在一起，卻永遠不會變為一體；他們是如此貼近，彷彿只要再靠近那麼一步，他們即會合而為一。可是，那一步始終沒有發生過，因為那既非必要，也不是基於自然法則。

事情恰好相反，每當情侶們很親近的時候，他們馬上又開始分開、疏遠對方。因為當他們的距離縮短時，吸引力就消失了，他們開始吵架、嘮叨、表現得很霸道，這些是拉長距離的方式，等他們之間出現距離之後，吸引力立刻又出現。所以就這麼一來一往，有節奏地進行著：靠近、分開；靠近、分開。

成為一體的渴望是存在的，可是，從生理、身體的層面說來，要成為一體是不可能的。即使當你們做愛的時候，你們也不能算是一體，肉體上的分離是無法避免的。

你說：「我近來開始了解到，連我的愛人對我而言都是那麼陌生。」這是好事，這是因為你的了解正在增長，只有幼稚的人才會認為他們深諳對方，你連自己都不認識了，又怎麼認為自己了解你所愛的人？

你所愛的人不知道自己是誰，而你也是，兩個未知的人、兩個不認識自己的陌生人想了解對方，這場練習一定會徒勞無功，挫折與失敗是免不了的，情侶們對彼此總有怨懟，理由即在於此。他們以為是對方不允許自己進入他私人的世界，雙方都存著同樣的想法：「他不讓我接近，所以故意保留點距離。」但是事實卻不是如此，所有的怨言都是錯怪了，因為他們不明白自然的法則。

就身體來說，你們能更接近彼此，可是無法成為一體，唯有在心的層次上，你們能合而為一——然而那只是短暫的，並非永遠。

存在（being）的層次上你們本是合一的，不需要成為一體，你只需去發掘這件事。

你說：「不過，我依然會渴望突破我倆之間的距離。」若你總是從生理的層面嘗試突破，你一定老是失敗，渴望只不過顯示出愛需要超越肉體，愛想要某個比身體更高、更好、更深的東西。即使是心對心的會合，儘管再甜蜜、再喜悅，依然是不夠的，因為那種發生只持續一下下而已，然後還是一樣，陌生的人依然陌生，除非你進入存在的領域探索，否則你無法滿足成為一體的渴求。有一個奇特的事實是：當你與你所愛的人成為一體的時候，你也與整個存在成為一體了。

你說：「我們幾乎就像是一對比鄰的平行線，注定是無法相遇。」也許你不知道歐幾里得以外的幾何學，因為我們的教育體制中沒有教這個，我們學的是歐幾里得那一套已經存在了兩千年的幾何學，在歐幾里得的幾何學當中，平行線永遠不可能有交叉的一天。不過，已經有人發現，如果平行線一直延續下去的話，它們確實會交會；最新的發現是，並沒有平行線的存在，所以它們才會相遇，換句話說，你畫不出一雙平行線。

新近的發現更是非比尋常：你甚至無法創造出一條直線，因為地球是圓的。要是你畫了一條直線，然後從它的兩端不斷地延續畫下去，最後你會發現，它已經變成一個圓。如果一條直線畫到最後會變成一個圓，那它就不足以成為一條直線，它只是一個大圓的局部，大圓的一小段是弧形而不是直線。直線在非歐幾里得的幾何學中，是不存在的，連直線都沒有了，怎麼還會有平行線？所以說，平行線也不存在。

因此，如果問題是在於平行線的話，那麼相愛的人們或許有交集的機會——說不定等他們上了年紀之後，連吵架都提不起力氣了；或是他們已經習以為常……吵有什麼用？吵來吵去都是為了相同的事、相同的問題、相同的衝突，他們已經對彼此厭倦透頂。

到了最後，他們甚至都不再對話，有什麼好說的？因為，一開口談話，表示爭執又開始了，而那是老掉牙的爭執，沒有改變的餘地，反正已經爭論過無數回，每次的結局都是一樣的。不過就算在那個時候，他們之間的平行線……從幾何學上看或許會有相會的時候，但就愛來說，是一點希望都沒有，他們永遠也不可能碰頭。

他們無法碰頭是件好事，因為要是在肉體上就滿足了渴望，他們就不會抬頭往上看，也就不會企圖去尋找隱藏在肉體之外的更多東西——意識、靈魂、神。

愛會失敗是很好的，因為愛的失敗，一定會帶你踏上一段嶄新的朝聖之旅。那個渴望會一直在你身上盤旋不去，直到它帶領你來到相聚的聖殿，到時候一切都將齊聚一堂，你愛的人、樹林、山川、繁星……

在那樣的相會之中，只有兩種東西不會在裡面：你的自我不會在那裡，你所愛的人的自我也不會在那裡，除卻了這兩樣，整個存在都在那場相會裡。這兩個自我，才是真正的問題所在，正是自我在認為他們是兩條平行線。

愛並不會製造麻煩，是自我在找碴，而你的渴望無法被滿足，一生又一生，一世過一世，渴望會一直在那裡。除非你找到正確的門，使你超越身體，進入殿堂之中。

有一對高齡夫妻——一個九十三歲，另一個九十五歲——去找他們的律師，要他為他們辦離婚手續。「離婚？有沒有搞錯？」律師覺得不可思議，「在你們這個年紀離婚？你們現在對彼此的需要一定更甚從前，而且好歹也結婚這麼久了，離婚對你們還有什麼意義？」

「是這樣的，」作丈夫的開口了，「我們想離婚已經好幾年了，不過我們想等到孩子們都過世後再離。」

他們還真的等！現在沒有了後顧之憂，他們終於可以稱心如意地離婚——不過兩人依舊別無交會之處，除了離婚這件事。

就讓渴望之火繼續燃燒，別灰心，你的渴望是靈性的種子，你的渴望是與存在最終合一的開始，而愛，只是一個藉口。別難過，你該要感到高興，慶幸肉體無法合一的事實，不然，相愛的人將不會有蛻變的機會，他們只會陷在彼此之間，相互摧毀對方。

愛一個陌生人也無傷，其實，愛陌生人還比較刺激，當你們兩個不是在一起的關係時，那個吸引力是很大的。在一起愈久，吸引力就會日漸遲鈍，你們認識愈久，而且又僅止於膚淺的認識，日子一久興奮感自然遞減，生活很快就會變得呆板。

人們總做著同樣的事情，周而復始，始而復周。要是你去看看他們的臉，你會不由得感到驚愕：為什麼所有人都看起來這麼悲慘？怎麼他們的眼神裡好像沒有一絲希望一般？理由其實很簡單：反覆再三的一切。人是聰明的，重複會令人生倦：無聊會產生一種難過，因為你知道明天會有什麼事，後天又會有什麼事……直到你進墳墓為止，反正都是同一齣劇碼在上演，都是老套。

芬克斯汀和柯瓦斯基兩個人坐在酒吧裡看電視新聞。新聞畫面上有一名女子站在懸崖邊，威脅著要跳下去。芬克斯汀轉頭對柯瓦斯基說：「這樣吧，我們來打個賭，如果她往下跳的話，我贏二十塊錢，如果她沒有跳，那你就贏二十塊錢，你意下如何？」

「挺公平的，好。」柯瓦斯基爽快地同意了。

幾分鐘之後，那名女子跳下懸崖身亡。

柯瓦斯基拿出他的皮夾，遞給芬克斯汀二十塊錢。

又過了一下，芬克斯汀告訴柯瓦斯基說：「聽著，我不能拿你的二十塊，我必須向你坦白，那則新聞我早在今天下午就看過了，我們剛剛看的是重播的新聞。」

「不用、不用。」柯瓦斯基說，「錢你留著，你贏得光明正大。你知道嗎？這則新聞我今天早上就看過了。」

「真的啊？」芬克斯汀不解地說，「那麼，你怎麼還願意賭那個女人不會跳？」

「因為，」柯瓦斯基說，「我以為她不會笨到去跳第二次！」

生命已經到了這種程度……

世上的悲傷、無趣、難過可以有改觀的一天，如果人們知道，他們是在要求一件不可能的事。別去指望不可能的事情。找出存在的法則，順隨那個法則。

你想成為一體的渴盼，來自靈魂的企求，那是人非常原始、真切的天性，你只不過將重點放錯地方而已。你所愛的人只是一個藉口，讓你所愛的人，成為只是一份更偉大的愛的體驗——對整體存在的愛。

讓你的渴望成為對你內在本質的追尋，在那裡，相聚早已經發生了，在那裡，我們早已經是一體。在那裡，從來沒有誰與誰是分開過的。

你的渴望完全正確，只是你所渴望的對象不對，那個錯誤的對象讓你吃盡了苦頭，只要轉變一下對象，你的生命就會從地獄化為天堂。

第三部

自由

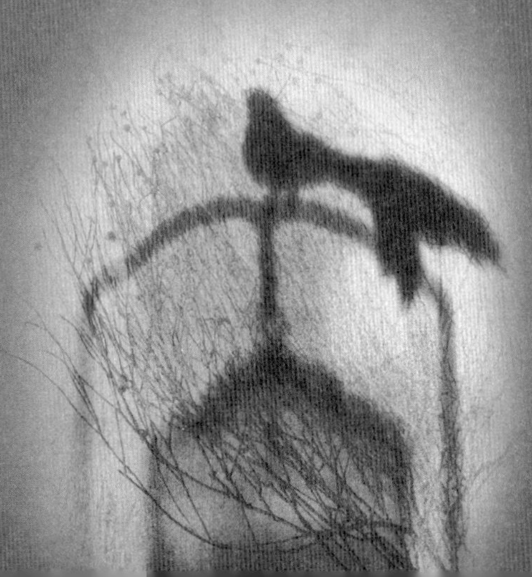

男人將女人貶為奴隸，女人也將男人貶為奴隸，當然，兩人一定都痛恨被奴役，所以一定會起而反抗。他們無時無刻不在衝突，隨便一點小事都可以點燃戰火。

其實，真正的衝突是在底下的另一處，真正的衝突是兩者都要自由的空間，只是他們說不出個具體來，說不定他們早已徹底遺忘這回事了。數千年來，人們過著沒有自由的生活，眼見自己的雙親、祖父母也都是這樣過活，大家都一樣，所以每個人都接受這樣的方式；他們的自由被毀了。

彷彿是，我們試著用一隻翅膀要往天上飛。有些人有愛的翅膀，有些人有自由的翅膀，但這兩種人都飛不起來，因為飛翔需要一對翅膀。

第九章　自由是你的本質

哲學家們總深信一件事：本質先於存在，人類攜帶著他早已注定的命運出生到世上，就像一顆內含著程式的種子，剩下唯一的問題是——要如何長出來。從前的哲學家都抱持這種態度，認為人有著某種命運，沒有自由；人將會成為某個預定好的樣子，他的生命腳本已經寫好了。你沒有意識到這件事，那又是另一回事；他們認為你所做的一切並不是由你在做，而是大自然的無意識力量透過你做，或說是神透過你做。

決定論與宿命論者的觀點即是如此，全體人類都因而吃盡苦頭，因為這個觀點意謂著人不可能有關鍵性的改變，無論你做什麼都無法轉化自己，事情橫豎都將按照它會發生的方式發生。東方人尤其深受其苦，當一切都無計可施的時候，人只好接受了所有奴役、貧窮等醜陋的事情，這既非了解，也不叫覺知，這不是佛陀所說的：「如實」（suchness），而不過是用美麗的詞藻掩蓋灰心喪志的心情。

但這樣做的後果非常淒慘，印度即是最典型的代表：貧窮、疾病流竄，乞丐、手腳殘缺的人、瞎盲的人，沒有人會對這些景象大驚小怪，因為他們全都認定生命就是如此，以前是這樣，將來也會是如此，印度人的靈魂裡，摻著一股死寂的呆滯。

這整個看待事情的角度基本上是錯誤的，那是一種自我安慰，而不是由正視現實所得到的啟示。從某種角度來說，那種強辯的方式是為了掩藏自己的傷口；當合理的說辭開始蓋過事實時，你必然會掉入愈來愈黑暗的處境。

本質並沒有先於存在，事實正好相反，是存在先於本質，而人類是地球上唯一擁有自由的生物。狗生來就是狗，牠將會活得像隻狗，死得像隻狗，狗沒有自由可言。一朵玫瑰會一直是朵玫瑰，它不可能轉變成其他的東西，玫瑰花不會變成蓮花，它根本沒有選擇的機會、沒有自由。這就是身為人類完全不同的地方，這是人獨一無二的尊榮，也是人在宇宙間的特別之處。

所以我說達爾文是錯的，因為他將人與其他動物歸在同一類，他連這個基本上的差異都沒有注意到。基本的差異就是，所有的動物出生時，都帶著一套設定好的程式，唯獨人類例外，人類出生時，如同一塊潔白的板子，上頭一片空白；你必須自己寫下任何你所想寫的東西，那塊板子將會呈現出你的作品。

人不只是自由的，人即是自由本身，那正是他的本質核心，那是他的靈魂。否定了人的自由，等於否認他最珍貴的寶物與他的王國，不僅使他淪為乞丐，而且遠比其他動物更慘，因為動物們至少照著既定的程式過活，而人會處於失落的狀態。

一旦你明白人打從出生就是自由的，所有的空間都將因此打開並且擴張，你將可以決定自己想要成為什麼，或者不願成為什麼，那將是你自己的創作。生命於是變成一場探險——不是出生長大的過程，而是冒險、探索、發現。真理並不是早就被賦予你的，是你必須去創造出來；從某種意義上說，你在每分每秒當中創造出自己。

就算你接受了宿命的理論，那也是你生命的一個取決動作；接受宿命論，選擇奴役式的生活，是你的決定！你已經選擇進入監牢，選擇被套上手鐐腳銬，但這是你的選擇，你也可以選擇走出監牢。

人們當然害怕擁有自由，因為自由是危險的，你不知道自己在做什麼，也不清楚你正往哪裡去，更無從得知最後會面臨什麼結果。如果你不是已經被預設好的，那麼所有的責任都落在你肩上，你不能將自己的責任丟給其他人。根本上說，你將會面對著存在（existence）孑然而立，身負著對自己的責任，怎麼說你都無法迴避，也不能閃躲，不管今天你是什麼樣子的人。這即是恐懼，由於這樣的恐懼，人們寧願選擇各種決定論的想法。

奇怪的是，不管宗教界或是非宗教界，他們唯一相同的意見就是——人沒有自由；其餘的每件事都互不認同，唯獨對這件事的看法是一致的，真是怪異！共產主義者說，他們是無神論，但是又說，人因受社會、經濟、政治的局勢所左右，所以不是自由的，人的意識取決於外在因素。其實邏輯根本是一樣的！你可以說，經濟結構是外在因素，黑格爾稱「歷史」（History）為外在因素，而且別忘了開頭的H要大寫；信仰宗教的人則稱之為「神」（God），開頭的G一樣要大寫。無論是神、經濟、政治、社會，那些都是外在因素，他們都同意一件事：你不是自由的。

我告訴你，你是絕對自由的，無須任何條件你即是自由的。不要迴避責任，逃避不是辦法，你愈早接受這點愈好，因為你的自我創作將可即刻展開。創造自己的經驗是令人雀躍的，而當你依自己所想要的方式自我完成之後，那種滿足感是難以言喻的，彷彿一位剛完成畫作的畫家，在收完最後一次筆觸後所感受到的那種心滿意足。一幅傑作，會為人帶來深刻的平靜與祥和，你覺得自己分享了整體的創作。

創造力是唯一的祈禱，因為，人只有藉著發揮創造力才能參與整體，沒有別的方式。神不是用來想的，而是要以某種方式加入祂的行列；你不能袖手旁觀，只能跳下去參與，如此，你才會體嘗到神的奧祕。創作一幅畫算不上什麼，與創造自己、創造你的意識、創造你的存在比較起來，創作一首詩、一支音樂並不足以為道。

人們永遠都覺得害怕，理由有幾項。第一項是自由的危險性，因為只有你一個人在負責。第二項理由是自由可能會被誤用，因為你也許會做出錯誤的抉擇；自由意謂著你可以有正確或是錯誤的選擇，要是你只有選擇對的自由，那就不是真自由。那會像福特生產第一批汽車時的狀況，那批汽車全是黑色的，當他帶客戶去展示區看車時，他對客戶說：「你可以挑任何顏色，但我們提供的規格是黑色的！」

這算哪門子的自由？正確的答案已經預備好了，無論是依據十誡、古塔經、可蘭經；還是根據佛陀、穆罕默德、馬哈維亞（Mahavira）、查拉圖斯特拉（Zarathustra）所說的話，這根本不叫自由！自由本質上的意思是，你兩個選擇都能擁有：選對或選錯。

而危險的地方就出在，選錯的機率很大，所以人們才覺得可怕。錯誤是下坡的工作，正確是上坡的工作；往上爬是費力的，愈到高處所要花費的力氣愈多。但往下走卻是再容易也不過了，動都不必動一下，地心引力自然會為你服務，你可以像一顆石頭從山頂住下滾，一路滑至最底部，你什麼事都不必做。可是假如你想要提升意識的話，假如你想在真理、狂喜與美的世界中提升的話，表示你所渴求的是最聳峻的山峰，不難想像，那不會是件輕鬆省力的工作。

第二點，你所到的地方愈高，掉下去的危險性也愈高，因為山路會更崎嶇，你的四周只有黑暗的深谷，若是不小心踏錯一步，你就會摔個粉身碎骨。走在平地上就舒坦、便利多了，根本不必去煩惱高度所帶來的危險。

自由使你擁有墮落到動物之下，或是躍升到天使之上的機會。自由是一把梯子，其中一端連接地獄，另一端通往天堂，那是同一把梯子，你手上握有選擇，得抉擇出自己的方向。

對我而言，如果說你沒有自由的話，就沒有誤用「不自由」的餘地，「不自由」不可能被誤用；一個囚犯是動彈不得的，因為他被套牢，失去了行動的自由。其他的動物都沒有自由，唯獨人類例外，動物們出生為某一種動物，他們會完成這項任務，事實上，大自然會完成這項任務，動物們並不需要做任何事，牠們的生命中沒有一絲挑戰性。只有人必須去面對挑戰，而那是項艱危的工作，沒有幾個人選擇迎向挑戰，他們要冒險攀上高處，去發掘自己內在的巔峰，少數像佛陀、耶穌那樣的人，數目稀落得只需幾根手指頭就可以數得完，那些人選擇去冒險。

為什麼不是所有的人類都選擇成就那樣的境界？如同佛陀的狂喜、耶穌的愛、克里希那（Krishna）的慶祝？理由並不難想像，光對那樣的境界心存嚮往就很危險了，最好連想都不要想。有個辦法可以讓自己不要去想，那就是認定自己沒有自由：在你出生之前，你收到了自己的人生腳本，而你只是按照腳本演出，一切早已命定好了。

唯有自由才能被誤用，奴役沒有空間讓你誤用。那即是為何今日的世界到處一片混亂，從前還不會亂成這樣，因為以前的人沒有什麼自由。你可以見到美國比其他地方又更亂，很簡單，因為美國人比歷史上任何時代、任何地方的人，都享有更大的自由。凡有自由的地方，就會迸發混沌的局面，但這是值得的，因為星球就是自混沌當中誕生的。

我不會給你任何的紀律，因為紀律是一種隱形的奴役；我不會要你遵循任何戒令，因為由外人所制定的戒律只會囚禁你、奴役你。我只教你如何能自由，然後將你交給自己，讓你在自由當中去做想做的事情。假如你想淪落到連動物都不如的地步，那是你的決定，沒有人會攔阻你，因為那是你的生命，你有特權選擇那條路。但是，如果你明瞭了自由以及自由的價值，你就不會墮落到比動物還不如的境地，你將開始提升超越到天使之上的境界。

人不是一個實體，他是一座橋樑，這座橋樑介於兩端永恆之間：動物與神，無意識與意識。**讓自己在意識中成長，在自由當中茁壯；讓踏出的每一個步伐，都是出於你自己的選擇。**締造自己，並為你的樣子負起完全的責任。

第十章　性壓抑是問題根源

性是人類最強而有力的本能，政客與教會打從一開始就深知，性是人類最具驅動力的能量，所以必須要削弱、消除這股能量。若某個人在性這個部分擁有隨心所欲的自由，那麼想要控制他無異是癡人說夢。

難道你沒有見過這種事嗎？當你要將牛軛套到一頭牛身上時，會怎麼做？你將牠去勢，消毀牠的性能量。你曉不曉得公牛與閹牛之間的不同？那還真是天壤之別！一頭被閹掉的牛是可憐的奴隸，不像俊美的公牛閃耀著無限的光芒，你瞧牠走路時昂首闊步的姿態，活像個皇帝一般！再看一頭閹牛在拖牛車的樣子……

人類也經歷同樣的遭遇：性能量被縮減、切除。現代人不是公牛，他活得像一頭閹牛，而且每個人都拖著許多輛牛車。看看你自己，你會發現你身後拖著一長排的牛車。

為什麼你拴不住一頭公牛？公牛的氣勢太強勁了，要是牠見到一頭母牛，牠包準會拋下你和車子，直朝母牛走去！牠才不甩你是誰，更不會聽你的話，你根本管不動牠。性能量是生命的能量，那是牆也擋不住的。政客與教會的興趣不在你，他們只想把你的能量疏導到另一個方向，所以那背後想必大有文章，你必須詳加了解。

性壓抑、禁慾是人類被奴役的根本形態，除非性是自由的，否則人無法自由；除非他的性能量自然地成長，否則人不可能真正自由。

以下是俘虜人類的五則計謀，人即是因而成了醜陋的廢人。

第一則：假如你想操控一個人，必須儘量讓他愈虛弱愈好。

教會或政客若要掌控你的話，他們就必須想辦法讓你處於沒有力量的狀況，最好的方式莫過於不讓你有愛的自由。愛是一種滋潤，現在的心理學家發現，如果一個孩子沒有人愛的話，他將會蜷縮在自己的世界裡，變成一個沒有力量的人。你可以餵他喝奶，給他吃藥，你可以給他所有的東西，就是不給他愛；不要抱他，不要親吻他，不要將他抱近你溫暖的胸懷，那個孩子就會愈來愈虛弱，他死亡的機會將比存活的機率還高。

這是怎麼回事？為什麼會如此？只是擁抱、親吻、給他溫暖，這樣即能讓孩子感受到滋養，他覺得自己被接受、被愛、被需要，於是他感覺到自己的價值，那令他覺得自己的生命有某種意義。

現在的情形是，在孩子還小的時候就讓他挨餓，我們不給他所需要的愛，接著不允許年輕人相愛，除非他們結婚。人在十四歲的時候，第二性徵就成熟了，但是唸書卻還得再花上他們十年的時間，等他們二十四、二十五歲的時候，才拿到學士、博士、碩士的學位，他們被迫無法經驗愛。

性能量在接近十八歲時會來到高峰，男人的性能力不會比這時候更強，女人所能擁有的高潮不會比十八歲左右所經驗到的高潮更令人心醉神迷，然而，我們強行將男孩與女孩分開，不允許他們做愛。橫阻在他們兩個之間的整個機制包括警察、法官、校長，他們全都站在中間，只為了阻止男孩去找女孩，或女孩去找男孩。為什麼？為什麼必須這麼大費周章？他們想閹掉公牛，製造閹牛。

十八歲的時候，正是你性能量、愛的能量的巔峰，等你結婚時，你已經二十五、二十六、二十七歲……而且結婚的年齡有愈來愈高的趨勢。文化愈高的國家，人們就要等愈久，因為你必須學更多東西，你必須找到工作，這個、那個許多事情。等你結婚的時候，你的能量幾乎就要走下坡了，那時候你才去愛，但那時的愛不可能熾熱如火，你永遠達不到令你消融的沸點，愛只是溫溫的。當你不曾全心全意地愛，你就無法愛你的孩子，因為你不懂愛。當你不曾嘗過愛在高峰時的滋味，請問你如何教導孩子什麼是愛？你如何幫助你的孩子也擁有那樣的高峰？

人們對愛長期以來的漠視，致使他們沒能擁有力量。

第二則：讓人保持無知與迷惑，這樣他就容易受騙。

如果你想製造一種白癡——這是神職人員與政治人物非做不可的事——不許人們無拘無束地愛，是再好不過的方法。沒有愛會讓人的智商下降，有沒有觀察過？當你談戀愛的時候，你忽然就變成十項全能，展現出前所未有的才華；前一分鐘你看起來還是一副欲振乏力的樣子，下一分鐘見到心儀的女孩，頓時你心花怒放，簡直興奮地快飛上天。戀愛中的人們可以有超水準的表現，當愛已逝去或沒有愛的時候，他們僅是勉強撐著而已。

最聰明的人也是最有性慾的人，這點你必須了解，因為愛的能量基本上所代表的即是聰明才智。如果你無法愛，某種意義上說來，你是封閉的、漠然的，因為你的能量流動不起來。在愛當中的人是流動的，他對自己的深具信心，可以讓他伸手就觸及到天上的星星，所以為什麼說，一位女孩可以為你帶來靈感，或一個男孩可以令你振奮鼓舞。當一個女人被愛時，她會「立即」變得漂亮多了！一分鐘之前，她還是貌不驚人的模樣，現在經過了愛的洗禮，她沐浴在嶄新的能量中，被一股新的氛圍所環繞，她的舉手投足流露著優雅，步伐裡洋溢著舞蹈；此時她的眼眸散發出美感，五官神韻中閃爍著光芒，她整個人看上去神采飛揚，男人也是如此。

當人們可以愛的時候，他們會有最好的表現，要是不被允許愛，他們變成只是活在最低限度之中，這種人是愚笨、無知的，因為他們對於事情的真相無所謂。當人們既無知又愚蠢的時候，要欺騙他們簡直易如反掌。

如果人們的性慾與愛受到壓抑，他們會開始嚮往別處的生活；他們懷想天堂、極樂世界，就是不會想在此時此刻創造天堂。置身愛就等於置身天堂，你這時候不會費事去找神父，誰在乎哪裡有個天堂？已經身在天堂的人，才不會對天堂有興趣！可是，由於你愛的能量受到打壓，你開始想：「生命一無所有，我這輩子活得很空虛，那麼，一定哪裡有個終點目標……」你跑去問神父有關天堂的事，他會為你描繪一幅天堂的美景。性一直都受到壓抑，所以你才對其他的生活有興趣，當人們對其他的生活感興趣時，他們自然而然不會對「現在」的生活有興趣。

這一輩子是你僅有的生命，其他世都隱藏在你這一世的生命裡！其他的生命，並不與你現世的生命牴觸，也並沒有離你那麼遙遠。它們就在這一世裡面，進入你此生的生命，一切都在這裡！走入你的生命，你將發現其他的生命也在裡面。神即隱身在這世界中，神就暗藏在當下裡，如果你去愛，你自然就會感覺得到祂。

第三則祕訣：讓人們活在懼怕當中。

最有效的辦法就屬不允許人去愛，因為愛會趕走恐懼。當你置身愛中，你就什麼都不怕；當你處於愛裡，你可以隻身與全世界抗衡，覺得沒有什麼是你辦不到的。人在沒有愛的時候，會畏懼一些小事情，所以，在你沒有愛的時候，你對安全感比較有興趣，而在你有愛的時候，則比較喜歡冒險與探索。為了置人於恐懼中，唯一的方法是不允許他們去愛，當他們內心顫抖不已時，當然會畢恭畢敬地向教士與政客膜拜。

那是不利於人類的陰謀，那是與你為敵的陰謀，政治人物與神職人員是你的敵人，但他們卻假裝是你的公僕，他們說：「我們在此是要服務你的，好讓你有更好的生活，我們在此為你創造一個美好的生命。」而他們其實正是摧毀生命的人。

第四則：讓人活在痛苦當中。

因為一個痛苦的人是迷惘的，他沒有自我價值感，並且有很深的自我批判，覺得自己做錯了什麼。痛苦的人無法根著於大地，你可以很輕易地將他推來推去，他就像一塊浮木，隨時都可以接受命令與戒律，因為他知道：「我啊，根本快樂不起來，也許別人可以讓我的生命比較像樣一點。」他任何時候都準備好跳進受害者的角色當中。

第五則：儘量讓人與人之間保持疏離。

這樣他們就無法團結一致，去做些教會與政客很可能不認可的事。將人們分開，別讓他們太親密，當人與人彼此間是隔閡、孤單、疏遠的時候，他們便無法維繫在一起，而要拆散人們的伎倆可多著呢！

舉例來說，當你牽著一個男人的手——你是男人、而你牽著另一個男人的手走在街上，邊走邊哼唱著歌曲，引來路人頻頻的測目，他們在想你是同志、同性戀？還是怎麼了？於是你感覺到一股罪惡感。兩個男人快樂地在一起嘻笑是不被允許的事，他們不能手牽手，不能互相擁抱，同性戀的身分讓他們飽受譴責，所以他們心中升起恐懼。如果你的朋友來握你的手，你會迅速看一看四下有沒有其他人，然後趕忙將手抽開。

握手的時候你總是匆匆忙忙地，有沒有觀察過？你只是碰到對方的手，草率地甩兩下之後就沒了；你不會與人握手或擁抱，因為你心裡有所顧忌。記憶中，你父親是否曾經抱過你？在第二性徵成熟之後，你母親是否曾經擁抱過你？為什麼沒有？因為大家心中都有恐懼。一個年經人和他的母親擁抱？也許他們之間會有某些性的意念或幻想發生。恐懼發生之後：父親和兒子，不可以；父親與女兒，不可以；哥哥和妹妹，不可以；哥哥和弟弟——不可以！

人們被關在由厚牆圍起來的密室裡，他們被劃分得好好的，相互之間有著重重阻礙。好了，在二十五年的禁慾訓練之後，有一天，你可以和你老婆做愛了，但是由於你深受訓練的影響，你不知道該怎麼做。要如何去愛？你還沒學過這種語言，好比一個人二十五年來都不被准許開口說過一字半句，忽然間你將他帶到台上，告訴他：「給我們來場精采的演講。」你想會發生什麼結果？他會當場倒在台上，或許昏厥，或許死掉……二十五年來不曾說過一句話，你現在忽然指望他演講？不可能的。

這即是實際上所發生的情形！二十五年的恐懼、反對愛，然後法律發了一張執照給你，准許你現在可以愛這個女人：「這是你的妻子，你是她的先生，你們可以相愛了。」但是那二十五年錯誤的訓練要何去何從？它們還是在那裡。

沒錯，你會「愛」……你會做做樣子，但絕不會是爆炸性、高潮迭起的，而是非常小兒科的愛。那就是為什麼做愛之後你卻覺得挫折，百分之九十九的人，在做愛之後都感到挫折，比起平常還要來得挫敗，他們覺得：「這是什麼？根本不痛不癢！這不是真實的！」

教會與政客先想辦法讓你無法愛，接著又對你灌輸愛不具重要性的想法，當然他們的那套說教，聽起來會是正確無誤的，因為你的經驗與他們的話正好吻合。他們預先製造出無用與挫折的經驗，然後再對你說教，兩者搭配得合情合理、天衣無縫，好一個詭計！有史以來，人類從沒有像這樣被玩弄過。

這五件事可以僅以一件事就辦到，那就是——禁止愛的發生。若是能阻止人們相愛的話，即有可能完成這五項目標。愛的禁忌是一門很大的藝術，需要非常高超的手腕與技巧，讓一切看起來都相當合乎科學，它真的是一項傑作！這個愛的禁忌，我們必須深入探討。

首先，它是間接、不容易被察覺的，因為，太明顯的禁忌不會成功，一定要隱藏得好好的，讓你抓不到它的尾巴。這項禁忌必須隱形到你連想都想不到可以反叛它，這項禁忌必須植入你的無意識，而不是你的意識。該怎麼以這麼隱微與間接的方式執行它？

竅門在於：先教導人們愛是很棒的事情，這樣就沒有人會想到，教士與政客原來是不贊成愛的。只要教人們愛是很好、很正確的，然後，製造一個不許愛得以發生的環境，不讓愛有發生的機會，連一絲絲機會都不容許。只是不斷說食物很棒、吃東西是很快樂的事，但卻不提供任何東西給你吃；也就是，讓人們處於飢餓狀態，而一直談論愛。神父們總談著愛，愛被讚揚的程度可以說僅次於神，可是，愛卻毫無發生的機會。表面上他們鼓勵人們去愛，但背地裡卻砍斷了愛的根，這就是他們做的好事。

從來沒有教會人士坦承，他們所造成的傷害。好比你對一棵樹說：「享受你的綠意盎然，享受你的開花。」而又一直砍斷它的根，使它長不成。當樹連葉子都長不出來時，你以教訓人的口吻說：「聽著！你不聽話，你沒有按照我們說的話去做，我們總是告訴你：『要好好長大開花……』」而你同時一面將樹的根砍斷。

愛遭到如此地抹滅，然而愛是稀世之珍，不該承受這樣的命運。假如某人可以愛五個人，他就該愛五個人；假如他可以愛五十個人，他就該愛五十個人；假如他可以愛五百個人，他就該愛五百個人。愛是這樣罕見，你要儘量將愛散播出去。只可惜，每個人都被禁忌的詭計所影響。你被逼到一個又窄又小的角落，只能愛你的妻子，只能愛你的丈夫，只能愛這個、只能愛那個——條件多得不得了。那就像有一則規定告訴你，只有和你妻子在一起時才能呼吸，或只有和你丈夫在一起時才能呼吸，你想你還有可能呼吸嗎？你一定會死，到最後，連和你的妻子或丈夫在一起時，你也沒辦法呼吸，因為呼吸是一天二十四小時的事。

讓自己煥發著愛。

再來，他們還有另一則計謀。他們談論「高層次的愛」，而毀滅掉低層次的愛。他們說，不該認同低層次的愛，身體的愛是不好的，靈魂的愛才是好的。

你曾見過哪一個靈魂是沒有身體的？你曾看過沒有地基的房子嗎？低層是高層的基礎。身體是你的居所，而靈魂住在身體裡，靈魂與身體住在一起；你是靈魂的身體，也是身體的靈魂，你結合了兩者。低層與高層並無二致，它們是一體的，猶如同一把梯子的不同階梯。低層不該被否認，而是要蛻變成高層。低層是好的，如果你卡在低層，錯在於你，而不是你所處的低層本身；低層的階梯並沒有什麼不對，如果你卡在那裡，卡住的是你，是你裡面的某個東西讓你卡住。

動一動就對了。

性沒有錯，錯在你卡在裡面，往上面移動，上面並不與下面牴觸，沒有低層的存在，就沒有高層存在的可能。

這些詭計也造成其他諸多的問題。每一次當你愛的時候，你或多或少帶有一點罪惡感，而在罪惡感升起之時，會使人無法全然地進入愛，因為你被罪惡感糾纏。甚至是與你的妻子或丈夫做愛的時候，你也有罪惡感。你知道這是罪，知道自己正在做一件不對的事情，心裡想著：「聖人不會做這種事。」——所以你是罪人。連可以大大方方愛你老婆的時候，你都不能夠盡興，教士潛藏在你的罪惡感裡，他從那裡牽了一條線，不斷從後面拉扯你。

人在心生愧疚時，不免會覺得自己做錯了什麼，而你就這樣失去了自我價值與自我尊重。還有另一個問題：愧疚感會令你刻意假裝。父母親不想讓他們的孩子知道他們做愛，他們會裝做沒有那一回事，好像性不存在一樣，孩子遲早會發現的。當孩子發現那層假裝時，他們會對父母親失去信任，因為他們覺得被背叛、被欺騙。

做父母親的常說到他們的孩子不尊重他們，你自己就是罪魁禍首，要他們怎麼尊重你？

你一直欺騙著他們。不誠實是一種卑劣的行徑，你要他們小心不要愛上誰，而你卻經常在做愛。遲早有一天，當他們發現連自己的父母親都不真實的時候，他們如何能尊重你？

愧疚感先是造成人的不真實，接著，不真實會讓人與人之間產生疏離。即使是孩子，你親生的小孩，也不會與你同心，你們之間的藩籬就是你的偽裝。有朝一日，你將發現你只是在假裝，別人也在假裝，當每個人的行為都是裝出來的時候，你怎麼和人產生連結？每個人都那麼虛偽做作，你是要和誰連結？面對著欺騙與不真，你怎麼還友善得起來？你會對現實的一切感到無比的痛心、無比的苦悶，現實在你眼中只是一處魔鬼的工廠。

大家都擺出一張虛假的臉孔，沒有人是真誠的；大家都帶著假面具，沒有人顯露出真實的面容。你不僅覺得內疚，也感覺得出來自己的虛假，更清楚每個人都是這樣，愧疚感使得人人變成了一道醜陋的傷口。這時候要讓人淪為奴隸，是輕而易舉的事——讓他們成為辦事員、站長、校長、收票員、部長、州長、總統。現在去左右他們十分容易，因為你已經將他們的根給動搖了。

性是根源，所以在密宗與瑜伽的語言中，他們說「muladhar」，這是「能量的根源」之意。

這一晚是高傲的淑女雷德．珍小姐的新婚夜，她正履行她初次的婚姻義務。

「我的良人啊，」她問她的新郎，「這就是一般人所說的做愛嗎？」

「是的，我的夫人。」雷金納德停下來回答，接著，又埋頭繼續做下去。過沒多久，珍忽然連連驚叫了好幾聲，然後喘著氣說：「對一般人來說，這也未免太享受了吧！」

一般人無法真正地做愛，對一般人來說，這是奢侈的享受。還有一個問題是，當你毒化了整個大眾，你自己也無法逃過一劫。假如你在平民所呼吸的空氣裡下了毒，那國王所呼吸的空氣也會被毒化，沒有人能被區隔，大家都是一體的。當政治人物污染了一般人所呼吸的空氣，最終說來，他自己也會吸到同樣的髒空氣——因為沒有別的空氣。

一位牧師與主教坐在一節長程火車廂裡面對面的位子，當主教走進來時，牧師以迅雷不及掩耳的速度將手上的〈花花公子〉，換上〈教會時代〉雜誌。主教沒有去理會牧師，只自顧自地玩起〈教會時代〉上的猜字遊戲。車廂裡一片鴉雀無聲。

經過一陣子之後，牧師想找點話題與主教攀談，當他注意到主教開始不耐煩地搔他的頭，便試著開口問道：「先生，有什麼我可以幫得上忙的嗎？」

「也許有的，只有一個字我怎麼也解不出來。有哪一個四個字母的字，後三個字母是U-N-T？它給的提示是『女性』。」

「這不難啊，先生。」牧師稍加思索了一下，然後說：「那應該是『aunt』（伯母、阿姨）那個字。」（譯注：主教心裡想的是CUNT「陰道」這個字）。

「喔，當然，當然！」主教說，「我說年輕人，可否方便借我一只保險套（橡皮擦）？」（譯注：美式英文中eraser與rubber皆可指橡皮擦，rubber又可做保險套）。

表面上的事情受到壓抑後，會深入到你的無意識裡。幸運的是，性並沒有被消毀，只是被毒化；性無法被消毀掉，因為它是生命的能量，被污染的能量是可以重新得到淨化的。你生命中的諸多難題，簡單說，基本上就是性的問題。你可以去解決其他的難題，不過，保證你什麼也擺不平，因為那些不是真正的問題所在。如果性的障礙能被清除，其他一切事情自然迎刃而解，因為根本的問題已經獲得解決。然而，你怯懦到連正視問題都不敢。其實很容易，只要你將制約放到一邊去。事情其實很簡單，就像下面這則故事：

有位挫折到極點的老小姐成了警察局裡的頭痛人物，因為，她三番兩次打電話去警察局，說她床底下有一個男人。最後，她被送去精神病院，在那裡，他們給她服用最新的藥物，過了幾星期之後，有位大夫與她進行會談，看看她是否已經痊癒。

「魯絲特芬小姐，」大夫問道，「你現在還會在你床下看到一個男人嗎？」

「不會了，」她說。然而，就在大夫要簽署讓她出院的文件之時，她又說了，「我現在看到兩個男人。」

大夫告訴醫院的工作人員，只有注射一種藥劑可以真正讓她不再發牢騷，他叫那種藥做「難搞定的處女」，他建議安排她與醫院的木匠大丹關在她房裡。

大丹被找來了，工作人員告訴他這個女人的問題，還有他會跟她被鎖在房裡一小時的事，大丹聽了說不必那麼久的時間。於是，一群焦急的人聚在門外聆聽房裡的動靜……他們聽到房裡傳來：「不，大丹，停下來！我媽媽知道的話不會原諒我的！」

「閉上你的大嘴！這事遲早都要做，早在幾年前你就該做的！」

「你的方法都得靠蠻力是嗎？你這個畜生！」

「要是你有丈夫的話，這件事他老早就做了！」

門外醫院的工作人員再也等不下去了，他們破門衝進房裡。

「我已經將她治好了。」木匠說。

「他把我治好了！」魯絲特芬小姐說。

他將床腳給砍斷了。

有時候，消除問題的方法其實非常簡單，你卻一直去做一些無用的事情……這位木匠做得很對，只要把床腳切掉，她就沒戲唱了？這下男人能躲在哪裡？

性，幾乎是你所有問題的根源，數千年的毒化之下，這也是不得不的結果，你需要深層地淨化自己，重新要回你的自由，重新找到你愛的自由，重新活出你的自由。於是，生命就不再是個難題，生命是一個奧祕、狂喜與祝福。

第十一章　小心衛道人士

我聽過教宗有一次對拉丁美洲的年輕人演講，他這麼說道：「我親愛的朋友，要小心魔鬼。魔鬼會以毒品、酒精，特別是婚前性行為來誘惑你。」請看，誰是這個魔鬼？我就沒見過他，他從不曾引誘過我。我不認為你們當中有誰曾見過魔鬼，或是被他引誘過。

欲望來自你的天性，而不是什麼魔鬼在誘拐你。那是宗教的計策，將責任丟給魔鬼這一號想像人物，好讓你不覺得受到責難。但你的的確確是被譴責了，只不過是以間接的方式，教宗所說的是「你」就是那個魔鬼，然而他沒有膽量說出來，所以他舉出一個別的東西——魔鬼，魔鬼是一個獨立的代理人，他唯一的工作就是去誘惑人們。

可是，這事非常奇怪……數百萬年已經過去了，這個魔鬼他還不累，還在誘惑著人們。他到底從中撈到什麼好處？聖經上從沒有一句話提及，魔鬼做了這麼久的苦工後所得到的報酬，誰是付他酬勞的人？他又受僱於誰？這是其中一件……

第二件事：你的神不是全能的嗎？聖經中是這麼說的，神是全能的，假如祂是全能的，難道祂不能做一件簡單的事情，叫魔鬼不要去誘惑人們？寧可一個個去告知人們：「不要被誘惑了。」為什麼不把魔鬼給解決掉比較快？或者，看魔鬼要的是什麼，直接給他算了。

我們夾在神與魔鬼之間承受著無謂的傷害，他們倆在這件事裡到底有什麼意義？這是神與魔鬼之間要釐清的。在這幾百萬年的時間裡，神沒能說動魔鬼、改變他或了結他，如果神對魔鬼都是這麼無能的話，那麼，祂的子民怎麼辦？更別說祂的子民還要聽祂的代表人說：「不要被魔鬼引誘。」假如連神都拿魔鬼沒辦法了，那一般的凡夫俗子又該當如何？

這些謊言已經存在了好幾世紀，沒有任何一個說謊的人曾負起過責任。警告年輕人魔鬼會引誘他們，是很不負責任的做法，事實上，說這種話的人，已經在人們的腦中種下誘惑的因子了，也許那時候人們沒有毒品、酒精、婚前性行為的想法，反而是聽完教宗的靈性布道，回家之後，他們就開始在想婚前性行為，要如何被魔鬼引誘，還有要去哪裡找到毒品販子。

酒精絕不是魔鬼會誘惑你的東西，因為耶穌從前也喝酒，不只祂本身，祂還讓自己的十二位使徒也喝酒。基督教不但不反對飲酒，他們還相當地接受，反對飲酒等於置耶穌於尷尬的處境。耶穌飲酒是眾所皆知的，祂享受喝酒，從沒說過喝酒是一種罪，祂怎麼會那樣說呢？現在的教宗，似乎比耶穌還更具宗教上的虔誠。

我可以清楚想見那副景象：如果神唯一的兒子喝酒的話，聖父與聖靈也必然是酒徒。這些人必定是始作俑者，不然耶穌是從哪裡學來的？魔鬼一定引誘不了祂的。我們知道魔鬼曾試圖勾引耶穌，祂對魔鬼說：「閃到一旁，我不是你可以勾引的對象。」

這些人似乎心理不太正常，你從沒見過魔鬼，而且你也不會用這種方式對他說：「閃到一旁，讓我走我自己的路。別擋住我的去路，別想勾引我。」如果你講出這些話被某個人聽到，包準他會去附近的警察局報警：「這裡有一個人在對魔鬼說話，但是我們連魔鬼的影子也沒見到。」

耶穌也被祭司與教士給污染了，他們都隸屬同一家公司，只不過掛的招牌不同而已。他們做的是一樣的生意，一樣的工作：他們污染人類，奪走你的純真。這個教宗擔心的是婚前性行為，想必是他心裡一直懸著這件事，不然何來這種警告？那正是他最想強調的一點！

可是，婚前性行為有什麼不對？在過去，那是個問題沒錯，不過，你已經活在二十世紀了不是嗎？以前的時代，性行為會導致懷孕，然後產生誰要養小孩的問題，還有，誰想娶一個有小孩的女人？事情會有困難度與複雜性，而現在，已經不需要煩惱那些問題了，問題只在頭腦裡。

其實，絕大部分的婚姻會有問題，是因為婚前性行為不被允許。好比別人告訴你：二十一歲前不能下水游泳，尚未成年的人游泳是一種罪，你可不要被魔鬼給蠱惑。好了，有一天你滿二十一歲，可是，你卻不知道怎麼游泳，只是心想，現在終於可以下水去游了，於是就往水裡跳，你是在跳向死亡！因為，滿二十一歲並不必然代表你會游泳，你不見得擁有游泳的本能。何時才能去學游泳？這些人實際上所說的是什麼意思？他們要你在跳進河水前就學好怎麼游泳了，先跳下水去又是犯罪。請問，那你要去哪裡學游泳？在你房間，在你的床上嗎？學游泳本來就是要下水游的。

有些原住民就比較人性化，他們自然多了，他們的社會支持並鼓勵婚前性行為，因為那是學習的好時機。女孩在十四歲，生理上就成熟了，男孩在十八歲，而且，人類社會因為日趨科學化與科技化，有足夠的食物及適當的醫療照顧，所以生理成熟的年齡有下降之勢。美國的女孩子比印度的女孩子早熟，而在衣索匹亞，你的第二性徵要如何成熟？恐怕你還沒來得及成熟以前就死了。美國人性成熟的年齡自十四歲下滑到十三、十二歲，因為在生理上，他們的精力比從前旺盛，美國人吃得好，生活得較舒適，所以他們的生理比較早熟，壽命也比貧窮國家的人還長。

在印度，人們從報紙上讀到九十歲的美國人結婚的新聞，他們簡直無法相信世上還有這種事，這些美國人是怎麼了？一個九十歲的印度人，表示他至少已經躺在墳墓裡二十年了，可能結婚的只有他的魂魄，而不是他。就算他還活著，一個九十歲的人娶一位八十七歲的女人……還真美妙！根本是令人難以置信！他們還去度蜜月，他們一輩子做過許多次這樣的事——結婚，然後度蜜月——所以對這種事已經熟門熟路了，而且，也真夠幸運的，他們一生中，至少已經活過五、六、七回了。

婚前性行為，是人類社會中最重要的其中一件事。

女孩子的性慾再也沒有比她十四歲時的性慾更充沛了，而男孩子再也不會有比他十八歲時更活躍的性慾。當自然的能量處於顛峰狀態時，你阻止他們的性行為；等他三十歲時，你讓他結婚，他的性慾早已往下掉。他的生命能量已經走下坡，他對性的興致逐漸消退，就生物上來說，他已經晚了十四或十六年——他老早錯過那班火車了。

有許多婚姻上的問題因此而產生，也才會有許多婚姻的諮商人員紛紛出現，因為男女雙方已經錯過自己的高峰時期，在那個高峰時期，他們本來可以知道什麼是高潮，而現在，他們只能從書上讀到，然後幻想關於高潮的感覺，偏偏高潮就是不發生。一切為時已晚，站在中間擋路的就是教宗。

當你三十歲的時候，你的性不可能再擁有十八歲時的那種品質、那般強烈與火熱。然而，十八歲卻是你禁慾、不被魔鬼誘惑的時期；每當魔鬼跑出來誘惑你的時候，只需要開始對神祈禱，口中複誦著咒語「唵嘛呢叭咩吽」，西藏人都是那麼做的。

當你看見一個西藏人不斷喃喃唸著「唵嘛呢叭咩吽」時，你就可以確定魔鬼正在勾引他，因為那串咒語就是用來嚇跑魔鬼的。你唸得愈快，魔鬼就溜得愈快。

在印度有一本書叫《長尾猴之禱歌》（*Hanuman Chalisa*），那裡面是四十小篇對猴神的祈禱文。人們認為長尾猴是禁慾的，同時也會保護那些想保持獨身的人，所以，每個禁慾者都會崇拜猴神。這是一本你可以很容易背誦的小書，他們不斷複誦著上面的禱詞，這樣猴神即會捍衛他們禁慾的身分，使自己免受到魔鬼隨時可能的侵擾。

沒有人在誘惑你，那只是大自然的作用，不是魔鬼；自然從來都是為你著想，從未反對過你。

一個更進步的人類社會將能贊成婚前性行為，就像一些原始部落的作法一樣，道理很簡單，大自然為了你做了某些準備，你天生的權利不該被剝奪，假如社會不預備讓你結婚，那是社會的問題，不是你的，他們應該要想辦法解決。原始部落的人們找到了解決的方法，女孩子懷孕的現象不常見，要是她懷孕了，男孩就將女孩娶回家，沒有什麼羞恥或丟臉的醜聞，不會有人譴責這樣的事。相反的，長輩會祝福年輕的夫妻，因為受孕證明了他們的強健有力，他們的生理狀態比別人都還活躍，不過這種事很少發生。

真實的情況是，在我所拜訪的原始部落社會裡，男孩與女孩們都受到調教。他們有一則規定是，在女孩十四歲之後，以及男孩十八歲之後，他們不准再睡在自己的家中。村子裡會有一個公共宿舍，讓年輕的男女都去睡那裡。這樣，他們就不用躲在停車位的走廊後面偷偷摸摸，那是醜陋的，而社會就是這樣強迫人們成為小偷、說謊的人。人們第一次愛的經驗就是發生在如此醜陋的情形之下：躲躲藏藏，心裡面很惶恐、很罪過，以為是惡魔在誘惑自己。在他們可以享受最高點、經驗最高峰的時候，卻無法暢快地去享受。

我要說的是，如果他們曾經有過高峰經驗的話，他們就不會去抓著那東西不放，如此，他們不必一輩子都在看〈花花公子〉雜誌，也不會對性有綺想。他們不會去讀三流的小說和看好萊塢的電影，那些事情之所以發生，只因他們從來都否決了自己與生俱來的權利。

在原始部落裡，他們晚上睡在一起，唯一被告知的規定是：「別和同一位女生在一起超過三天，因為她不是你的財產，你也不是她的財產。你必須去認識所有的女孩，她也必須去認識每一位男孩，之後你們才能去選擇自己的生活伴侶。」

這看來似乎才合情合理，在挑選出自己的伴侶之前，你應該要有機會去認識所有可能的女性與男性。放眼全世界，你可以見到媒妁之言的婚姻並不成功，但自由戀愛也沒有成功。

兩者都失敗了，失敗的基本原因是雙方面都缺乏經驗，兩個人都沒能擁有足夠的自由去找到正確的伴侶。

除了透過經驗之外，沒有其他方式可以找出正確的人選。因為只要一點點小事就足以成為干擾，某個人的體味可能就足以毀了你的婚姻，這不是什麼大事，但已經夠大了，那是每天都在的……你想你可以忍受多久？但說不定對另一個人來說，那種體味正是他所喜歡的。

就讓人們去經驗，特別是現在這個時代，懷孕的問題已經可以克服的時候。原始部落的人早在數千年前就有勇氣這麼做，在當時就已經不是問題了。偶爾，女孩子懷孕，那他們就結婚，並沒有大礙。

在那些部落中沒有離婚這回事，當然了，你已經看遍部落中所有的女性，也和她們都在一起過之後才做出選擇，這下你還會想改變什麼？你由經驗中抉擇。所以在那些社會中，離婚是不需要、也是不可能的事。離婚的問題還沒出現過，並不是不能離婚，而是在那些部落中並沒有離婚產生。他們連想都沒想過這個問題，沒有人曾提出分手的事。

文明國家裡的人，都深受婚姻問題之苦，因為丈夫和妻子之間就像是敵人，你可以叫他們「親密的仇家」，不過，這麼叫也改變不了什麼，仇家還是離得遠一點好，不要太親密。如果他們靠得太近，表示那是一天二十四小時不分晝夜的戰爭。這一切，只源起於那些宗教導師的愚蠢教誨：要小心婚前性行為。

如果你要小心的話，就去小心婚姻裡的性生活，因為那才是問題的所在。婚前性行為並不是問題，特別是現在各式避孕的方法都很容易採行。

所有的大專院校都應該告訴學生，不管男孩或女孩，都要去經驗不同的人，最後才做選擇，這樣做出的選擇，才會是基於了解與領悟。

然而，對教宗而言，他所關心的並不是全世界的人都在婚姻裡受苦。有許許多多的夫妻都因為婚姻而深陷苦海，他們的孩子也因此開始學習走上痛苦的道路。教宗只關心人們不應該採行生育控制的刀法，他事實上所說的不是：「要小心魔鬼。」而是：「要小心那些避孕的方法。」

真正的問題並沒有被挑出來，被處理到的只是一些不實的問題。而他依然繼續對全世界宣傳著……

第十二章　自然接受性能量

人到了某個年齡時，性就成了一件重要的事，倒不是你把性變重要的，這轉變是自然而然的發生，不是你可以決定的。在十四歲的時候，就在那左右的年紀，忽然間，波濤洶湧的性能量充滿了你，好似你裡面的防水閘打開了。從前那股來源隱約的能量並沒有打開，但現在打開了，然後你整個人的能量瀰漫著性的色彩。你所想的是性，你所歌頌的是性，連你走路的樣子也是性，每件事都與性脫不了關係，每個動作都染有性的味道。這是自行發生的自然現象，你什麼事也沒有做。

對性的超越也是自然的現象，假如你完全地活過性，沒有絲毫的批判、沒有想過要擺脫性，那麼在四十二歲的時候，正像十四歲時性會充斥在整個能量一般，在四十二歲時，那扇閘門會再度關上；誠如性當初活躍起來的情形一樣，性的沉寂也是自然的。

性被超越並不是因為你的任何努力，假如你努力的話，那叫做壓抑，因為性與你並沒有關係，那是本來就內含在你身體裡的生物性，你生來就帶著它，沒有什麼不對。出生唯一的方式即是透過性，身為人類本來就會有性慾。當你受精的時候，你的雙親不是在教堂裡聆聽講道或是祈禱，他們正在做愛；連去想當你受精時，你雙親正在做愛都似乎很難。當時他們正在做愛，他們的性能量正相互融入彼此，接著你在一個性行為的高潮裡受精。第一個細胞是性細胞，然後從這個細胞又會衍生出其他的細胞，但基本上，每一個細胞都是有性慾的，你全身上下的細胞都是性細胞，為數有好幾百萬。

記住，你是一個性的生命體，只有從你能接受這件事的那一刻起，世紀以來的衝突才得以消弭；如果你能打從心底接受這個事實，沒有其他的想法，只知道性是自然的，你才能自如地活在性裡面。你並不會問我如何超越飲食，也不會問我怎樣超越呼吸；沒有哪一個宗教曾教過你要超越呼吸，這就是為什麼，不然，你就會問：「該如何超越呼吸？」你本來就在呼吸啊！你是會呼吸的動物，你也是有性慾的動物，不過有一處差別，在你頭十四年的生命幾乎是沒有性慾的，或者頂多你有不完熟的性慾，那不是真的性慾，充其量是準備或是演練罷了。在十四歲的時候，性能量一下子就來到了成熟的階段。

去留心觀察……一個剛出世的嬰兒，在短短三秒鐘之內就必須開始呼吸，否則他會活不了。然後，呼吸會持續一生，因為呼吸在生命之初就出現了。你無法超越呼吸，也許就在你過世之前的三秒鐘呼吸會停止，在那之前，你不可能停止呼吸。有件事請銘記於心：生命的起始與尾聲是很近似的，它們可以說是相對稱的兩端。剛出世的小孩在三秒鐘之內就會呼吸，等他衰老時，在他一停止呼吸之後，三秒鐘之內他即會死亡。

性出現在頗為後面的時期，有十四年的時間，這孩子過著沒有性的生活。假設那個社會沒有過於壓抑性，造成人反而執迷於性，這個孩子就完全不會注意到性或任何像性的東西的存在，這孩子可以保持非常純真，但那種純真是不可能的，因為人們過於壓抑性。每當有壓抑發生，執迷就不可免，這兩者是同時並存的。

教會總是打壓性，於是出現像海夫納斯（Hugh Hefners）等人與教會唱反調，他們製造出愈來愈多的情色文學。所以一方面教會壓抑性，另一方面與教會作對的人讓性日益煽情，他們是一個銅板的兩面。唯有當教堂消失的時候，〈花花公子〉雜誌才會消失，他們是一對生意上的最佳拍檔。表面看起來他們是對立的，但可別被騙了，他們在話語上雖然是敵對的，但那正是事情運作的方式。

我聽說過有兩個經商失敗的人，他們決定自創一種非常簡單的小生意。他們開始從一個小鎮到另一個小鎮到處旅行。第一個人會先趁夜晚進入一個鎮上，他將煤焦油往人們的門窗上丟，過兩三天之後，另一個人會去清理，他告訴人們，除了門窗之外，他甚至可以連他們家中的煤焦油都清一清，而在同時，第一個人已經去到下一個鎮上做他那一半的工作。就這樣，他們開始賺進大把鈔票。

在教會與海夫納斯以及其他色情工業製造者之間就是這種情形，他們是共謀。每當你壓抑過頭時，你就會產生病態的興頭，有問題的是那個病態的興頭，而不是性。

所以，永遠不要存著任何反對性的想法，否則你永遠無法超越性。已經超越性的人，都是自自然然接受性的人。我知道這不容易，因為你出生在一個對性很神經質的社會，不是這種神經質就是那種神經質，反正都是神經質。要擺脫這種精神官能症不是件簡單的事，但只要你有一點警覺，你就能走出來。所以真正的重點不是如何去超越性，而是如何去超越這個社會的病態想法：對性的恐懼、壓抑與執著。

性是美麗的，它本身是自然且富韻律的現象，當卵子準備要受精時就發生了；還好它會發生，否則就沒有生命的存在。生命藉由性而存在，性是生命的媒介。如果你明瞭生命，如果你熱愛生命，你將會明瞭性是神聖的，那麼，你會活在性裡面，你徜徉在性裡面，正如它自然地發生，它也會自然地遠走，在四十二歲左右的年紀，性開始消退，如同它當初的出現一般。可是，通常事情偏就不是那樣發生。

當你聽到我說四十二歲的時候或許會感到驚訝，因為你知道有些人都已經七老八十了，可是，他們依然超脫不了性。你曉得那些「糟老頭」，他們是社會的受害者，因為他們無法活得自然，性一直殘留在他們裡面。在他們應該愉快地享受性的時候，卻壓抑身體的感覺，在那些歡愉的時光裡，他們卻不是全然在其中，那種不冷不熱的投入，使他們體驗不到高度的感官快樂。

所以說，任何事情如果你一副要做不做的樣子，那件事情就會拖泥帶水。假如你坐在桌前心不在焉地吃東西，以致身體一直都覺得沒吃飽的話，你腦海裡會整天都在想食物。要是你好好地進食，你就不需要吃得飽飽的。好好進食的意思，不單指將你的胃裝滿食物，當你心不在焉的時候，你可能會裝下一肚子的食物。進食是一項藝術，不是將胃填飽就好了。品嚐食物、嗅聞食物、觸摸食物、咀嚼食物、消化食物，這整件事是一門偉大的藝術，要將食物當成神聖之物來消化，因為食物是神聖的，是神的禮物。

印度人說：「Anam Brahma」——食物是神聖的，所以，當你進食的時候，要懷著無比的敬意。當你進食的時候，請將一切都拋到腦後，因為那是一種祈禱，一種存在性的祈禱。你把神吃進體內，神將會滋潤你的身體；你要以深深的愛與感激，接受下這個禮物。你不會搪塞食物給身體，因為讓身體吃到撐是在跟自己過不去。也有另一個極端，有人執著於斷食，兩者都是錯的，這兩個方式，都將導致身體失去平衡。

一個真正愛自己身體的人，他會在身體正好覺得平衡的點上停止進食——不偏不倚，恰好中庸。去了解身體的語言是種藝術，不僅了解你的胃，也了解你身體的需要，並且以精美雅緻的方式供給它所需要的。

動物會吃東西，人也吃東西，差別在哪裡？差別就在於，人從飲食當中創造出一套有內涵的美學。擁有一張美侖美奐的餐桌用處在哪裡？點蠟燭和香料有意義嗎？為何邀請朋友聚在一起吃飯？答案就在於——把飲食變成藝術，而不單是吃飽就好了。然而，以上這些是飲食藝術的外在表現，內在的表現是去了解你身體的語言，傾聽你身體的話語。要能細膩地體察出你身體的需求，那時的你才算是真正的進食，然後就不會整天惦念著食物，只有在身體飢餓時才又會想起食物，這樣一來你才是自然的。

性也是同樣的原理。如果你沒有一絲反對性的念頭，你帶著感謝將性當成是自然、神聖的禮物；你享受它，你以祈禱之心享受著性。密宗說，在你與一個女人或男人做愛之前要先祈禱，因為那將是一個能量上的神聖交會。神將圍繞在你左右，哪裡有兩個相愛的人，神就會在那裡；在兩個相愛的人能量交流、融合的地方，那就是生命存在的地方，那是生命最富有活力的所在，神會把你團團包圍。教堂裡一無所有，唯有愛的小窩中充滿了神。如果你以密宗提到的方式體會到愛，如果你根據「道」所說的方式領悟了愛，那麼，到了你四十二歲的時候，性就會自行消失，而且你懷著無限感激向它揮別，因為你已滿載而歸。性曾帶給你快樂，帶給你祝福，於是你可以向它道再見。

四十二歲是走入靜心適當的年紀。性消失了，那般在你全身上下到處流竄的能量已不在；人到了這個年紀，會變得比較平穩，沒有激情，有的是慈悲的心。從此不再對別人一頭熱，不再對別人有興趣。隨著性的消失，你的焦點不再投注在別人身上，你開始回到自己的本源——一段回歸的旅程開展了。

性並不經由你的努力而超越，如果你淋漓盡致地活在其間，性的超越會自行發生。所以我的建議是，丟掉所有反對性的態度，那是反對生命的態度，並且接受事實：性是存在的，你以為自己有什麼本事能丟得掉性？又是誰要去丟掉的？不過是你的自我。別忘了，為自我製造最多問題的就是「性」。

所以你可以見到兩種人：極端自我的人總是反對性，謙虛的人從不會如此。不過，誰會去聽一個謙虛的人說話？事實上，謙虛的人不會去向人說教，只有自以為是的人才會。

為何性與自我之間會有衝突？因為性是生活中不能讓你表現自我的東西，因為那個時候別人變得比你還重要，你的女人、你的男人會比你重要。在其他所有的場合，你都是最重要的；但在一段愛的關係中，另一個人占著無可比擬的重要性。你變成一顆衛星，對方是中心點，對另一個人來說也是如此；你是中心點，而他是衛星，那是一種互相的臣服，雙方都謙卑地向愛臣服。

性，是你唯一的暗示，它暗示著有某件事是超出你所能控制的。金錢、政治、市場、知識、科學、倫理這些東西是你可以控制的，但是，性為你在某處揭開一個截然不同的世界，那個世界是你無法掌控的。自我，凡事都要求一手掌控，若能掌控的話就會很高興，要是不能，它就不高興，所以一場自我與性之間的爭戰就展開了。記得，那是一場自我鐵定會輸的戰役，因為自我是膚淺的；性根植於你的生命，自我只是你的頭腦；性是你整個人的根，自我只是你想法上的根，膚淺得不能再膚淺，想法僅存在你的頭腦裡。

誰會想要超越性？頭腦會想辦法超越性，假設你過於活在頭腦裡，你就會想超越性，而性卻帶你下達到你的根，不會讓你盤旋在頭上。其他所有的事情，頭腦都可以辦得到，除了性之外，你無法頂著你的頭腦去做愛，你必須從你的高度下來，你必須靠近大地。

性，讓自我覺得很丟臉，所以自我很強的人才總不贊同性，他們總在尋覓超脫之道。但他們永遠超脫不了，了不起只能變成性倒錯（Contrary Sexual Feeling）。打從一開始，他們想超脫的努力就注定會失敗。你或許可以假裝你已贏過性，但是，你底下有一道暗流……你可以為自己找到合理化的藉口，你可以假裝，在自己周圍創造一層很厚的殼，但事情背後的真相依然不動如山。真實的理由遲早會現身，你想掩蓋也掩蓋不了。

所以你可以去控制，但是性慾的暗流會在底下奔竄，而且會以許多方式浮現上來，就從你所有的合理說辭當中，性會不時地探出頭。

我不建議你花任何力氣去超越性，我的建議正好相反：完全不要想超越性，盡可能潛入性裡面。趁那股能量在的時候，盡你所能地深入性，愛得愈深愈好，將性愛變成是藝術，讓性，不單是一件要「做」的事，這就是將性愛變成藝術的含義。

性愛的藝術中，有些細微的部分，只有具備審美感官的人們，才有能力領受其中的奧妙。否則，你可以做愛一輩子，卻仍然不滿足，因為你不懂滿足感來自某種美學，那就好似隱隱然自你靈魂中升起的美妙樂章。

如果由於性，你進入了一種安詳的境界；如果由於性，你得以鬆弛下來，也就是說，假如愛不光是扔掉能量，只因你不知道該拿這股能量怎麼辦；假如愛不單是一種舒緩，而是放鬆；假如你與你的女人可以安歇在彼此當中，就在某些片刻裡，也許幾秒鐘或幾個鐘頭，你忘卻了自己，完全消失在遺忘當中，你將因此而出落得更純淨、更天真、更純潔。你將會是一個不一樣的人——從容、歸於中心、根植於自己的內在。

假如這件事發生了，有一天你將會發現，氾濫的洪水已經消退，留下飽滿、充實的你，你不會遺憾它的離開，而是萬分感謝，因為現在一個更豐碩的世界展開了。當性遠離之時，靜心的大門就打開了；當性遠離之時，你就不會為了別人而失去自己，你將有能力在你自己當中忘卻自己。現在另一個高峰的世界，那個與自己在一起的內在高潮將會升起，不過，唯有透過跟別人在一起，那種內在高潮才會升起。

人會成長，藉由別人而達到成熟。當你能單獨並且很快樂的時候，你就不再需要別人，那種需求沒有了，然而因為別人，你學到好多事情——好多關於你自己的事情。別人變成一面鏡子，你並沒有去打破鏡子，在你學習到這麼多關於你自己的事情之後，現在再也不需要去看鏡子了。你閉上眼睛，就可以見到自己的臉龐，可是，如果一開始就沒有鏡子的話，那麼你就無法看見自己的容貌。

就讓你的女人成為你的鏡子，就讓你的男人成為你的鏡子；在她的雙眸中見到自己的模樣，進入她的內在去了解你自己，那麼，有一天，你就不再需要那面鏡子。你不會對鏡子有敵意，你感激都來不及了，怎麼會有敵意？你感謝都還不夠了，怎還會仇視鏡子？那時候，超越就發生了。

超越不是壓抑，而是自然的脫胎換骨，你往上成長、超越，就像一顆種子發芽之後，就會破土而出一樣；當性消失的時候，種子就消失了。性可以讓你生出小孩，當性已不在時，所有的能量就得以用來生出你自己。這即是印度人說的dwija——第二次的出生。你父母已經給了你一次出生，第二次的出生還在等候著，那必須由你來給你自己，你，必須成為自己的父親與母親。

於是，你所有的能量會轉向內在，那股能量成了一個內在的圓圈。對現在的你來說，要產生一個內在圓滿很難，經由與異性的連結會比較容易完成那個圓，之後你可以享受圓滿所帶來的祝福。不過，你逐漸就會有能力單獨完成這個內在的圓，因為在你的裡面，你既是男人，也是女人；既是女人，也是男人。

沒有人純粹是男人，也沒有人純粹是女人，因為，你來自一個男人與一個女人的交融，你的母親給了你某些東西，你的父親也給了你某些東西，兩者都參與了百分之五十，然後造就出你。他們兩者有可能在你內在相會，你父親與母親在你的內在重新相愛，這樣一來，真實的你才會誕生。曾經，他們的會合使你的身體誕生，現在，如果他們能在你的內在相會，你的靈魂就由此誕生。這即是性的超越所代表的意義，那是一種更高層次的性。

當你超越了性，你便觸及到更高層次的性。普通的性是粗糙的，高層的性不然；普通的性是往外取向，高層的性是往內探觸。普通的性是兩個身體的相會，那場相會發生於外在，**高層的性是你自己內在能量的相會，它不是肉體的現象，而是靈魂的現象——這就是超越。**

第十三章　新人類的生活形態

個人，事實上已超脫出家庭，這句話的意思是，家庭的功能性已經結束，它存在太久了。家庭是人類最古老的制度之一，所以，也只有非常敏銳的人能夠看出來，家庭已經失去效用了，一般大眾還需要點時間才會認知到這個事實。

家庭發揮過它的功能，但已不再適切於新的局面，新人類不光是出生到人世間就夠了。

家庭有其好處與壞處，好處是，人因它而得以存續，壞處是，它腐蝕了人的心智；然而，以前的人別無選擇，家庭是一個必須的魔鬼，未來一切就不必然如此了，人們可以選擇其他的生活形態。

我的想法是，不必拘泥於單一的形式，以後的人可以有多樣的選擇空間。假設有些人還是選擇家庭生活，他們應該有組織家庭的自由，這樣的人所占的比例會非常少。地球上有家庭的存在，但不會超過百分之一，而那些家庭真的很有助益，人們可以在其中成長，因為沒有人扮演權威，沒有人玩權力遊戲，沒有人占有；小孩不會被扼殺，夫妻之間不會相互蹂躪，家庭的成員間可以有愛與自由，他們聚在一起不是為了耍權術，而是出於喜悅，沒有其他的動機。是的，世上依然有這樣的家庭存在，這些人並不需要改變，他們將來還是能夠繼續以家庭的方式生活。

不過，對於其他大多數人而言，家庭是醜陋的。你不妨去問心理分析家，他們會說各種心理疾病都是從家庭中滋生，各色各樣的精神病、精神官能症都是來自家庭，家庭創造出非常不健康的人類。不需要這樣，人應該有其他的選擇方式，依我之見，其中一個可行的方式是社區。社區是最好的選擇。

社區的意思是，人們所過的家庭生活是非固定式的，孩子們隸屬於社區，他們屬於所有人。沒有私人的財產，沒有個人的自我。男女之間基於相互的珍愛而在一起，他們想在一起生活，是因為他們享受彼此，當愛不在了，也不會糾纏不清下去，他們在深深的感激與友情中道別，然後，再與其他人展開新的互動。

從前唯一的問題是小孩。在一個社區中，小孩可以屬於社區，這樣情形就會好很多。孩子們有更多機會在不同種類的人之間長大成人，否則，對一個孩子來說，有許多年的時間，他都只活在母親與父親之間，他對人類的印象只有兩種，也就自然而然地開始仿效他們兩個人，結果小孩成為父母親的複製版，他將繼續帶著相同的疾病活在人世間，一如他的父母親。讓孩子成為複製品是殺傷力很大的，可是，小孩子根本沒有機會不當複製品，因為他沒有其他的資訊來源。

假設一百個人一起住在社區裡，有許多的男性成員與女性成員，孩子就不需要被定型在單一的生命模式裡，他可以向他的父親學習，可以向他的叔叔學習，也可以向社區裡所有的男性學習，這樣，他的靈魂將會有更大的格局。

家庭將人的靈魂擠壓得只剩一丁點。在社區裡的孩子會有更寬廣的靈魂、更多元的機會，他的內在將會是富足的。他見過許多女性，所以他不會對女性只存著一種印象。對女性持有單一的印象是有害的，因為你終生都會一再追逐、尋找你母親的翻版。每當你愛上一個女人時，注意！你非常有可能已經找到一位近似你母親的人，那或許是你應該避免的事情。

每個孩子都會氣自己的母親，因為許多事，她不得不禁止他，她必須對他說「不」，這是無法避免的。即使是一位再優秀的母親，有時候她也必須說不，才能對小孩有所約束。所以孩子會感到氣憤，他對母親又愛又恨，因為她是他生命與能量的泉源，沒有她，他無法存活下去。所以他同時痛恨母親，但也愛母親，那會變成一種模式：你對同一個女人既愛又恨。你沒有別的選擇，你會一直下意識地搜尋你的母親。對女孩子來說也一樣，她們會去尋找她們的父親，終其一生，她們會找一個父親來作丈夫。

事實上，你父親並非這世上唯一的人類，這世界何其遼闊，而且，就算讓你找到父親，你也不會快樂的。當你與你所鍾愛的人在一起時，你是快樂的，但與父親在一起並不會讓人快樂。如果你找得到你母親，你也無法快樂地和她在一起；你早已認識她了，沒有什麼好再探索的，你已經熟悉對她的感覺，而熟悉使人產生輕蔑感。你應當找一些新的，只是，你心裡沒有任何其他的形象。

社區裡的孩子會有更豐富的靈魂，他會認識許多女性，也會認識許多男性，於是才不會執迷於少數一個或兩個人。

家庭製造出人的執迷，那種執迷是違反人性的。如果你看到自己的父親與某個人吵架，你看出錯在你父親，但那不重要，你必須站在你父親那邊。正如人們所說的：「無論好壞，終歸是自己的國家。」所以他們說：「無論好壞，終歸是自己的父親與母親，我必須支持他們，否則我就是吃裡扒外。」這種情形教你成為一個沒有正義感的人。當你看到母親與鄰居吵架，你知道她是錯的，而鄰居是對的，但是你必須往母親那邊靠——你所學習到的是一種不公平的人生。

在社區中，你將不會對一個家庭太執著，因為沒有家庭讓你執著。你會享有更大的自由空間與更少的執著，對人對事你會比較公平；你也會從許多來源得到愛，使你感覺到，生命是充滿著愛的。

家庭教導你與社會以及其他家庭對立，對你完全地獨占，因為它要求你的支持，而且反對其他所有的人。你必須服務你的家人，並且為了家庭與家族的名譽去抗爭，家庭教導你野心、衝突、侵略性。在一個社區中，因為你已經認識過許多人，你的攻擊性會減低，因而此時，你對於這世界感覺更為舒適自在。

所以，我樂於見到人人都是社區的朋友，而非家庭。連夫妻之間也應該是朋友，他們的婚姻，該僅止於兩人之間的約定：因為他們高興在一起，所以決定在一起。當其中一方覺得自己不再快樂時，他們可以選擇分手，而不需要離婚——因為沒有結婚，也就沒有離婚。每個人過著自發且自然的生活。

當你過得不快樂的時候，你會慢慢地染上痛苦的習慣。永遠不要忍受痛苦，連一秒鐘都不要容忍。從前，或許與某個男人在一起很好、很快樂，不過，假如快樂已經不再了，你就必須走出來，事後也不需要氣惱，不需心懷怨懟，因為沒有人能拿愛怎麼樣。愛就像一陣微風，你看……它只是吹拂過，當它存在的時候，就是存在；接著它會離開，當它離開的時候，就是離開了。愛是一則奧祕，一則你無法掌控的奧祕。不為什麼，**你就是不應該去操縱**

愛，不該拿愛去訴諸合法，你不該對愛有所強迫。

社區中，人們只是單純地因為在一起的喜悅而共同生活，沒有其他理由。當喜悅遠逝，他們就分開，或許心中會難過，但他們不得不分手；儘管腦海裡還惦念著往昔的一切，然而該是分手的時候了。他們原不該活在痛苦中，這是他們應該給彼此的，不然痛苦會成為一種習慣。儘管分手時的心情是沉重的，他們沒有半句怨言。將來，他們會再找尋其他的伴侶。

過去的結婚與離婚，未來將不會出現，生活將更具彈性、更信任。人們對生命的奧祕比對法律還有更多信任，換句話說，他們對生命本身的信任會比法院、警察、教士、教會還深刻。而且，小孩子是屬於所有人的，孩子們不必攜帶他們家族的標記；他們屬於社區，社區也將會照顧他們。

這將會是人類史上最具革命性的一步，人們開始以社區的方式生活，他們真實、誠懇、信任，不斷朝捨棄法律的方向前進。

家庭裡的愛遲早會枯萎消失，也許，打從一開始根本就沒有愛，因為那樁婚姻是為了其他理由安排好的，例如金錢、權力、名望，所以，有可能從開始就沒有愛。接下來，孩子出生在一種死寂的婚姻生活當中，他不是因為愛而出生的，從一出生，他就活在沒有愛的沙漠裡，枯燥單調的氣氛，使他們彼此間既乏味又缺少愛。孩子人生的第一課，是從父母那裡學到的，但第一課教的卻是父母親之間沒有愛，有的只是從無間斷的嫉妒、爭吵、憤怒，小孩所看見的是父母親醜陋的那一面。

孩子的希望破滅了，他無法相信，假如愛都沒有發生在父母親的生命中，怎會發生在自己的生命裡？而且他看到其他家庭的父母也是這樣，孩子是非常敏銳的，他會觀察自己的周遭。當他發覺，愛是不可能的時候，他開始以為愛只在詩裡頭才找得到，唯有詩人或夢想家才能擁有。一旦你有了這種念頭，愛就永遠難以發生，因為你已經將自己阻絕在愛的門外。

唯有親眼見到愛的發生，才是往後讓愛發生在你自己生命裡的唯一途徑。如果你見到你父母間有很深的愛，他們如何地關心、尊重對方，以及對彼此的慈悲，那麼你已經見識過愛的發生，於是你心中燃起希望，彷彿一顆種子落到你的心田，然後開始發芽滋長一般。你知道，愛也將會發生在你身上。

要是你連見都沒有見著過，你怎麼有辦法相信愛會發生在自己身上？如果愛並沒有發生在你父母之間，又怎麼會讓你遇到？事實上，你還盡力去避免愛的發生，否則，你看起來會像是背叛了父母一樣。這是我對人們的觀察：

女人總是很無意識地說：「媽，你看，我愛的苦跟你一樣多。」男孩們後來會對他們自己說：「老爸，別擔心，我的人生就和你同樣淒慘，我沒有超越你或背叛你。我就像你當年一樣的不快樂，身上同樣背負著傳統的枷鎖。老爸，我遵循你的典型，我並沒有對你不忠。你看，我對我小孩母親的所作所為，正如你當年對我母親所做的一樣，還有你以前對待我的方式，現在，我也用在我孩子的身上。我養育他們的方式，一如你以前養育我的方式。」

現在請看一件事，「養育」小孩的想法是錯誤的，頂多你可以從旁協助，但你無法養育他們，那個塑造孩子的想法不但無稽，而且殺傷力還很大。你無法塑造……孩子並不是物品、不是一棟建築；孩子就像是棵樹，是的，你可以幫得上忙，你可以鬆好土壤，然後施肥、灌溉，注意陽光是否充足，就這樣。然而，不是你在造就樹的成長，它自己會長大。你可以幫忙，但你既無法拉拔它，也無法塑造它。

孩子是個無人能知的奧祕，當你一開始塑造他們，一旦你開始在他們的周遭創造出人格模式時，即是為他們套上枷鎖，他們永遠不會原諒你的。不過，這就是他們會領受到的學習方式，然後他們會對自己的孩子也做出同樣的事情。每一代的人，不斷傳給新一代他們的精神官能症，社會上的瘋狂與苦痛就這麼延續下去。

沒有必要這麼做，人類現在需要一種新的局面，成熟的時機已經來臨，家庭是舊時代的產物，社區將能取代家庭，為人類帶來更多福祉。

不過，只有靜心的人才能共同住在社區裡。唯有當你們懂得如何慶祝生活，才能夠相處在一起；唯有當你們了解我稱為靜心的那片空間，你們才會洋溢著愛。過去那種獨占式的愛是荒誕的，在你放下它之後，才能在社區裡生活。要是你還存著那種獨占的想法，認為你的女朋友不該去牽別人的手，或者你的老公不可以和別人有說有笑，如果你的腦袋裡還裝著這些無意義的東西，那麼你無法成為社區的一份子。

當你的老公與某個人一起在開懷大笑時，那是件好事，他正開懷地笑，笑聲總是好的，跟誰一起笑並不重要，笑聲有著極高的價值。當你的女朋友正握著某個人的手時，很好！一股溫情正在流動，溫暖是對人有益的，和誰在一起時會發生溫暖則無關緊要。

如果溫暖的流動發生在你的女朋友與許多人之間，同樣的溫暖也會不斷發生在她與你之間；如果她與任何人都沒有這樣的流動，那與你在一起時也不會有。舊式的想法從頭到尾就是愚蠢的！就好像你的老公正準備出門時，你對他說：「在別的地方不准呼吸。當你回家時，你愛怎麼呼吸都可以，但只有和我在一起時，你才可以呼吸。在外頭，你要做一位瑜伽行者，憋住你的氣，我不要你在任何地方呼吸。」這話真是蠢到極點！愛不就像呼吸嗎？

愛正是呼吸。呼吸是身體的生命，愛是靈魂的生命，而愛比呼吸來得更重要。當你的丈夫外出時，你對他挑明說不能與別人談笑，至少不行與其他女性談笑，或他不可以對任何人友愛；那麼，無異是他有二十三個小時都沒有愛，等他與你躺在床上的那一小時，他豈不是要假裝自己有愛？你將他的愛攔腰斬斷，那股愛的流動已經止息了。假如他一天裡有二十三個小時必須做一名瑜伽行者，誠惶誠恐地憋住他的愛，你認為他能夠忽然鬆弛一個小時嗎？不可能的，你扼殺了對方，然後你覺得受夠了，一切都很無趣，你感到：「他並不愛我！」這一切是你自己造成的，他也覺得你不愛他了，你們再也不像從前那般快樂。

當人們在海灘上、在花園裡相遇，當他們在約會時，每件事都是彈性與流動的，雙方都快樂似神仙，為什麼？因為他們是自由的。在晴空下飛翔的鳥，一旦換成活在籠中，就完全變了樣，鳥兒之所以快樂是因為牠們是自由的。失去自由的人是怎麼也快樂不起來的。舊的家庭結構會摧毀自由，而由於它毀滅了自由，快樂與愛也一同消失於無形。

從前，家庭所扮演的是照顧成員生存的角色，沒錯，家庭保護了肉體，可是卻將靈魂給摧毀了。而現在，我們不再需要家庭；我們必須捍衛靈魂，靈魂是更不可或缺、更重要的。家庭已走到沒有未來性的階段，就它從前的功能而言，家庭可以退休了。未來的時代屬於愛及愛的關係，「先生」與「太太」即將成為污穢的名詞。

每當你獨占一個女人或男人時，你自然也會對孩子表現出獨占。我同意湯瑪斯．高登（Thomas gordon）博士的話，他說：「我認為所有的父母都是潛在性的小孩施虐者，因為他們扶養孩子的基本方式是透過權力與權威。我認為許多父母的想法是有害的，例如：『這是我的孩子，我高興對他怎樣就怎樣。』這是種破壞性的暴力。」孩子不是物品，不是一張椅子或一輛車，你不能對他為所欲為。他透過你而來，但他不屬於你，他屬於存在，你頂多是他的照顧者，所以不要存著占有的心態。

然而，家庭式的想法就是「占有」，占有財產、占有女人、占有男人、占有孩子。占有慾是有毒的，所以我反對家庭。但是，我沒有說，那些真正過著美滿家庭生活的人必須丟棄家庭，不，不需要這麼做，他們的家庭已經是一個社區，一個小型的社區。

當然，一個較大型的社區會更好，那當中因為有更多人一起生活，而有著更多的可能性。不同的人會帶來不同的曲調、不同的生命風格、不同的微風、不同的光采，而孩子應盡可能接觸到不一樣的生活形態，如此他們擁有選擇的空間，可以自由地做抉擇。

經由認識許多的女性，他們的格局將會擴大，因為他們不必固著於母親的印象或母親的行事作風，也才有能力愛更多的女人與更多的男人。那樣的人生，會更富有探險的色彩。

一位母親帶她兒子去逛百貨公司的玩具部門。那個小朋友一見到大型木馬的時候，他馬上就跳上去玩，在那兒搖晃了近一個鐘頭。

「來吧，寶貝。」媽媽央求兒子，「我得回家幫你爸爸準備晚餐了。」小傢伙抱緊他的木馬不肯下來，任媽媽好說歹說都沒用。百貨公司的經理也來幫忙哄他，不過效果也不彰。最後，在無計可施的絕望心情下，他們找來精神科醫師。

醫生輕輕地走向小男孩，小聲地在他耳邊說了幾句話，小傢伙聽了立刻滑下木馬，奔回母親的身邊。

「你是怎麼辦到的？」母親覺得不可思議，「你對他說了些什麼？」

醫生稍微遲疑了一下之後，接著他說：「我只是告訴他：『如果你不馬上給我跳下木馬的話，我就要把你痛扁一頓！』」

人們早晚都將學會恐懼、權威、權力可以奏效。孩子是那麼無助，他一切都倚賴著你，你隨便怎樣就可以讓他提心吊膽，你可以剝削、壓迫他們，因為他們沒有別的地方可以去。在一個社區裡面，孩子有許多地方可以去，那裡有許多叔叔、伯伯、嬸嬸、阿姨和其他人，他們不會求助無門，不會像現在一樣被你捏在手掌心；他們將更為獨立，而不會那麼無助，你無法輕易地強制他們。

孩子在家裡所見到的只有一片淒楚。我知道有時夫妻之間是有愛，但他們總將愛留在隱密的地方表現，所以孩子並無法得知愛，他只看到醜陋的那一面。當母親與父親有愛的時候，他們關起門來愛，而且還不發出一點聲響，不讓孩子見到什麼是愛。孩子所見到的唯有他們的衝突——嘮叨、吵架、互毆、有意無意地羞辱對方，孩子看到的向來只有這些。

有個男人坐在客廳看報紙，他的老婆卻走到他面前摑了他一巴掌。

「你為什麼打我巴掌？」丈夫感到憤怒。

「因為你是個差勁的情人。」

過沒多久，當他的老婆坐在沙發上看電視時，換他走過去甩她響亮的一巴掌。

「你為什麼打我巴掌？」她對他吼。

他回答：「因為你發現了我是個差勁的情人。」

這種事屢見不鮮，而孩子們眼睜睜地看著。這就是生活嗎？生命的目的就是這樣嗎？除此以外難道就沒有別的？他們開始失去希望。在他們進入生活之前就已經投降了，因為他們接受了失敗的事實，要是連他們聰明又堅強的父母都沒有成功，那他們還有什麼希望？不可能的。

不僅如此，孩子們也學會了一些伎倆，例如活在痛苦中的伎倆與攻擊別人的伎倆，因為他們從未曾見過愛的發生。在社區裡，會有較多的機會讓愛嶄露頭角，人們應該知道愛的發生是什麼樣子，特別是小孩子，他們應該見到人與人之間的相互關懷。

人們有個很老舊的觀念，認為當眾吵架沒問題，卻不可以大方的表現愛；衝突沒有關係，當眾殺人是可以接受的。事實上，每當有人發生衝突時，就會聚集一堆人圍觀，每個人還樂得可以隔岸觀火！那就是為什麼人們老是愛讀謀殺故事、懸疑事件與偵探小說的原因。

殺人被允許，但愛不被允許。如果你在大庭廣眾之下做出愛的舉動，人們會覺得那很猥褻，這真是荒謬！愛是可鄙的、但殺人卻不可鄙？相愛的人不能公開示愛，將軍卻可以公開展示他的勳章？這些是殺人者，而這些是殺人者的勳章！他們身上佩帶的勳章代表著他們屠殺的規模，那還不夠可鄙嗎？

殺人才應該是令人憎惡的事，我們不該容許公然的衝突，暴力才是一種猥褻。愛怎麼會是猥褻的？然而，愛卻被認為是猥褻的，你得將愛藏在暗處，做愛的時候你必須靜悄悄地，像那樣偷偷摸摸的，你當然無法真正痛快地享受。人們沒有機會意識到愛是什麼，特別是孩子們，他們根本無從認識愛。

在一個更完善的世界裡，當我們對愛有更深的了解時，愛將遍及每個角落。孩子們將會知道何為關懷，並且明白關心某個人所帶來的喜悅。我們應該更廣為接受愛，而更加唾棄暴力。愛本該無所不在，當兩個人做愛的時候，他們不必擔心會被發覺；做愛的時候想笑就笑、想唱就唱、想叫就叫，這樣所有的鄰居就可以知道有人正在做愛。

愛，是這麼棒的一項禮物，它是神聖、不凡的。

你可以出版一本關於某個人被謀殺的書，沒關係，那不叫色情；然而對我而言，那是色情。你不能出版一本書，上面是一個男人溫柔地擁著一個女人，兩人深情地相擁，那卻叫色情？看樣子到目前為止，這世界從沒支持過愛，你的家庭反對愛，你的社會反對愛，你的州反對愛，愛至今還能有一丁點的倖存，實在是令人難以相信的奇蹟，雖然它不是本來的樣子——它不是如海洋般浩瀚，只是一滴小水滴——但是，愛能在抵擋過那麼多敵人後，還沒有完全被摧毀殆盡，那真是一個不折不扣的奇蹟。

我個人對社區的看法是：一群充滿著愛的人生活在一起，他們彼此間沒有敵意，不會暗地裡較勁，他們的愛是流動的，所以愛很容易就感受得到。他們沒有嫉妒，不會占有，孩子是屬於所有人的，因為孩子來自存在，所以每個人都會照顧他們。這些孩子們是這般美好，誰會不想照顧他們？他們有很多機會見到這麼多人相親相愛，而同時，每個人都按照自己的方式生活，他們會因此變得寬廣。

而且我告訴你，如果這樣的孩子存在人世間，他們沒有一個人會去讀〈花花公子〉，也沒有人會去讀瓦思耶衍那（Vatasayana）所撰寫的《性學經》（*Kama Sutra*，印度最古老的黃色書刊），他們沒有去讀的需要。將不會有裸體照片的存在，那種東西只是顯示出人們對性與愛的飢渴。這世界會是幾乎無性慾一般，取而代之的是許多的愛。

你的教會人士與警察製造出各種猥褻的事，他們是一切醜惡的根源，你的家庭在其中也扮演了舉足輕重的角色。家庭必須消失，必須轉而成為更大型的社區，社區的生活並非建立在狹隘的個人身分之上，它是一種更加漂浮、流動的生活方式。

在社區中，有人可以是佛教徒，有人可以當印度教徒，有人當耆那教徒，有人當基督教徒，有人當猶太教徒。假如家庭消失的話，教會也將自動尾隨消失，因為家庭屬於教會。社區中有形形色色的人、有各種宗教信仰、各式的哲學，孩子有機會去學習這些不同的事物。有時他與某個叔叔上教堂，有時和另一位舅舅一同去廟裡，他學習了解社區裡所有的事，而且他有選擇的空間，他可以自行決定他要屬於哪一個宗教，沒人會施加想法給他。

生命在此時此刻即可成為天堂，我們必須排除障礙，而家庭，是最大的障礙之一。

關於自由的問答

問：你說過愛可以使人自由，可是通常我們所見到的卻是愛轉變成執著，非但沒有讓我們自由，反倒成了束縛。所以，請談談執著與自由。

愛之所以會轉變為執著，是因為沒有愛。你們不過是在玩弄、欺騙自己。執著是事實，愛只是前戲罷了，所以說，每次當你墜入愛河時，遲早會發現自己成了工具，接著整齣痛苦的劇碼就開始上演。這當中的過程是怎麼一回事？為何會發生這種事？

前幾天，有個滿懷愧疚的人來找我，他說：「我深愛著一位女性，我很愛她，當她過世的時候，我傷心地哭個不停。可是，我忽然發現自己內在有一種自由的感覺，猶如身上的一個包袱鬆掉了；我感覺到我的呼吸變得又深又長，彷彿我已經自由了。」

就在那個當口，他意識到自己的第二層感覺。表現在外的是他正為她的死哭泣，一方面他說：「沒有她我活不下去，從今以後我的生命將會形同一座墳墓。」然而，內心底下有另一個聲音卻是說：「我注意到自己覺得非常舒服，因為現在我自由了。」

第三層感覺是罪惡感，罪惡感在對他說：「你在做什麼？」她的屍體還躺在他眼前。他對我說：「請幫幫我，我到底發生什麼事了？難道我這麼快就背叛她了嗎？」

沒事，沒有誰背叛誰。當愛成為執著時，就成了負擔與束縛。不過，愛何以會變成執著呢？首先要知道的是，假如愛成了執著，那你只是活在一個愛的幻象當中，你不過是在愚弄自己，以為那是愛。真正的情況是，你對執著有需求，如果你再看得深入一點，你將發現你還有被俘虜的需求。

人對自由有隱約的畏懼，每個人都想當奴隸，雖然大家嘴巴上都講自由，但沒人有膽量進入真的自由，因為當你真正的自由時，你是單獨一個人的。唯有當你勇於單獨，你才能享有自由。

然而，沒有人勇敢到可以承受得了單獨，你需要別人。為何你需要別人？因為你害怕自己的孤單，你對自己感到厭倦。說真的，當你孤單的時候，一切彷彿都沒有意義了，和某個人在一起可以使你保持忙碌，於是你在身邊製造出表面上的意義。

你無法為自己而活，所以你開始為某個人而活。別人也是如此，由於沒辦法單獨過活，所以必須尋求某個人作伴。兩個都害怕寂寞的人湊在一起，他們開始演一齣戲，一齣愛的遊戲，但其實他們要找的是依附、約束與包袱。

所以，你所欲求的遲早會實現，這是人間最大的不幸之一，任何你所欲求的都會實現。你遲早會得到你要的，接著前戲階段就告結束，當前戲已經盡了功能，它轉眼就消失。當你變成一位妻子或丈夫、當你們成為彼此的奴隸、當婚姻開始之後，愛立即無影無蹤。愛只是雙方可以相互奴役的錯覺，所以愛會消失。

你不能直接要求奴役的關係，那太難堪了。你無法直接對某個人說：「請做我的奴隸。」他勢必會對你起反感；也不能說：「我想當你的俘虜。」於是你只好說：「沒有你，我活不下去。」不過你指的就是那個意思，沒有兩樣。當你這個真實的希望完成時，愛就結束了。然後，你開始覺得束縛與受限，接著你開始掙扎著要自由。

記住這一點，這是頭腦的弔詭之一：人對得到的一切會心生厭倦，他所嚮往的是自己得不到的。當你獨自一個人的時候，你渴望能有一些奴役與束縛；當你被綁住的時候，你就開始想要自由。只有奴隸才會渴望自由，這一點都不假，而自由的人則是想再當一次奴隸。頭腦一直就像個鐘擺，不斷在兩極之間盪來盪去。

愛不會形成依附，依附是人的需求，而愛只是用來滿足需求的幌子。你想尋求的是一條名為「依附」的魚，愛只是用來使魚上鉤的餌，當釣上魚之後，魚餌就被丟棄了。牢記這件事，且每當你做某件事時，進入你的內在深處挖掘讓你做這件事情的根由。

假如真愛存在的話，它永遠不會轉而成為執著。是什麼理由讓愛成為執著？當你對你的愛侶或鍾愛的人說：「我要你只愛我一人。」你已經開始占有對方，一旦如此，你等於重重地羞辱了對方，因為你將人家貶為物品。

當我占據你的時候，你就不再是一個人，而不過是我的其中一件家具用品。我在利用你，你是我的東西、我的所有物，所以我不讓其他人使用你。這是一項協議，我同意被你占有，讓你將我物化；這項協議的另一面是，從現在起沒有人可以利用你。雙方都感受到被約束與羈絆，因為：我使你淪為奴隸，所以你也可以使我淪為奴隸。

然後，一場奮力的掙扎就展開了。我想作一名自由的人，而我依舊想要持有你；你想保有你的自由，並且還可以占有我，這是一種抗衡。如果我占有你的話，我將會被你所占有；如果我不想被你占有，我就不該占有你，如此占有的行為，不該出現在你我之間。我們必須維持單獨的個體性，在獨立、自由的意識中行動。我們可以聚在一起、融入彼此，但沒有誰占據誰，那麼，就不會有人受到拘束，也沒有人執著。

執著是最醜陋的事情之一，我說的「最醜陋」不單是從宗教上來看，還有美學上的角度。當你依附別人的時候，你失去了自己的單獨性，那意謂著你喪失了一切。只是藉著某個人需要你的感覺，只是某個人與你在一起的感覺，在那樣的感覺中，你失去了所有的一切——你已失去了自己。

不過詭詐的是，你既想獨立，又想占據別人；而對方也在玩相同的花招。

所以，如果你不想被占有的話，就不要去占據別人。耶穌曾說過：「不去批判他人，於是你們就不會被批判。」同樣的：「不去占有他人，於是你們就不會被占有。」千萬別去奴役任何人，否則你也會受到同等的奴役。

一般所謂的「主人」，其實是他們自己奴役的奴隸。如果沒有奴隸，他們無法成為主人，那是不可能的。只有當沒有人成為你的奴隸時，你才可能成為主人。

這看來似乎很矛盾，因為當我說：「只有當沒有人成為你的奴隸時，你才能成為主人。」你一定會反問我：「那麼我是誰的主人？如果沒有人當我的奴隸，我怎麼還能做得成主人？」不過，我認為只有到那時候，你才是實實在在的主人，因為那時沒有人是你的奴隸，也沒有人會讓你變成奴隸。

如果你喜愛自由，也想要自由，基本上，這代表你已經對自己有深入的了解。你現在明白自己一切俱足，你可以與某個人分享，不過你是獨立的。我可以分享我的愛，我可以分享我的快樂，我可以與某個人分享我的狂喜、我的寧靜，但那是分享，而非倚賴。如果沒有半個人在那裡，我還是照樣快樂與狂喜；若某個人在那裡的話也很好，我可以與對方分享。

當你覺悟到你內在的意識與核心，那時的愛便不會成為執著。要是你不知道你內在的核心，愛即會成為執著；而要是你知道的話，愛會成為祈禱。然而，你必須先存在才能愛，可是，你並不存在。

現在的你還不存在，當你說：「我一愛上某個人，就會變成執著。」時，事實上你說的是你並不存在。所以說無論你做什麼，最後都會是一場錯誤，因為做的人並不在；內在覺知的那個點並不在，所以你所做的任何事都會演變為錯誤。先存在，然後你才能夠分享你的存在，那種分享將會是愛。在那之前，你做什麼都會變成執著。

最後一點，如果你與執著對抗、掙扎的話，你就弄錯方向了。你可以掙扎，就像許多出家的比丘、遁世的修行者那樣，他們覺得自己對他們的房子、財產、太太、孩子有所執著，因而覺得百般受困，所以他們逃開那一切，離開家園、拋妻棄子，脫離他們所擁有的東西，逃到林子裡當乞丐，過著離群索居的生活。但是你可以去觀察那些人，他們必然會對新環境產生執著。

我曾拜訪過一位隱士，他住在森林裡的一棵樹下，平日深居簡出，不過，那附近還有其他的苦行僧。有一天發生了一件事，我待在這位隱士的樹下，在他去河邊洗澡的時候，來了一個人，他往這位隱士的樹下一坐就開始冥想。

隱士從河邊回來後，見狀就將那位新來的修行人自樹下推開，他說：「這是我的樹，你自己去別處另外找。不准任何人來坐我的樹下。」這個人已經脫離了他的房子、老婆、孩子，現在換成樹是他的占有物，他說：「你不能在我的樹下打坐。」

免於執著，不是說到就能輕易做到的，執著會變換新的形式、披上新的外衣。你會受騙上當，而執著還是在那裡，所以，用不著敵視它，只需找出來為什麼它會在那裡，深入之後你將明白：因為「你」的不在，才會有執著。

你的內在是如此空乏，使你想去抓取任何可以讓你感到安全的東西。你沒有根植於自己，所以你想找其他東西當做你的根。當你的根扎在自己身上時，當你知道你是誰，當你知道你裡面的本質，當你清楚你裡面的意識，那時候的你，不會去執著於任何人。

問：我的男朋友愈來愈不想做愛，這讓我感到既沮喪又挫折，我甚至到了會為這件事而攻擊他的地步。請問我該怎麼辦？

首先，生命總會來到一個時候，伴侶的其中一方不想要性，這事發生在每對情侶身上。每當有一個人不想做愛，另一個人就會比以前還更想要，因為另一個人覺得，如果沒有性，就代表關係會結束。

你愈要求，他就愈怕。你們的關係若會結束，不是因為沒有性生活，而是由於你的不停索求，使得他招架不住你的嘮叨。他並不想做愛，如果他勉強自己去做，他會覺得不舒服，可是如果他按照自己的意願，讓你不高興，也同樣使得他無法原諒自己。

有件事你要了解，性與愛並沒有關係。最多性是一個起頭，而愛比性更勝一籌、更高一籌。愛，沒有性就能夠開花。

（此時發問者插進奧修的談話：「可是，他打死也不肯說他愛我。」）

不是他不說，而是你讓他膽怯了。因為，如果他說他愛你的話，你就一定會要求與他做愛。在你的觀念裡，愛幾乎與性是同義辭，這點我可以看出來。那即是為什麼他甚至會不敢碰你、擁抱你，要是他擁抱你、碰你的話，你就會開口要求性。

你使他感到害怕，卻還看不出事情是怎麼一回事，你正不知不覺地將他往外推開。他甚至會不敢和你說話，因為當他一和你說話，同樣的情形又會出現，又是一樣的爭執。

你無法去爭執愛這件事，你無法說服任何人關於愛的事，如果他沒有感覺到愛，他就是沒有感覺。他是愛你的，否則他早就離開你了；而且你也愛他，但是你對性有錯誤的認知。

我所了解到的是，當性的狂熱退燒時，當性的高燒下降、緩和時，愛才第一次開始成長。那時，愛才會安靜地沉落下來，那時的愛將會更加精緻、更加優質，某種細膩與柔軟的品質即將發生。可是你並不允許那樣的品質發生，他已經準備好要愛你了，但你卻還拖住性不放。是你在將他往下拉，你這麼做，或許會毀了你們的關係。

我可以了解，因為，女性的頭腦一向只有在男人對性沒有興趣時才會對性有興趣；當男人對性有興趣時，女人卻是一點興致都沒有。我每天都看到這種事情，要是有個男人對你窮追猛打，你就耍詭計，裝做你一點也無所謂的樣子；當這個男人失去興致時，你們的角色就會對調，那時候輪到你去扮演需要者，你沒有性愛會發瘋、會活不下去。真是胡扯！沒有人會因沒有性而活不下去。

如果說，你愛這個人的話，你的能量將會轉化；要是你不愛他，那就請離開他。假使你愛這個人，現在，能量有機會轉化到一個更高層次的實境，不要錯過這個機會，嘮嘮叨叨是沒有任何幫助的，那會讓每件事愈變愈醜，而你只會適得其反。

問：我的性生活最近變得非常少，倒不是我不想要性生活，或是我沒有勇氣靠近女人，而是偏偏性慾就是不發生。我能夠享受和女性在一起，然而，每當來到性的關口時，能量頓時就不一樣了，好像我的性慾睡著了一般。請問我是哪裡不對勁嗎？

這是恩惠降臨在你身上，不是詛咒，只不過，你的舊頭腦將這件事詮釋成你有毛病。一切都很正常，本來就應該如此，性該消失而進入平靜卻不嚴肅的喜悅之中，消融在兩個寂靜內在的和諧裡——不是身體的相逢，而是靈魂的交會。這件事一定會發生在每位修行者的身上，請不要迫使自己反對一件自然的事，任何來自你的強迫，將對靈性成長造成阻礙。

你得記住這件重要的事，這說明為何宗教總是不贊成性。是你誤解了，不過你的誤解也是自然的，修行的人都會經歷能量的蛻變，原本往下走的能量開始往上走，開啟你更高一層的意識中心，為你的內在帶來全新的天空。然而，你對這前所未有的狀況並不熟悉，所以或許你會惶恐。而且，倘若伴侶中只有其中一個人出現了這種情形，兩人勢必會面臨一些難關。在靜心裡，兩個人的蛻變必須是同步的，唯有那樣，他們才能齊步並進，否則他們的關係將會以結束收場。

禁慾的想法即是由這個現象而起。據發現，當夫妻其中一人開始對靜心有興趣的時候，他們的婚姻就會遭受到威脅，所以最好不要與別人發生牽扯，保持單身，才不會傷害別人的感情，但，那是個錯誤的決定。

正確的做法是，如果婚姻或友誼的其中一位伴侶正在成長，他應該協助另一方也進入這個新空間，他不該置對方於身後。這原本會是人類意識的大變革，但由於宗教的禁慾宣導，這世界依然無法一窺靜心的堂奧。

選擇禁慾的人會變成性倒錯，那是他們的決定，不是自行發生的事，他們並沒有從性當中超脫，所以才會禁慾。他們嘗試另外一途：先禁慾，一心想著接下來就能蛻變，那條路是行不通的；先有蛻變，然後在沒有任何的抑制、掙扎之下，沒有對性的批判，會有一種轉化自行來到。那樣的轉化不是由於禁慾，而是透過靜心而發生；那樣的轉化不是因為壓抑，而是由於愛的氛圍。獨身主義者活在壓抑、病態的氣氛之中，他全身上下都透露出一種心理上的不健全。過去的宗教，都在這個基本點上犯錯。

其次，修行人都會注意到，在性消失後，有件與平常迥異的事就發生了：性從生理的現象變成靈性的現象，非但沒有造成局限或占有，反而打開了自由的大門。所有的關係都不見了，他在自己的單獨之中感受到一種徹底的滿足，那種滿足感是他連想像都想像不到的。

可是，發現能量產生變化的修行者，他們都有一致的錯誤推論，認為也許壓抑性可以幫助他們轉化能量，於是，宗教開始教導一種批判、厭世的消極式生命觀。這是從前人們的誤解。藉由性壓抑，你可以誤導能量，但不會轉變能量。當你的人安靜下來，當你的心更和諧、你的頭腦更沉穩時，能量自然轉變。隨著你離自己的存在本質、你的核心愈來愈近，轉變自然就發生了，它並不經由你的作為。從前你所知道的性慾，現在已成為你靈性上的斬獲，那是同一股能量，只是流動的方向已經換了，它現在不是往下流，而是向上流。

發生在你身上的事，將也會發生在每位求道者的身上，沒有人能例外，所以你的問題遲早會變成大家的問題。每當這樣的事發生的時候，在身後的那一位伴侶千萬別覺得不舒服，而是要感到非常喜悅，因為，至少他所鍾愛的人或他的朋友正經歷很美的事，同時，也期盼自己能盡早加入他的行列。你應當好好地深入靜心，以期自己能與伴侶常相左右；你們倆繼續一同共舞，一同朝生命的終極目標邁進。

不過記住一件事，隨著靈性上的成長，你的性慾會逐漸消退，那時的愛，會有一種嶄新的風貌：純淨、深邃的天真，沒有占有、沒有嫉妒，集世間所有的慈悲來幫助彼此成就內在的成長。

所以，你不應覺得自己有什麼不對勁。是某件正確的事忽然來到你身上了，而你沒有警覺到，因為你陷在無意識當中。

兩個四歲的孩子小海密與小貝蒂一起走在街上，當他們正要過馬路的時候，小海密記起他媽媽平常的交代。

「讓我牽你的手。」小海密展現他的殷勤。

「好吧，」小貝蒂回答，「不過，你要知道你這是在玩火。」

男人與女人之間的任何關係都是玩火，如果加上你又走修行的話，那麼你無異是被野火所包圍，因為有許多意想不到的改變會發生，那是你無法事先料想到的。接下來的每一天與每一個片刻，你在一片未知的土地上旅行，有許多時候，不是你被丟在後面，就是你的伴侶被你留在身後，這對雙方來說都是莫大的痛苦。

當這樣的事發生時，一開始自然的結果是你們的關係會步向結束，你們不再相愛。你們的愛當然不會再像從前一樣，舊有的愛不再可能，那是動物性的愛，它離開才是件好事。現在，會有一種更高層、更神聖的品質即將產生，但是，你們必須協助彼此。

這是真正艱難的時刻，在這種時候，你會明白你是否愛自己的伴侶，還有你的伴侶是否愛你——當你倆之間發生這樣的間隙，而你們覺得彼此日漸疏遠，此時是重要的關鍵時刻，你們正經歷火焰般的試煉，此時的你，應該將落在身後的伴侶帶往自己的身邊，你應該幫助另一位夥伴進入靜心。

一般自然的想法是：你應該委曲求全，這樣才不會傷了對方。那是大錯特錯的心態，你非但沒有幫到對方，反而傷害了自己，白白錯失了大好的機會；原本可以利用這個機會把對方往上拉，你卻讓自己往下墮落。

不必擔心別人會受到冒犯。你傾全力將對方帶往同一度空間、同一顆沉思的心，對方會感激你的，他不會被冒犯。在這樣的時候，你們不該疏遠對方，而是要努力試著與對方接觸，對彼此儘量地慈悲。因為，如果愛無法協助另一個人將動物性能量轉化為靈性能量，你們的愛就不是愛，那不配稱為愛。

每個人都會面臨、遭逢到相同的問題，所以每當問題產生時，永遠不要作第二想，就勇敢地提出問題！不管問這個問題會讓你看起來多麼愚蠢。因為，受益的人不單是你，它也將幫助到許許多多在相同處境裡掙扎、但沒有足夠勇氣提出問題的人，他們試著靠自己解決所遇到的處境。

重點不是去解決什麼，好就好在你們之間已經不再是從前那種穩定的局面，它的不穩定及帶來的麻煩是件好事。現在就視你和你的智慧而定，看你如何利用這個機會來支持你的成長，或者，和你的成長作對。對你自己問這個問題，或許會有所助益。

兩件事……第一件：記住，你是個幸運兒，因為看來性即將要遠離你的生活。其次，不必認為會傷害了別人的感情，將你的心與對方裸裎相見。不要去到對方的位置，而是盡一切努力握緊對方的手，帶著她或他去到更高的地方，在那個高處，你們驀然發現了——自己。

困難僅僅出現在剛開始的時候，但事情很快就會一帆風順。兩個人一起成長時，由於跟不上彼此的步調，常常會發生兩人之間有鴻溝產生的情形；本來每個人的腳程快慢就不同，每個人都有他自己別具一格的成長軌跡。然而，如果你們有愛的話，你可以稍微等對方一下，然後，再一同齊頭並進。

我特別要人們不要心存獨身的想法，如果它自行發生的話，那又是另外一回事，你不必負任何責任。當一個人不刻意禁慾時，就不會反過來成為變態，而是發生巨大的能量轉變。

問：要如何才知道我的內在增長的是超脫，還是漠不關心？

要知道並不難，你犯頭痛時都是怎麼知道的？當你沒有頭痛時，你又是怎麼知道的？事情本來就一清二楚。當你愈來愈超脫的時候，你會變得更健康、更快樂，你的生活充滿欣喜與樂趣，所有好事情的標準就是那樣。

快樂即是標準，假若你快樂地成長，你不但一面成長，也一面往家的所在前去。漠不關心的人不可能有成長的機會，事實上，那種人要是有任何快樂的話，也會化為烏有。

快樂即是健康，對我來說，具有宗教品質的人基本上是快樂主義者，快樂主義是宗教的精華，快樂就是一切。所以牢記，如果事情進行得正確無誤，如果你是在一個正確的方向上，那麼你的快樂會隨著每個片刻愈來愈多，彷彿你正走向一座繽紛華麗的花園，當你離花園愈近，你可以感受到空氣更加清新、沁涼，空氣裡的香氣愈加襲人，那香氣就是你走在正確方向上的指示，要是空氣的新鮮度與清爽度變少了，又聞不到花香味的話，那你即是在逆向行走。

存在，是由快樂所構成的，快樂即是它的基本元素。所以，每當你朝存在性的方向上成長時，沒有任何原因地，你就是會愈來愈快樂、愈來愈歡喜。如果你正往超然的方向成長，愛將會滋長，快樂將會滋長，只有執著會消退，因為執著為人帶來苦痛，為人帶來包袱，執著會毀了你的自由。

但，假如你愈來愈冷淡……漠不關心是一枚假硬幣，它只是看起來像是超然，但冷淡的人無法有任何成長，你只會萎縮、凋零。你不妨去觀察：世界上有許多出家人，例如天主教、印度教、耆那教、佛教裡的僧侶，相信你不會覺得他們有什麼令人眼睛為之一亮的光芒，或身上散發著芬芳的氣質，他們看起來不會比你更有朝氣。事實上，他們的活力不夠，不如說比較像是殘廢或癱瘓一樣：顯然很自制，但不是一種深入的內在紀律；控制做得很好，但沒有意識。他們順從社會所給的一套倫理道德標準，但意識尚未開啟、尚未自由，他們還不是獨立的個體。那些人猶如活在墳墓堆一般，只在等死而已，他們活得抑鬱、單調、愁眉不展，只呈現出一種絕望。

要覺知，每當事情不對勁的時候，你的內在會有朕兆。悲傷是朕兆，消沉是朕兆，快樂、慶祝也是朕兆。當你朝向超然成長時，你的內在將湧現出更多首歌，你會踩出更多樣的舞蹈、流動著更豐沛的愛。

別忘了，愛，不是執著。愛從不執著，執著的不是愛，那是占有、控制、抓取、恐懼、貪婪，它可以是任何東西，但絕不是愛。其他的東西以愛之名在招搖撞騙，它們裝在上面貼著「愛」的瓶子裡，你可以在瓶裡找到各式的東西，但絕不會找到愛。

注意！如果你執著於一個人，你是在愛嗎？還是你害怕自己的單獨，令你想抓住某個人？因為你無法獨處，於是你利用這個人，這樣你就不必自己一個人。要是這個人搬去別的地方，或是愛上別人，使你陷入恐懼之中，說不定你去殺了這個人，還要為自己解釋說：「我是一個很執著的人。」也或許你自殺，然後說：「我是一個很執著的人，沒有她或他，我活不下去。」

真是愚蠢！這不叫愛，而是其他的東西。你所怕的是你的單獨，而你沒有能力與自己在一起，所以需要別人使你分心。你想占據另一個人，利用另一個人當作滿足你自己目的的手段，把別人當成手段是種暴力。

德國哲學家康德將這個基本原則當成是一個道德生命的指標之一，事實上是如此。他曾說過，把一個人當成手段是最不道德的行為，一點也沒錯，為了你的報酬、你的性慾、你的恐懼或其他的目的，你將別人視為手段。利用別人正是把別人貶為東西，你剝奪了對方的自由，毀掉他或她的靈魂。

靈魂只有在自由當中才能成長，而愛給與自由。當你給與自由的時候，你本身是自由的，那正是一種超脫。當你強行將包袱加諸別人身上時，你同時也監禁了自己。如果你綁住別人，別人也會綁住你；如果你限定別人，別人也會限定你；如果你占據別人，別人也會占據你。

夫妻間一輩子為了支配權有吵不完的架，那正是這種情形。雙方都我行我素，所以兩人都處於掙扎之中，那是時時刻刻的嘮叨與角力。男人以為他某方面掌控了女人，女人也認為自己某方面掌握了男人，但，控制並不是愛。

千萬不要將任何人當成手段，以每個人原來的樣子對待他，那麼你就不會依附或執著；你愛，不過你的愛賦予自由，而且，當你給別人自由的時候，你也是自由的。只有在自由當中，你的靈魂才能成長；你將會倍覺快樂。

你問：要如何才知道我的內在增長的是超脫，還是漠不關心？

若你覺得開心，若你對正在成長的一切感到歡喜；你更歸於中心、更穩健扎實、活力更勝從前，那麼，請繼續向前大步邁進，沒什麼好令你膽怯的。讓快樂成為你的試金石與指標，除此之外，沒有其他的東西能夠當成指標。

任何經典上面所寫的都不能成為你的指標，除非你的心能夠在快樂之中悸動；任何我所說的話都不能當成你的圭臬，除非你的心可以在歡欣之中跳動。在你出生的那一刻，你的內在就被放置了一個指示器，那是你生命的一部分，你可以隨時知道發生了什麼事，你永遠能夠感覺得出來自己快樂或不快樂。沒有人問別人自己快不快樂，當你心情鬱悶的時候，你知道：當你心花怒放時，你也知道，那是一種與生俱來的價值。你心裡很清楚，可以說你生來就知道了，所以，讓自己使用那個天生的指示器，它永遠不會對你的生命撒謊。

問：依您之見，一個典型的社會是一個大型社區，還是一連串的社區？假設不只有一個社區，他們彼此之間會是什麼樣的關係？您可以想像不同的社區之間，互助互賴、分享意見與技能的畫面嗎？

這個問題點出了一項非常重要的事：互賴的觀念。人一直都活得倚賴，而同時又渴望獨立，並且為了爭取獨立而抗爭，但是從沒有人看出事實：倚賴與獨立，兩者都是極端。而事實正好不偏不倚：互賴（interdependent），每件事都交相倚賴。最小的一片葉子和最大的一顆星星，兩者都是互賴的，整個生態就是這樣運作著。因為人類對互賴的事實缺乏了解，他們的所作所為已經對生命的有機整體造成很嚴重的破壞。人類正在自掘墳墓，卻絲毫沒有察覺到這件事。

森林已經不見了，每天都有上百萬株樹被砍伐。科學家正提出警告，要是地球上的樹被砍光的話，人類便無法生存，但沒有人聽進他們的話。我們與樹木有很深的互相依存關係，我們吸進氧氣，呼出二氧化碳，樹吸進二氧化碳，呼出氧氣，沒有樹我們存活不了，而樹沒有我們也存活不了。

這只是一個簡單的例子，生命還以千千萬萬種方式維繫在一起。話說回來，因為許多山林被砍伐，造成二氧化碳聚積在大氣層裡，使得整個地球的溫度已經上升四度。對你來說，四度也許聽起來不痛不癢，但四度的意義不容輕忽，這個溫度很快就會高到足以融化許多的冰，這會使得每一區的海域升高，所以沿岸的城市將會淹水，而所有的大城市都在沿岸。

如果溫度不斷上升，這是有可能的，因為沒有人注意這件事……人們不斷砍伐樹木，完全不知道事情的嚴重性，他們將樹木用在沒有意義的事情上，例如：三流水準的報紙也用白紙印刷，更別說你同時還破壞了生命。如果喜馬拉雅山上的冰融化的話——這事過去從沒發生過——海洋會上升二十呎，然後整個地球幾乎都會被淹沒，所有的城市會被毀掉，例如孟買、加爾各答、紐約、倫敦、舊金山。也許，有些住高山的原住民可以逃過一劫。

以下的事會令我們明白何謂互賴。當第一位太空人登上月球的時候，我們才注意到，整個地球是被一層厚厚的臭氧層所包圍，臭氧是氧氣的一種形態。那層臭氧就像是一張毯子，將地球包裹起來，正是由於這層臭氧，地球上才會有生命，因為臭氧不讓來自太陽的有害光線照射到地球；它讓可以活化生命的光線進入地球，而將有害的光線折返回去。

不過，登陸月球的愚蠢想法，使得我們將臭氧毯子弄破了一個洞，這樣還不夠，現在我們還努力要登陸火星！火箭每一次穿越過兩百哩外的大氣層時，會造成很大的破洞，而致命的光線會透過那些洞來到地球。科學家現在說，這些光線會提高百分之三十癌症發生的機率，其他的疾病與小病症都還不算在內。

愚蠢的政治人士無視於這一切，如果你膽敢說他們愚蠢的話，你就會被送進監獄，被扣上不實的罪名。可是，我不知道還能怎麼形容他們，愚蠢似乎是最溫和、最文雅的形容，說愚蠢還便宜了他們，他們實際上更糟糕。

生命，交織在緊密的互賴之中。

我理想中的社區不是國家，也不是大城市，因為國家與大都市，不讓人們有足夠的生活空間；每一個人都需要一定的心理空間，就像其他動物。生活在大都會的人，整日活在擁擠狹小的空間中，造成心理上很大的焦慮、緊張與痛苦。都會人沒有時間放鬆，沒有時間與空間做自己；他沒有機會單獨自處，與生命的泉源例如樹木、海洋共處。

我的新世界憧憬是一個社區的世界，也就是沒有國家、沒有大都市、沒有家庭，而是數百萬的小社區散布地球上的各處，在蒼翠茂密的山林裡，在高山上或在小島上。最小型的社區有五千人，這是我們已經嘗試過的事，所以是辦得到的；最大的社區可以到五萬人，從五千到五萬人之間，超過這個範圍就很難辦得到，因為屆時又要面對秩序、法律、警察、法院的問題，這些事自然無法避免。

小型社區……五千人似乎是非常恰當的人數，因為我們已經試辦過這樣的社區。大家都認識彼此，大家都是朋友。沒有婚姻，而小孩屬於社區，社區裡有醫院、學校、大學。孩子受到社區的照顧，父母可以去看他們，父母親住在一起或是分開並不重要。對孩子來說，他隨時都可以找到爸爸或媽媽，他可以去看爸爸、媽媽，或爸爸、媽媽可以去看他。

所有的社區之間應該互助互賴，不過他們不交換貨幣，錢不應該繼續存在，它對人類已造成了極大的傷害，現在該是向錢說再見的時候了！這些社區之間應該以物易物。你有比較多奶類製品的話，可以給另一個社區，因為你需要更多衣服，而那個社區可以提供你較多的衣服，這是一種簡單的貨物貿易方式，如此一來，沒有一個社區會變有錢。

金錢是非常奇特的東西，你可以計數它，這一點是金錢最大的奧祕。你無法計算奶類製品，你也無法計算蔬菜，如果你有較多的蔬菜，你得與某個欠缺蔬菜的社區分享。假如有某個社區變得比較富有，那麼貧窮與富有的問題就會從後門衍生出來，於是資本主義、貧富階級、控制慾等所有的夢魘就會出現。當你有錢的時候，你可以令別的社區成為你的奴隸；金錢，是人類的敵人之一。

社區之間將會有交換的行為，他們在自己的廣播電台中發布他們有某某產品的消息，任何有某樣其他產品的社區可以與他們聯絡，所有物品都可以用友善的方式相互交換，沒有殺價或剝削的事情發生。不過，社區不可以變得太大，大也會成為問題，社區大小的取決標準在於，每個人是否互相認識，那應該是底限，一旦超過那個底限，社區就應該被拆成兩個，就像兩兄弟分家一樣。當一個社區變得夠大的時候，會自行分成兩個社區，成為姊妹社區。社區之間將會密切地互助互賴、分享意見與交流技術，而沒有像國家主義與狂熱那種占據的心態；既不會有什麼事情可以狂熱的，也沒有國家存在的理由。

一小群人可以更容易地享受生活，因為擁有這麼多朋友，本身就是一種喜悅。在今天的大城市，你們住在同一棟建築物裡，可是你不認識你的鄰居；一棟建築物可以住上一千人，對彼此來說，他們卻都是完全陌生的人。人們住在人群之中，但單獨地過自個兒的生活。

我想法中的社區是：一小群人共同生活，每個人有足夠的空間，同時又享有親密、友愛的關係。你的孩子由社區照顧，你的需求由社區來滿足，你的醫療所需由社區提供，社區變成一個真正的家庭，但沒有舊式家庭所製造的任何疾病。社區是個不拘謹的家庭，它經常維持在活絡的狀態中。

沒有結婚的問題，也沒有離婚的問題，假使兩個人想要在一起，他們就在一起，有朝一日他們分開了，那也很好；當初共同生活是他們的決定，如今他們可以選擇和其他的朋友在一起生活。其實，為何不把一輩子當成好幾輩子來過？何不讓這一生過得更加豐盛？除非兩個人實在太享受彼此了，才會想要一生一世在一起，否則，男人與女人之間，為什麼要抓著彼此不放呢？

可是放眼這個世界，你可以清楚地看得到，人們想要從家庭獨立出來，孩子想離開家自立。前幾天，有一位住在加州的小男孩做了一件特異的事，他想要出去玩，這沒有什麼，本來就應該讓孩子出去玩，但是他的爸媽堅持：「不可以，不要出去，在屋裡玩就好。」男孩於是射殺了他的父母親，而他確實是在家裡玩！事情總有個限度，在聽了那麼多的「不可以，不可以，不可以……」之後。

在美國，夫妻的離異平均每三年就來一次，這跟人們換工作、搬家的頻率一樣，這個三年一定有什麼玄機在裡面！似乎那是人們可以忍耐的限度，超過三年就難以承受，所以人們要換配偶、換工作、換地方住。

在社區裡就不需要這麼大費周章，你隨時要分手都沒問題，而你們還是可以繼續當朋友，因為，誰知道呢？兩年之後或許你又愛上同一個人？兩年的時間內，你或許已忘了所有曾經發生過的困擾，然後你想再試一次；也或許，因為你愛上了一個更差勁的男人或女人，後悔之後，使你想回到前一位伴侶的身邊！這樣的人生更加多采多姿，因為你認識了不同的男男女女，每個男人都有他獨一無二之處，每位女性也都有她絕無僅有的特質。

社區之間也可以交換居民，如果有人想搬進另一個社區的話，那個社區將會樂意接受。另一個社區可以說：「假如有人想要住進你的社區，就可能進行交換，因為我們不想增加人口數。」人們可以自行決定。你可以去為自己做廣告，也許某個女人會喜歡上你，也許你會和某個人變成朋友；或許有人已經住厭了那個社區，他會願意換社區住……

整個世界應該只有一種人類，沒有狂熱主義、種族主義、國家主義，而是按照實際狀況劃分的小社區，唯有那時候，我們才頭一次能夠放下戰爭的念頭。我們可以真心真意地創造出一種值得生活、值得享受的生命，在其中玩耍、靜心、揮灑創造，並且給每個男人與女人平等的機會成長，讓每個人的潛能得以開花結果。

第四部

單獨

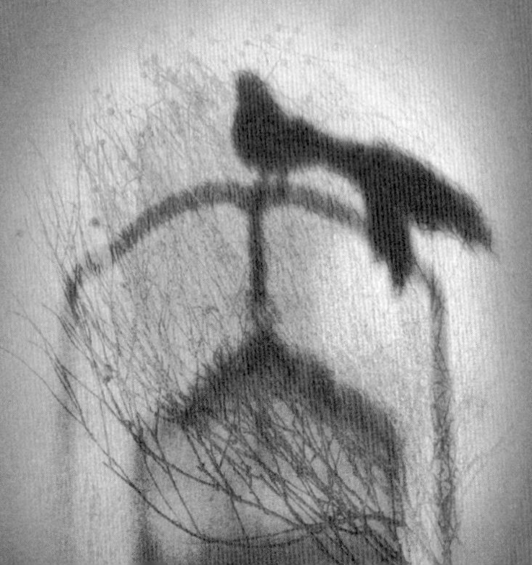

人為了逃避孤單所做的一切努力都失敗了，事實上也注定會失敗，因為那違反生命的根本。你需要的不是忘卻孤單，而是覺知到你的單獨，那才是真相。經驗單獨是很美的一件事，有能力單獨，代表著從此你不再受別人影響，你不再懼怕孤獨——你自由了。

第十四章　單獨是你的天性

首先請了解，無論你想不想單獨，你都是單獨的。單獨是你的本質，你可以試圖忘記這件事，藉著結交朋友、找情人或混在人群之中，這樣就不必自己一個人……但是，那些都只是外表上的動作，而其實，你內在的單獨依然深不可及。

有一件發生在人類身上的事情非常奇怪：自他出生的那一刻起，他就身處在家庭之中。然而，除此也沒有其他的可行性，因為幼兒時期的人類，是整個存在界中最脆弱的生物。其他的動物一出生就完成了整個過程，例如：一隻狗永遠就只是一隻狗，牠不會有進化或成長，沒錯，牠會老化，但牠不會變得更聰明，或更有覺知，牠不會成道、開悟。就那個意義上來看，所有的動物與牠們出生時的狀況沒有兩樣，本質上不會有任何改變，牠們的死亡與出生，都是活在同一條水平線上。

只有人，才有機會朝垂直方向成長，而不只是活在水平線上。大部分人類，就像其他的動物，他們的生命只是變老，而沒有成長；成長和變老是大不相同的經驗。

人出生在家庭之中，打從最初，他就不是單獨的，他帶著一個心理上的印象，就是他的身邊永遠有人。單獨一個人令他感到恐懼……一種無以名狀的害怕。他並沒有那麼意識到自己所畏懼的是什麼，只不過，當他離開眾人的時候，內在的某個部分就開始局促不安，唯有和別人在一起時，他才覺得安逸、自在與舒適。

於是，他永遠不懂得單獨的美，恐懼使他沒機會體驗那份美。他出生在一群人之間，成了團體的一份子，等他長大的時候，他會組成新的團體、新的社團和新朋友圈。既有的群體像國家、宗教、政黨已滿足不了他，所以他另外形成自己的新組織，例如扶輪社、獅子會之類的，然而這一切不外乎一個目的：不要單獨。

人一生的經驗，都是和眾人在一起，這使得單獨好像是一種死亡的感覺，某種意義上說來，單獨是一種死亡沒錯：你在人群中所養成的人格死了。那是別人給你的禮物，在你脫離人群之際，你也脫離了那份禮物——你的人格。

在人群之中，你倒是對自己瞭若指掌，你知道自己姓什麼名什麼，你知道你的學歷、專長，也知道自己護照或身分證上所有的資料。可是，當你一離開了眾人，你的身分呢？你是誰？頓時，你意識到你不是你的名字，你只是被賦予了那個名字。你不是你的種族，種族與你的意識會扯得上什麼關係？你的心既不是印度教的，也不是回教的；你的存在本質並不受限於政治與國家的界限；而你的意識不屬於任何組織或教會的一部分。

忽然間，你的人格開始消失於無形，這即是恐懼，眼見人格死去的恐懼。至此你必須從頭探索起，第一次認真地問自己這個問題：「我是誰？」你將開始沉思這個問題，而且，你很害怕去知道：你根本就不存在！說不定，你只是人們種種意見下的綜合體，除了你的人格之外，你什麼都不是。

沒有人想做一個什麼都不是的人，沒有人想當一個無名小卒，可事實上，每個人都確實是無名小卒（nobody）。

這是一則有意思的故事……

愛麗絲到了仙境，她去見國王的時候，國王問她：「愛麗絲，在你來這裡的途中，有沒有見到一位使者？」

她說：「沒有人啊。」

國王說：「如果你見到了『梅友仁』，那他為什麼還沒有到這裡？」

愛麗絲被他弄糊塗了，她說：「你誤解我的話了，我是指『沒有』見到任何『人』。」

國王說：「那當然不用你說，我知道你說的是『梅友仁』。不過，他現在人在哪裡？他早該到了，這表示『梅友仁』腳程比你慢。」

愛麗絲聽了心裡自然不是很舒坦，顯然，她忘記自己正交談的對象是一位國王，她直截了當回他一句話：「沒有人能走得比我快。」

這時，整個對話變成繞著那個「沒有人」和「梅友仁」打轉，她把國王的話聽成：「『沒有人』腳程比你慢。」

「……我是一個走路很快的人。我從另一個世界來到仙境，這不過是個小世界，他竟然敢羞辱我。」她當然反駁回去：「沒有人走得比我快！」

國王說：「要是你說得沒錯，為什麼『梅友仁』還沒到？」

他們倆就這樣一來一往繼續辯下去。

每個人，都是那個「梅友仁」（無名小卒）。

身為一名求道者，首先要很清楚一件事：單獨的本質。單獨，意謂著一種你誰都不是的品質，你放下自己的性格，性格是眾人贈與你的禮物。當你離開了人們，當你單獨一個人的時候，你再也無法帶著那份體物。就在你的單獨之中，你將重新去發掘，而且沒有人能保證你是否會在其中找到任何人。

那些已經進入單獨當中的人，他們有一項發現：並沒有人在那裡。我是指，真的沒有任何人——沒有名字、沒有形式，只有純然的存在、純粹的生命，無名無相。這正是千真萬確的「復活」，而且，必定是需要極大的勇氣才做得到。只有深具膽識的人，才有本事欣然接受自己是一個什麼都不是的小人物。他們的「什麼都不是」，正是他們純粹的存在，那是一種死亡，而同時，也是重生。

我的祕書今天給我看了一小段很不錯的卡通，內容是這樣的：

> 耶穌掛在十字架上，祂看著天空，一面發出喟嘆之語：「要是除了神做我的聖父之外，又有阿拉做我叔叔不知該有多好。至少，如果神沒有聽進我的話，阿拉或許可以幫得上忙。」

> 他很高興地昭告世人：「我是神的獨子。」可是，耶穌畢生只提到神，從未談及神的家族：祂的兄弟、祂的妻子和其他的兒子與女兒。在漫漫永恆之中，神都在做些什麼？祂沒有電視可以虛度、排遣時間，也不可能去電影院看電影，這可憐的傢伙都在做什麼？

> 大家都知道一個事實，貧窮國家的人口數節節高升，理由無他，窮人沒有其他免費的

娛樂，唯一不必花錢的娛樂是生孩子。縱然長遠來看，那其實是非常昂貴的娛樂，但是眼前，至少不必花錢買票，沒什麼大問題，又不用排隊等候……

神在整個無盡的永恆當中，都在做些什麼？祂只有造出一個兒子。而現在，身在十字架上的耶穌發現，如果能有幾個兄弟姊妹、叔叔伯伯就好了，因為：「如果祂不聆聽我說話，我可以向其他人尋求協助。」耶穌祈禱著，祂氣憤地問：「為何您將我給遺忘？您放棄我了嗎？」然而，祂沒有得到任何回答。祂靜待著奇蹟，原本湊熱鬧要看奇蹟發生的圍觀者紛紛散去，天氣太熱了，他們在那裡乾等了半天，看樣子是沒什麼奇蹟會出現了，要出現的話，也早該出現了。

六個鐘頭過去了，只剩下三位女士留下來，她們依然相信會有奇蹟發生。一位是耶穌的母親，這是一定的，母親們總相信她們的孩子是傑出的英才；每一位母親都相信，她所生出的小孩是偉大的人物，沒有例外。

另一位深愛耶穌的是一名妓女抹大拉的瑪利亞（Mary Magdalene），她雖然作為妓女，但想必她是愛著耶穌的。耶穌的門徒，人稱的十二位使徒，在基督教的歷史上他們的重要性僅次於耶穌，卻因害怕被認出來、被抓走而趕緊逃掉，因為之前大家都看到他們與耶穌如影隨形。你永遠不能信任群眾，要是他們被逮到的話，說不定會被釘上十字架，不然至少要被毆打、投石致死。只有那三位女士沒有離開，第三位是另一個愛著耶穌的女人。愛，藉由這三位女士的形式，在最後一刻依舊留存。

那幾位耶穌的門徒，他們必然全是為了進天堂才與耶穌在一起，能有進天堂的門路總是好的，而你再也找不到比神的獨子更好的管道了，只需尾隨在耶穌身後，就能順利進入天堂的大門。他們的門徒身分，其實是一種對耶穌的剝削，那就是為什麼他們一點膽量都沒有；狡猾與精明絕對說得上，但個個膽小如鼠。

唯有愛能令人勇敢。請問，你愛你自己嗎？你愛整個存在嗎？你愛這美麗人生嗎？這美麗的生命是一份禮物，在你甚至都來不及準備好以前就送給了你，你不必值得擁有就擁有了它。存在賦予你生命，並且不間斷地提供你生機與滋養，倘若你愛這個存在的話，你將能夠找到勇氣，這份勇氣，將會幫助你單獨，使你像棵黎巴嫩西洋杉一般——高大的程度足以碰觸到天上的星，但你看它，都是隻身聳立著。

在單獨之中，自我與人格將會消失，你赫然發現你即是生命的本體，並明白了自己的不朽、永恆。除非有單獨的能力，否則你對真理的追尋，注定是一場空。

單獨是你的真實，單獨即是你的神性。

師父的功能是協助你靠自己單獨地站著。靜心不過是一則策略，幫你拿開你的性格、想法、思維及對身體的認同，讓你徹徹底底、單獨地在自己裡面，那時的你，只是一道熾熱的火焰。一旦找到你熾熱的火焰，你將體悟到，人類意識足以經驗到的一切快樂與狂喜。

有位老婦人眼看著他的小孫子用錯湯匙喝湯，刀子也拿錯邊，不但用手抓飯吃，還將茶倒進碟子，然後在那裡吹著玩。

「難道吃飯時，從爸爸、媽媽那裡你都沒學到任何東西嗎？」她忍不住問道。

「有啊，奶奶。」小男孩邊吃東西邊回答：「永遠不要結婚。」

他學到的那一課還真不小——保持單身！

與別人相處真的很不容易，然而，打出娘胎以來我們就已經習慣與別人在一起，那樣的經驗或許不是很愉快，甚至是萬般痛苦的；與別人互動的感覺或許是種折磨，但我們早已習慣了，至少那是人人都習以為常的事。你深恐步入自己熟知範圍以外的黑暗地帶。然而，如果你擺脫不了那張群體面具，說什麼你也無法找到自己的。

葛勞裘．馬可思（Groucho Marx；美國五〇、六〇年代紅極一時的電視喜劇諧星）曾說過一句很了不起的話，這句話值得你記下來：

「我發覺電視這個東西深具教育功能，每當有人打開電視機的時候，我就走去別的房間，拿出一本書來讀。」

有位教一群十歲小朋友的女老師，她因為太害羞而不知該怎麼上性教育的那一課，所以指定了一項回家作業，要同學們回家去問家人。

小海密去問他爸爸，只見他含糊地講到什麼一隻白鸛把他帶來，他的祖母則說他是從高麗菜園撿回來的，而他曾祖母被問到的時候臉上泛起潮紅，她害羞地說孩子是來自存在一處廣大的海洋裡。

隔日，小海密被老師點上台去報告他的作業。小海密對老師說：「我想我們家出了些問題，因為，很顯然我們家有三代人都沒有做過愛！」

事實的真相是很少人曾經愛過，人們一直都只是做做樣子，他們的虛偽不僅瞞過別人，也欺騙了自己。唯有當你存在時，你才能真摯地去愛，現在的你只是眾人的一員，你如何愛？你根本還不存在。先存在，先認識自己。

在你的單獨裡，你將能體會到「存在」是什麼滋味，就在那樣意識到自己當中，愛流動起來了，並且不斷地湧現出更多的愛。單獨，應該是你唯一的追尋。

那並不表示你必須跑去山上，在市井之中也是能單獨的，只要你覺知、警覺、留心，記住你只是自己的觀照，如此，無論身在何處，你都是單獨的。你也許在人群之中、也許在山裡，那都沒有差別，你同樣是那個觀照。在人群之中看著人群，在山裡看著山。當雙眼睜開時，你看著存在；當闔上眼睛時，你看著自己。你只是一件事：觀照者。

最偉大的領悟是對這個「觀照者」的領悟，它是你天生的佛性，是你的開悟、你的覺醒。認識自己的單獨應是你唯一的紀律（discipline），唯有這項紀律能使你成為門徒（disciple），要不，還有什麼能讓你成為門徒？生命中的許多事你都被矇蔽了，人們告訴你，信仰一位師父之後，你就是門徒。完全錯誤！照那樣的話，世上所有人不都是門徒？有人信仰耶穌，有人信仰佛陀，有人信仰克里希那，有人信仰馬哈維亞，每個人都信仰著某個人，但卻沒有人是門徒，因為，成為門徒並不意謂著必須信仰一位師父。作為一個門徒的意義是：去學習「成為自己」、「成就真實的你」的紀律。

在那樣的經驗裡，藏著生命最珍貴的寶藏，在那般的經驗下，你有史以來第一次成為國王，否則，你一生都將是人群中的一名乞丐。乞丐有兩種：貧窮的乞丐與有錢的乞丐，但他們都脫不了乞丐的身分。即使是國王與皇后們也是乞丐。

唯有少數的一些人，憑藉著自身的存在、徹悟與光芒，他們單獨地頂天立地。那些人已經找到自己的光，達成了自己的開花；他們發現了一片可以名之為「家」的所在，那是他們永遠的家。這些少有的人是君王，而整個宇宙是他們的王國；無須征服，他們即已得到了那片王國。

透過認識你自己，你已征服了整個宇宙。

我們出生時是單獨的，活著也是單獨的，死的時候依然是單獨的；單獨，是我們的天性，只是我們沒有注意到罷了。由於沒有意識到這個事實，我們變成了自己的陌生人；原本應該將單獨視為莫大的福氣，我們卻誤把單獨當成孤獨。

單獨的人，有一種平靜之美，因為他安於存在。

孤獨，是被誤解後的單獨。人一旦將單獨誤解成孤獨時，整件事的背景就轉換了。單獨是莊嚴美麗的，它是正向的；孤獨是貧乏、負向、黑暗、抑鬱的。

孤獨是一道裂縫，就好像少掉什麼了，需要某樣東西去填補那個空隙，可是，無論如何也不可能填補得了，因為那個空隙根本就是個誤會。隨著年歲的增長，那道裂縫愈來愈大，而人們深怕自己單獨一個人，所以他們去做許多愚蠢的事情。我見過有人不必牌友就可以自己與自己打牌，他們發明出同一個人可以從兩邊玩牌的遊戲規則。

對於已經知道何謂單獨的人，他們所說的話完全不一樣，他們說，沒有什麼比得上單獨來得美、來得寧靜與歡喜。

一般人想盡辦法要忘掉他們的孤單，求道者則開始漸漸深入、熟悉自己的單獨。他脫離人世，去到深山、叢林裡的洞穴，只為了要單獨一個人，他想要知道自己是誰。身在人群中有許多干擾，所以不易感受到自己的單獨。那些領會到自己單獨性的人，他已經了解到人類最大的幸福——因為你的本質，就是喜悅的極致。

當你能和諧地單獨自處時，你方能與人連結，那時候的關係，將為你帶來極大的喜悅，因為你與別人的互動不再基於恐懼。在找到單獨之後，你可以開始創造，隨你要參與多少事情都可以，因為此時，你不再藉著事情逃開自己，相反地，你還透過參與來展現自己，你所有的潛能，在此時都彰顯出來了。

最重要的基礎在於，你對你的單獨有所徹悟。

所以我要提醒你，別將單獨曲解成孤單。孤單是病態的，單獨是完全健康的。進入你的單獨之中，這是尋得生命意義與重要性的第一步，也是最主要的一步。單獨，是你的聖殿，那是你的神所居住的地方，你不可能在別的地方找到這座聖殿。

第十五章　放下對人際的期盼

耶穌說：單獨與被揀選的人是有福的，因為你將會發現天國；你來自天國，所以你該再次回到那裡。

——摘自《多馬福音》（*Gospel of St. Thomas*）

人類最深、最強烈的欲望是能夠完全地自由，他的目標是成為自由——「莫克夏」（**moksha**：最終的解脫）。耶穌稱這份自由為「神的國度」，就像國王一樣，象徵一個人沒有包袱與無拘無束。你以無限存在著，無論身在何處，你都不會與別人碰撞到……彷彿只有你單獨一個人。

自由與單獨是一體兩面，那正是耆那教神祕家馬哈維亞觀念中的自由——「卡瓦亞」（**kaivalya**），卡瓦亞的意思是絕對的單獨，宛如別人都不存在似的。當你絕對的單獨時，誰能束縛得了你？當什麼都沒有時，還有誰在那裡？

所以說，**那些想追求自由的人必須去發現自己的單獨**，他們必須找出一條路，也就是能夠進入單獨的方法。

人一出生，就是這世界、社會、家庭及人群的一份子，他沒有被當成單獨的個體，而是被當成社會成員帶大的。整個訓練、教育與文化的結構，都在教孩子適應社會，及如何適應別人。這就是心理學家所說的「調適」（adjustment），每當有人只過自己的生活時，他就會顯得格格不入。

社會以互連網絡的形式存在，當中有無數人組合出它的樣式。你在那裡可以有一點點自由，但你所付出的代價卻很高。如果你順從社會，如果你當配合者，他們就會租給你一個自由的小天地；換句話說，如果你成為奴隸，你就會被賜予自由。可是那種自由是被給與的，被給與的隨時都可以再被收回去，更別說你所付出的代價非常慘重，因為你必須去適應別人，那樣的自由一定有範圍上的限制。

在社會裡，在一個社會性的存在體當中，沒有人可以絕對地自由，別人的存在勢必會引起麻煩。沙特（Sartre）說：「別人是地獄。」大體上來說，他是對的，因為別人會造成你的緊張，你因別人而焦慮。每個人都需要絕對的自由，由於別人在追尋絕對的自由，你也在追尋絕對的自由，所以一定會產生衝突。絕對的自由，只為一個人而存在。

即使是你所謂的君王，他們也不是絕對的自由，表面上他們很自由，那只是假象，他們倚賴別人來保護自己，所以說，他們的自由只是表象。由於熱切渴求絕對的自由，才會使人想要成為一國之君，因為這個身分，給人一種自由的假象。

人們想成為富翁，因為大家都覺得有錢人很自由。窮苦人家怎麼可能擁有自由？他的需求，即是他的負擔，而且他也無力滿足自己的需求，無論他往哪一個方向去都會撞壁，所以他想成為有錢人；其實那是一種渴望，渴望絕對的自由，其他的欲望都是由此衍生。如果你所走的方向錯誤的話，你可以儘管向前走，可是永遠也到不了目的地，因為從一開始，你就走錯方向了——你錯過了第一步。

在古希伯來文中，「罪」（**sin**）是一個非常美的字，意思是一個沒達到目標的人，實際上根本沒有罪惡感的意味在裡頭；罪人（**sinner**）的意思是一個錯過重點、誤入歧途的人。而「宗教」（**religion**）是指回到正確的道途上，如此你才不會與目標失之交臂。

你的目的就是絕對的自由，宗教只是達成這項目標的方法。那就是為什麼你必須了解，真正的宗教是一種反社會的力量，宗教的本質是反社會的，因為社會並沒有絕對的自由。

另一方面，心理學是為了服務社會而存在的，精神科醫師竭盡所能地讓你能再度適應社會，他受僱於社會；政治人物也是受僱於社會，他們讓你有一些些自由，好讓你作為一名奴隸，那種自由只是一種賄賂，而且隨時都可能被收回。哪一天要是你認為自己真的自由了，不用多久，你就會被丟進牢籠裡。

政客、心理學、教會及教育制度都在為社會服務，唯獨宗教是叛逆的。不過，社會愚弄了你，因為它製造出自己的宗教：基督教、印度教、佛教、回教，這些都是社會騙人的詭計。耶穌是反社會的，看看祂當時，祂並不是十分受人景仰，不可能，祂與錯誤的一群人一起行動，這群人是反社會的。耶穌是一名流浪漢，祂是個怪胎，必然如此，因為祂不聽社會的話，更不會去適應社會；祂創造了一個另類的社會；祂那一小群跟隨者。

道場（ashram）是一股反社會的力量，但也不是所有的道場都是如此，社會總想給你一枚假硬幣，一百個道場當中，或許只有一個是真正的道場——而且那也只是「或許」而已——它以另類的社會形態存在，反對這個社會，反對不計其數的眾人。舉例來說，佛陀在比哈省（Bihar）興辦了一所學校，祂想建造一個不是社會的社會，所以設計一些方式與工具，讓人們能真正完全地自由，在那裡沒有約束、沒有任何形式的戒律與清規，他們允許你成為無限、成為一切。

耶穌是反社會的，佛陀是反社會的，然而，基督教並不反社會、佛教並不反社會。社會很狡詐，它甚至能夠立即將反社會的現象吸收，轉成社會的一部分，製造出一種假象。社會給你一枚假硬幣，然後你就高興了，就像給孩子一支奶嘴，他藉著不斷地吸吮，產生被滋養的安撫感，然後就睡著了。每次小孩哭鬧不休時，這招就會被拿來用，他吸著奶嘴，以為自己得到營養；他吸著吸著，吸吮變成是一種單調的過程，事實上他什麼也沒吸進去，但光是吸吮的動作就成了一種咒語，在一陣無聊之後，他感到濃濃的睡意，然後進入夢鄉。

佛教、基督教、印度教與其他所有的宗教只不過是奶嘴，他們提供給你慰藉，讓你好好睡上一覺。實際上他們所做的是，在折磨人的奴役中允許你有一絲的舒緩，使你以為一切都沒有問題，就像是給你服用鎮靜劑或是毒品。

不只迷幻藥是毒品，基督教也是毒品，而且是更錯綜複雜與更隱微的毒品，這種毒品使你看不見事實上正在發生的事。你感覺不出自己是怎樣在浪費生命，也不曉得你已經累積了許多世的疾病。你正坐在火山口上，他們卻還告訴你：「天國有神，而地球上有政府，一切都沒問題。」牧師總是對你說：「有我們在這裡，你用不著操心，什麼事情只要交給我們就好了，我們不僅在這個世界會照顧你，在另一個世界也會照顧你。」而你已經將一切都交給他們了，那就是你活得很痛苦的原因。

社會無法給你自由，這是不可能的，因為社會沒辦法讓每個人都完全自由，所以，該怎麼做？如何超越社會？一個有宗教品質的人，會去想想這個問題。但，似乎不太可能，不管你去到哪裡，社會都在那裡。即使上了喜馬拉雅山，你也一樣在那裡形成一個社會——你開始跟樹說話，因為獨處是很難的；你開始與小鳥、野獸做朋友，遲早你會形成一個家庭，每天早上等著小鳥來唱歌給你聽。

此時，你並不知道自己在倚賴，沒意識到已有其他的對象進入了你的生活。如果小鳥不來的話，你會覺得寢食難安，牠怎麼了？為什麼牠還沒有來？於是你產生緊張，這跟你對你老婆或小孩的擔心沒有兩樣，絲毫沒有差別。這個「別人」是老模式，就算讓你去到喜馬拉雅山，你也會弄出一個社區。

請了解一件事：社會並不在你的外面，它是你裡面的一部分，除非你內在的根由消失，否則無論你走去哪裡，社會將一而再、再而三地出現。即使你去到一個嬉痞的社區，那裡也會有一股社會性的勢力；你去任何一處道場，社會就會出現在那個地方，並不是社會跟著你到處跑，而是——你就是社會。為何你老在自己周圍創造出社會？你內在的某個東西像顆種子，使你成為製造出社區的人，這表示，除非你完整地蛻變過，不然你永遠無法超越社會，無論怎樣你就是會製造一個社會出來。所有的社會都是一樣的，形式或許不同，不過基本的結構是一樣的。

為什麼沒有社會，你就不能過活？難就難在這裡！連待在喜馬拉雅山的時候，你也想等等看有沒有人會來，你可能坐在一棵樹下等過路的旅人或獵人。如果有人經過的話，你感覺自己就開朗起來，孤零零的一個人總讓你感到鬱悶。要是有獵人出現，你就可以與他閒話家常，問他：「外面的世界發生了什麼事？你有沒有最近的報紙？」或是說：「告訴我一些新聞，我迫不及待想知道！」

為什麼會這樣？只有讓事情的根源曝光在太陽底下，你才能真正看懂它。

你需要被需要，你對「被需要」有一股很深的需求。如果沒有人需要你，你就覺得自己很沒用，一切都沒有意義；某個人對你的需要帶給你意義，使你覺得自己有重要性。你常常說：「我有老婆和孩子要照顧。」講得好像他們是你的負擔一樣，好像那是很大的責任，而你只是在履行義務。你錯了！想想看，如果你的老婆和孩子都沒有了，你要怎麼辦？你會覺得自己的生活忽然失去了意義，因為他們曾經是需要你的。孩子們曾經在等你回家，他們讓你覺得你很重要，而這下沒有人需要你，你就萎縮了；當沒有人需要你的時候，沒有人會施予你任何注意力，你存在與否都沒什麼不同。

心理分析的整門學問只在於聆聽，沒別的。心理分析真的不是什麼了不得的學問，它根本就是唬人的戲法，可是為什麼它一直存在著？一個人給你這麼多注意力，而且還不是普通人，是位大名鼎鼎、寫了不少書的心理分析師，他曾經治療過許多名人，所以你感覺很好。沒有其他人會聽你說話，甚至是你的老婆；沒有人會去注意到你，你是一個無足輕重的人，一個無名小卒，所以你甘願付心理分析師這麼多錢；那一種奢華的享受，唯有很有錢的人才能負擔得起。

他們為什麼要做那件事？只是躺在沙發上說話，心理分析師會聆聽，他真的在聽你說話；他給你這麼高度的關注，當然你得為此付出代價，但你還是覺得很過癮。純粹因別人給你注意力，所以你覺得很舒服，你走出他的辦公室時，連走路的樣子都變了，你有一種不同的品質在身上，步伐間交錯著韻律，你邊走邊哼哼唱唱的。這個情形，或許不會永久持續下去，或許下星期你又會準時出現在他的辦公室，但是當有人專注聽你說話時，那意謂著你的話是值得聽進去的，而且似乎他也從來不覺得無聊，或許他只是靜靜的聽，什麼話都沒有說，儘管如此，你還是感覺無比舒暢。

你有種被需要的深刻需求，必須有某個人需要你，不然你腳下沒有任何穩固的地基，而社會是你的需求。即使是某個人與你吵架，也沒關係，總比你孤單一個人來的強，因為至少，你的敵人給你一些注意力，至少，你有一個對象可以想。

每當你愛的時候，請檢視這項需求，看看你所愛的人，也去觀察自己。當你本身在愛的時候，要觀照這件事就變得很難，因為你幾乎處於瘋狂的狀態，你的感官在這時不太管用。你去看情侶們，他們對彼此說：「我愛你」，可是他們的內心深處其實是想被愛。愛人不是重點，被愛才是真的，換句話說，他們愛人，是為了自己能被愛。基本上，那不是關於愛人，而是關於被愛。

那就是為什麼情侶們常在對彼此發牢騷：「你不夠愛我！」不管怎樣都不夠，永遠都不可能足夠，那項需求是無窮無盡的，所以你承受到的束縛也是無窮無盡的，不管你愛的人怎麼做，你總覺得他可以做得更多，你總是能想像出更多的希求，直到發生匱乏的現象為止，然後你感到挫折。每一位戀愛中的人都會認為：「我付出愛，但對方的回應卻不夠好。」而另一個人也做如是想。問題到底出在哪裡？

事實上沒有人在愛。除非你成為一名耶穌或佛陀，不然你是無法愛的，唯有一個不需要被需求的人，才有能力去愛。

紀伯倫有一本絕頂棒的書叫《人子耶穌》（***Jesus the son of Man***），在裡面，他編造了一則美麗的故事。有時候，小說所呈現的遠比事實更具真實性。

抹大拉的瑪利亞透過窗外望去，看見耶穌正坐在她花園裡的一棵樹下，那是個很美的男子。她認識不少男人，因為她是位遠近馳名的妓女，連國王都曾經去敲過她的房門，她是受到最多疼愛的一朵花。可是她從不曾見識過像耶穌這般的男子，因為他身上籠罩著一層隱形的氣場、一種遺世之美，彷彿不屬於人間似的，那種美，來自另一個世界。他渾身上下透著光芒與悠揚，不管走路的樣子、還是坐著的姿態，看起來就有如穿著乞丐裝的帝王，實在一點都不像是這世間的人。抹大拉派她的下人去邀請耶穌進屋裡，沒想到他婉拒了，他說：「我在這裡很好，這棵樹很怡人，樹下又陰涼。」

然後，抹大拉親自去邀請他，她不相信有誰會拒絕她的要求，她說：「請進來我家作我的嘉賓。」耶穌說：「我已經進來你家，也已經做了你的客人，所以不需再做些什麼了。」

她聽不懂耶穌所說的話，所以又說：「不，請你進來，請別拒絕我。從來沒有人拒絕過我，你就不能做這麼一點點事嗎？做我的來賓，請與我一起用餐，與我共度今夜。」

耶穌說：「我已經接受了，記住，那些說他們接受你的人，從沒有接受過你，那些說他們愛你的人，從來沒有人曾經愛過你。我告訴你，我愛你，而且也只有我能夠愛你。」不過，耶穌並沒有進去屋裡，在他休息過後，他就離開了。

耶穌所說的意思是什麼？他說：「只有我可以愛你，其他那些說愛你的人並無法愛你，他們不可能愛你，因為愛不是你能夠去做的事情，愛，是你存在的本質。」

當你的靈魂「結晶」後，也就是，在你成就了自己之後，愛才會發生。帶著自我永遠不可能有愛，自我只想被愛，因為那是它需要的食物。你愛，是因為這樣你才會被需要，你生孩子並不是因為愛孩子，而是你因此可以被需要，你就可以到處跟別人說：「你看我扛著多少責任在身，我履行了多少的義務！我身為一位父親，我身為一位母親……」這種行徑，只不過是為了炫耀你的自我。

除非這種被需要的需求能停止，否則你無法獨處。你可以跑到喜馬拉雅山，但你還是會創造出一個社區來。如果你能夠放下這被需要的需求，不管你往在哪裡，市場裡也好，市中心也罷，你都將是單獨的。

現在，試著了解耶穌的話語：單獨與被揀選的人是有福的，因為你會發現天國。你來自天國，所以你該再次回到那裡。

透析每一個字，單獨的人是有福的……誰是單獨的？一個已經放下被需要的需求的人，一個對自己的樣子感到完全滿足的人。這種人，無須別人來告訴他：「你是有意義的。」他的意義，就是他的內在，此時，他的意義不再由別人賦予；他不會去乞討、索求，因為他的意義來自他的存在。他不是一個乞丐，而且有能力與自己在一起。

你並無法與自己在一起，每當你單獨一個人的時候，你會變得忐忑不安，馬上就覺得好像哪裡不自在、不舒服，伴隨著一股很深的焦慮。要做些什麼才好？該去哪裡？去俱樂部玩，上教堂或去看電影，總之，隨便去哪裡和別人在一起都行。或者，就是上街去買東西，對有錢的人來說，買東西是他們唯一的運動與遊戲；如果你口袋空空的話，就無法走進商店裡，你只能走在街上瀏覽櫥窗，無論如何，反正就是要出去透透氣就對了！

單獨是很不容易、很不尋常的經驗，為何這樣的感覺老是揮之不去？因為每當你自己一個人的時候，你所有的意義都頓然消失，這時去商店買東西，至少售貨員會賦予你一點意義……上街不是為了買東西，你常常買了一些沒有用的東西，光是為了買而買，因為店員或老闆看待你的眼光，宛如你是國王一樣，好像他們倚賴著你，你也深知那只是張面具，他們對誰都是表現出這副樣子。推銷員所在乎的一點都不是你，他臉上露出的微笑只是堆出來的，而且他對每個人都是那張笑臉，不是只特別對你。可是你從來沒有看到這些，他滿臉笑容地招呼、歡迎你，你就覺得飄飄然，以為自己是某個重要人物——因為有人倚賴著你，這家店的老闆會等著你。

你無時無刻不在尋找能投注你某些意義的雙眼，每當有個女人注視著你的時候，她正在賦予你一些意義。心理學家最近發現，像在機場的候機室、車站或旅館，如果有個女人看了你兩次，那麼她已經準備好要讓你勾引；如果她只看你一眼的話，那麼別管她，連想都不要想。他們拍攝了現實狀況的影片進行觀察，結論是，唯有當一個女人想被欣賞與注目時，才會看你第二眼。

一個男人進入一家餐廳，女人會看他一眼，如果他不值得她費神的話，她就不會再看第二次。獵豔高手們都深諳這件事，而且幾百年前的男人就知道了！心理學家一直到現在才發現，他們觀察女人的眼神，發現只要她再看第二眼，就表示她有興趣，現在機會來了，那個暗示很明顯，她願意與你互動或玩一場愛情遊戲。但如果她沒有再看你，代表那扇門已經關上了，最好去敲其他人的門，這扇門並沒有對你打開。

每當一個女人深情凝望著你的時候，你忽然顯得很重要，在那個當下，你是獨一無二的；那就是為什麼愛能讓人神采奕奕，愛能給你許多的生命力與活力。

不過問題也出在這裡，要是同一個女人每天都看著你，就沒有效了，所以為什麼說，丈夫們感到受夠了他們的老婆，還有老婆們會對她們的先生感到厭煩。你怎麼可能老是從同一雙眼睛中，一再得到意義？你對那雙眼睛已經習以為常了，她是你的老婆，還有什麼好征服的？所以你才會需要做一名拜倫（英國詩人）、需要做一個唐璜（西班牙傳說裡的放蕩貴族），女人一個換過一個。

這並不是性方面的需要，記著，這與性毫無瓜葛，因為性與同一個女人才能深入，親密度才會與日俱增。那不是性，也不是愛，一點都不是的，因為愛會想與一個人深入相處，愈深入愈好，深入才是愛的方式。所以這既非愛，也不是性，這是別的東西：自我的需要。假設你每天都能夠征服一個新的女人，你覺得這很了不起，你以一名征服者自居。

但如果你和某個女人玩完了、或關係陷入膠著，這時，再也沒有人會看你一眼，也沒有其他女人或男人賦予你任何意義，現在對你而言好像是世界末日到了。那正是為什麼，丈夫與妻子之間會看起來這麼死氣沉沉、缺乏熱情。你可以去觀察，大老遠你就分辨得出來這對男女是不是夫妻，如果不是夫妻，你可以感覺得出不同，他們會開心地說說笑笑，享受著彼此；如果是夫妻的話，那麼他們只是在給彼此磨難。

這一天是慕拉．那斯魯丁結婚二十五週年的紀念日，他正要出門去辦事情。他老婆心裡有些不高興，因為她希望他在這個特別的日子能做一些表示，可是看那斯魯丁還是平常的老樣子，於是她就問：「你忘了今天是什麼日子嗎？」

那斯魯丁說：「我沒忘。」

她接著說道：「那就做點不一樣的事情啊！」

那斯魯丁想了一下，然後說：「你說二十分鐘的平靜如何？」

每當你覺得生活上窒礙難行的時候，這顯示你所以為的愛並不是愛，而只是自我的需要——征服的需要，每天被一個新男人、新女人或新的任何人所需要。如果你能得到的話，你會快活一陣子，這樣一來你就不是普通人。這是政治人士所渴望的，他們希望整個國家的人都需要他們，你以為希特勒那時候在做什麼？不過就是讓全國上下的人需要他而已！

不過，這種需要是無法讓你單獨的，一個政治人不可能具有宗教性，他所定的方向正好相反。所以耶穌說：「有錢人很難進入天國。一隻駱駝有可能穿過針孔，但一個有錢人不可能進入天國。」一個總是在累積錢財的人，表示他想憑藉財富凸顯自己的重要性，他想做與眾不同的人；任何心存這種想法的人，天國的大門就不會為他而開。

只有一個什麼都不是的人，才能進入天國，那些已經達到自己的空性（nothingness）的人，他們的船已經空了；在徹底洞悉自我的需求後，他們發現它的無用與神經質，那種需求不僅一無是處，而且還極有害處。自我的需求可能使你瘋狂，卻永遠無法滿足你。

誰可以說得上是單獨的人？一個被需要的需求已經消失的人，他不再從你身上、從你的眼光裡、從你的回應中尋覓意義。不！當你給出你的愛，他會很感激，要是你不給的話，他也不會抱怨，你不給他愛，他還是如往常一樣活得好好的。你去看他，他會很開心，但如果你不去的話，他還是照樣很快樂。當他在人群中，他享受人群；當他一個人隱居時，他也享受著僻靜的生活。

你不可能讓一個能夠單獨的人不快樂，因為他已經學會如何和自己在一起，並且對自己感到高興，他獨自一個人即已足夠。所以，為什麼說在關係中的兩人之間，他們總不希望另一半進入宗教的世界，例如，當先生開始往靜心的方向走時，妻子會受到打擾，為什麼？她甚至都沒有意識到發生了什麼事，為何她會覺得不安？要是妻子走上信仰宗教的路，先生就覺得不舒服。怎麼會這樣？

是無意識裡的一股恐懼浮上意識來了，他或她正試著自給自足，這就是恐懼。所以，假如你去問一個為人妻子這個問題：「你希望你的先生成為修行者，還是酒鬼？」她寧願選擇酒鬼，也不會選擇修行者。如果你給兩個選擇：「你希望你老婆是一個桑雅士（**sannyasin**：在真理道路上的人），或是她走錯方向，做一頭迷途羔羊？」這位先生必會選擇後者。

作為一位桑雅士的意思是：他一個人就萬事俱足，不需求任何人，也不需倚賴別人。那是很可怕的，那說明了你在他身邊是個沒有用處的人；從前你整個人的存在，就是圍繞著他對你的需要，沒有你的話，他什麼都不是，沒有你的話，他的生活將一無是處，只因為你，他才能夠開花。可是你發現他居然可以獨自開花，當然你覺得不安，因為你的自我受傷了。

誰是單獨的人？耶穌說：**單獨的人是有福的**……就是那種與自己獨自在一起時，可以像是和全世界的人在一起一樣，他能夠像個孩子一般享受著自己。

年紀很小的孩子可以享受他們自己，按照佛洛伊德對孩子的形容，他說他們的發展是多形態的；一個小小孩可以自得地享受他自己，他與自己的身體、還有身體的性慾玩，他吮自己的拇指。如果說他需要別人的話，那種需要是針對身體的，例如你餵他喝奶、幫他翻身、換衣服，那都是生理上的需求。他還沒有心理的需求，不會擔心別人對他的看法，或者煩惱別人認為他好不好看。那正是為什麼每一個孩子都很美——因為他不在乎你的想法。

從沒有一個誕生下來的孩子是醜的，但，每一個孩子都漸漸會變醜。要找到一個美麗的老人是很難的，這很少有；而要找到一個醜的孩子也很難，那一樣很少見。所有的孩子都很美，但所有的老人都變醜，這是怎麼回事？出生時是美麗的孩子，死的時候應該也是美麗的！生命對人們做了某些事……

所有的孩子都對自己感到滿足，那即是他們的美，他們的存在，就是自己的一道光。而所有的老人都自覺沒有用處，他們逐漸不被需要；隨著年紀愈大，那種不被需要的感覺就愈明顯。需要他們的人已經離開了，小孩已經長大成人，他們有自己的家庭，老伴又已經過世，現在這世界並不需要他們，沒有人會來家裡，也沒有人會尊敬他們，也許，他們曾經還是位高權重的經理人或老闆，或是銀行的總裁，可是現在沒有人認得他們是誰，甚至也沒有人想過他們。因為沒有人需要他們了，就認為一切已矣，只剩等待死亡的來臨；即使死了，也沒有人會在乎他們——連走的時候也都那麼難堪。

如果成千上萬的人會為了你的死而哭泣，你甚至因此感到高興，所以你希望當你死的時候，有許許多多人去對你致意。

曾經發生過這樣的事，在美國有個人計畫了一件事，他也是有史以來第一個做這種事的人：他想要知道當他過世的時候，人們的反應是如何。所以在他死亡之前，就在醫生告知他，十二小時之內他就會壽終正寢後，他就先宣布了自己死亡的消息。他擁有多家馬戲團、展覽中心和廣告公司，當然很清楚如何將他的死訊昭告天下。當天早上，他的代理人對所有的媒體、廣播電台、電視台發布這項消息，於是關於他的文章、社論開始出現，也有許多電話打進來，一時之間引起不小的騷動。他以相當享受的心情一一讀過每則報導！

當有人過世的時候，人們總是變得很友善，你忽然間成了天使，因為你都已經死了，再去批評你是沒有必要的；當你在世時，沒有人會為你說任何好話。不要忘了，他們很高興至少你做了一件好事：你死了！

話說回來，大家都對這個人致上哀悼，報紙上刊著他的照片等等，他開心地看著這一切，然後嚥下一口氣，平靜地走了，因為他知道他的後事將會很體面。

你不只在世的時候需要別人，連死的時候也不例外。想想當你死時的畫面：只有兩三個人在場，你的僕人和一隻狗來向你做最後的道別，此外沒有其他人了；沒有記者、沒有攝影師，什麼沒有，甚至你的朋友也都不在場。每個人都很高興你走了，現在終於少了一個包袱，光試想一下都不禁讓你鼻酸。即使是在死亡當中，人們被需要的需求還是在那裡。這是什麼樣的生活？居然是別人的意見比較重要，而不是你的？你這個人的存在，難道沒有一點意義嗎？

當耶穌說：單獨的人是有福的，祂所指的是：一個對自己感到絕對快樂的人，他可以單獨活在世間，心情不會受到一絲影響。假設第三次世界大戰爆發——這是有可能的——然後這個世界毀了，只剩你一個人活著，你會怎麼樣？除了馬上自殺之外，你還想怎麼做？可是，一個獨立的人，可以坐在一棵樹下就成佛，他不需要這個世界；一個能夠單獨的人將會很愉快，他會唱歌、會蹦蹦跳跳，他的心情不會改變。你無法改變一個單獨者的心情，你改變不了他內在的氣象。

耶穌說：單獨與被揀選的人是有福的……這些是被揀選的人，那些需要人群的人，將會一再被丟回人群，因為那是他們的需求與想要的，那是他們所渴望的。存在會滿足任何你所要求的，不管你現在是什麼樣子，那都是你過往所希望的；不要怪罪任何人，那就是你一直祈求的。牢記這件事，這是世上最危險的事情之一：**任何你所想要的都會被滿足**。

在你欲求一件事之前，先想清楚，因為它被實現的機會很高，接下來你就會受苦。有錢人就是最好的例子，從前他是個窮光蛋，所以他渴望有錢，他不斷欲求這件事，現在終於心想事成了，可是他卻哭喪著說：「我的一生都在累積無用的東西，我過得一點都不快樂！」可是，這就是他想要的。如果你所想要的是知識，你的頭腦會變成一座圖書館，裝滿了許多書籍，但最後你會傷心、痛苦得想大叫：「除了文字還是文字，根本沒有一點實質的意義！我已經浪費了我的一生。」

帶著全然的覺知去欲求，因為它遲早會實現。很多人比你先許下希望，排隊的隊伍或許很長，所以說不定要一些時間；有時候，你在這一世所希求的，要等到下一世才被滿足，但凡欲望都會被滿足，這是最危險的一則定律之一。所以在你欲求之前，請先三思！在你開口要求之前，先好好考慮清楚！千萬記住，有一天你的欲望會實現，然後你就會受苦。

單獨的人，會成為被揀選的對象，他是存在所揀選的人，為什麼？因為一個單獨的人，永遠不會欲求這世界裡的東西，因為不需要。他已經從當中學到一切該學的，他已經從這所學校畢業了，他通過了、超脫了，猶如一座高峰，獨自屹立在晴空下。他已然成為被揀選的對象，成為一座聖母峰；像佛陀、像耶穌，他們都是高聳、獨立的山峰，那是他們的美：單獨存在著。

單獨的人是有所選擇的人，他所選擇的是什麼？他唯一所選擇的就是——他自己的存在。當你選擇你自己的存在時，你已經選擇了整個宇宙的存在，因為你的存在和宇宙的存在並沒有不同。當你選擇自己的時候，你就已經選擇了神，而當你選擇神的時候，神也已經選擇了你——你成為被揀選的人。

單獨與被揀選的人是有福的，因為你會發現天國：

你來自天國，所以你該再次回到那裡。

一個單獨的人即是桑雅士，桑雅士的意義就是一個獨自的流浪者，在自己的單獨當中，他感到絕對的快樂。如果有人經過他的身邊，很好；如果有人離開了，也很好。他從沒有等候誰，也從不會回頭看；在他的單獨之中，他就是一切。這開始、這完整，使你成為一個圓圈；起始和結尾會相遇，如同α（alpha）和ω（omega）會相遇。

一個單獨的人不像一條直線，你才像一條直線，你的起始與終點永遠碰不到一塊。一個單獨的人像個圓圈，他的起點與終點會銜接起來，所以，耶穌說：「你來自天國，所以你該再次回到那裡。」你將會與源頭成為一體，你已成了一個圓。

耶穌還說過：「當起點與終點合而為一時，你會成為神。」或許，你曾見過一隻蛇吃自己尾巴的一幅畫，那是埃及社會中最古老、最神祕的封印記號，那個畫面就是起始與結尾遇合的意思，也是重生以及成為小孩子的意思。成為小孩子是指：進入一個圓，回到源頭，抵達你最初所在的地力。

第十六章　記得自己

單獨是終極的真相。你獨自來、獨自離開，在這兩端單獨之間，你以各種關係與衝突欺騙自己——因為在生命中，你依然是單獨的。可是，其實並不需要因單獨而感到難過，單獨，是要讓你快樂地享受的。有兩個字在字典上的意義相同，但存在上卻是完全相反的意義，一個字是「孤獨」（loneliness），另一個字是「單獨」（aloneness），兩者並不是同義字。

孤獨是一個負面的狀態，像是黑暗；孤獨的意思是你失去了某個人，你覺得空虛，廣大無際的宇宙讓你深深恐懼。單獨的意涵則完全不同；你沒有失去誰，而是你已找到了自己，那是絕對正面的。

找到自己，就等於找到了生命的意義、生命的精華、生命的喜悅與生命的光輝。尋找自己，是一個人生活中最不凡的發現，而唯有當你單獨的時候才可能有這項發現。當你的意識裡沒有被任何東西、任何人給占滿，當你的意識完完全全放空，在那空無、空寂之中，奇蹟就發生了，那個奇蹟，是宗教品質的基礎。

那個奇蹟就是，當你的意識裡沒有東西可以意識的時候，於是意識轉向自己，形成一個完整的圓；就在它暢所無阻、沒有意識的客體時，它回歸自己的來源處。一旦這個圓完整的時候，你再也不是一介平凡人類，你成為環繞著存在的神性之一。你不再是你自己，你已經是整個宇宙的一部分，現在，你的心跳即是宇宙本身的心跳。

數百年來神祕家們終生都在探尋的，即是這樣的體驗，沒有任何其他的經驗會比這更令人欣喜若狂、更快樂的。這項經驗將完全改變你的人生態度：從前的黑暗，現在是光明；從前的痛苦，現在是幸福；從前的怨懟、占據、嫉妒，現在只是一朵怡人的愛之花。從前浪費在負向情緒上的能量，如今再也不會浪費掉了，它已經轉了一個方向，成為正向又具創造性的能量。

從某方面來說，你再也不是舊的你了，另一方面來說，你第一次成為真正的自己。舊的已經遠走，新的已然來臨；舊的已經死了，新的屬於永恆、屬於不朽。基於這樣的體驗，《奧義書》中的先知慎重地宣布人類是：「永恆的子女」。

除非你知道自己是永存不朽的存在、你是整體的一部分，否則你總會畏懼死亡。對死亡的恐懼只是因為你並沒有意識到，自己的生命源自永恆；當你了解到你的永恆之後，死亡就成了存在中最大的謊言。死亡從來就沒有發生過，現在不會發生，將來也不會發生，因為，凡是存在的將一直繼續下去，只不過換了形式，在不同的層面上顯現，但永不停止。過去的永恆與將來的永恆都屬於你，當下成了兩端永恆的交會處：一端指向過去，一端朝向未來。

不僅要以頭腦記住你的單獨，你身上的每一根纖維、每一吋細胞也都應該記住；不單是記著這些話而已，還要去感覺這件事。**遺忘自己是唯一的罪過，而記住自己是唯一的美德。**佛陀有四十二年的時間，從早晨到黃昏都只強調一個字，那個字是「sammasati」，意思是正念。你腦中記著許多事情，就像一部百科全書，人的頭腦有能力記下全世界圖書館裡的資料，可是那並不是正確的記憶，正確的記憶只有一種：記住自己。

佛陀從前常舉一則老故事闡述祂的重點。故事的內容是，有一隻母獅子要從一個小山丘跳向另一個山丘，剛好那時有一群綿羊正從這兩座山丘的中間通過。母獅子懷著身孕，在牠通過這群綿羊的時候，牠生下了一隻小獅子，小獅子掉在羊群裡，於是就被綿羊扶養長大，小獅子也就順理成章地以為自己是隻綿羊。雖然牠也吃素，可是在羊群裡，由於龐大的體型，怎麼看牠都顯得很特異，不過牠心想也許自己是天生的怪胎。

在牠長大之後，有一天，一頭正在覓食的老獅子靠近這群羊，赫然發現在羊群當中有一頭看起來氣宇軒昂的獅子，可是那群羊一點都不怕牠。老獅子顧不得牠飢腸轆轆的肚子，開始追著那群羊，愈追牠愈一頭霧水，因為那頭獅子居然跟著羊群一起落荒而逃。最後牠逮住年輕的獅子，只見牠一把鼻涕、一把眼淚，央求著老獅子：「求求你放了我，讓我回到同伴的身邊。」

老獅子不理會牠的哀求，將牠拖到一座湖附近，那是一座平靜的湖，湖面連一絲漣漪都沒有，看上去像是一面鏡子。老獅子強迫牠去看看湖面呈現出來的倒影，要牠看看牠自己和老獅子的模樣。那真是立即的頓悟，在年輕的獅子看到牠自己是誰的時候，牠發出一聲巨吼，吼聲響徹整座山谷。過去牠從沒有這般吼叫過，因為牠以為自己不過是隻綿羊。

老獅子說：「我已經完成我的工作了，現在就看你自己。你想回到你原來的獅隊當中嗎？」

年輕的獅子笑著說：「請原諒我。從前我完全忘記了自己是誰，幸好你幫助我想起我是誰，真是感激不盡。」

佛陀以前常說：「師父的功能就是幫助你憶起你是誰。」你並不是這塵世裡的一部分，你的家是神聖的家，只是你迷失在遺忘當中，忘記了神就藏身於自己的內在。你從沒有往內看，因為大家都往外看，所以你也往外看。

單獨是一則良機，是一項祝福，因為在你的單獨之中，你一定會遇上自己，使你首度領悟了自己的身分。當你知道，原來自己是神聖存在的一份子，你就再也不會受制於死亡、痛苦、焦慮，以及生生世世以來的一切噩夢。

在深沉的單獨之中，讓自己更加地回歸中心，那即是靜心：「在單獨之中歸於自己的中心」。那單獨必須純淨到沒有受到任何思維、情緒的驚擾，就從你的單獨完整的那一刻起，那樣的經驗，將會變成你的了悟。證悟並不來自外境，而是從你內在滋長的。

對自己的遺忘是唯一的罪。在憶起自己的美麗感受中，記住自己，那是唯一的美德，唯一的宗教。你不需當一名印度教徒，不需當回教徒，不需當基督徒，做一名有宗教品質的人唯一所需要的，只是成為你自己。

事實上，我們不是分開的，即便是此時此刻，也沒有人是分開的，整個存在是一統的有機體，隔閡的想法是由於我們忘卻了自己。這很像每一片葉子以為，自己與其他的葉子是分開的想法一樣，但是底下的事實是，它們都自同一根源得到滋養；那麼多葉子雖然分布各處，但全都長在同一棵樹上。存在的彰顯或許透過諸多樣貌呈現，但存在只有一個。

在認識自己的過程中，有一件事會變得再明顯也不過：沒有人是一座孤島，我們是一片廣闊的大陸；我們是一望無垠的存在，沒有任何界限。同樣一股生命貫穿過所有人，同樣的愛豐盈了每一顆心，同樣的歡喜在每個人身上躍動。只由於我們的誤會，使我們以為，彼此間是隔閡的。

隔閡的想法是我們的錯覺，在終極的真理中，我們將體驗「合一」的滋味。只需要再用一點聰明，你就可以跨出陰霾與苦難，走出全人類所身處的地獄。離開這個地獄的祕訣就在於記起你自己，如果你懂得你的單獨，你就有可能記起自己。

也許，你已經與你的妻子或丈夫共同生活了五十年，然而，你們依然是兩個人：你太太是單獨一個人，你也是單獨一個人。你們曾盡力營造一個「我們並不單獨」的表象，例如「我們是一家人」、「我們是同一個社群」、「我們有共同的生活方式」、「我們有著相同文化」、「我們是一個有組織的宗教」、「我們屬於同一政黨團體」。但是，這些假象不會有任何幫助。

你得認清一件事，不管認清這件事的一開始會帶給你多少痛，那就是：「我單獨一個人身在一片陌生的土地上。」當你頭一次有所體認時，那是痛徹心扉的感覺，因為你所有的慰藉、種種的幻象都脫落了。不過，一旦你有膽量接受這個事實，痛苦就會消散而逝。就在痛苦的後頭，隱藏著一個最幸福的世界：你知道自己是誰。

你是存在的智慧，你是存在的意識，你是存在的靈魂。無處不在的神性以許許多多的樣式表現，而你是其中的一部分：樹木、鳥兒、飛禽走獸、人類……這一切，不過是同一個意識在不同階段的演化。當你認出自己是誰，當你發覺當初遍尋不著的神，原來就住在自己的心裡面，那就是你達到演化的極致之時，沒有比那更高階的演化了。

生平頭一次，你的生命是有意義的，你的生活有著宗教的品質，而你並不是印度教徒、也非基督徒或猶太教徒，你只是懷抱著宗教的情操。做為印度教徒、回教徒、基督徒、耆那教徒或佛教徒，反而破壞了宗教性的純粹，因為，宗教性並不依附宗教而存在。

愛就是愛，你聽過「印度教式的愛」嗎？或是「回教徒式的愛」？意識就是意識，你以為有「印度意識」和「中國意識」的存在嗎？成道就是成道，不管這發生在白種人或是黑種人、年輕人或老年人、男人或女人的身上，都不會有所不同。那是相同的經驗，相同的滋味：你都將嘗到相同的甜美，相同的芬芳。

世上唯一不聰明的人，就是那些跑遍全世界去追尋，卻不完全知道自己所追尋的是什麼的人，有時他們以為是金錢，有時是權力、名聲或威望。

聰明人在展開外在世界的旅程之前，會先尋找自己的本質，這樣才簡單，而且也合乎邏輯——至少先看過你自己的家裡之後，才去探索全世界。那些已經看過自己內在的人，他們每個人都已經找到自己了，沒有人例外。

佛陀不是佛教徒，「佛」（Buddha）這個字單純指「醒覺者」——一個已脫離沉睡的人。馬哈維亞也不是一個耆那教徒，「耆那」（jaina）的意思是，一個已經征服自己的人。這個世界需要一場大變革，使每個人能在自己的裡面找到他自己的宗教。宗教一經過組織化之後就很危險，因為它會變成帶著宗教面具的政治活動。每個宗教都想說服更多人來皈依的道理就在於此，實際上，那是政治力量的指數，愈多人信仰的宗教，其勢力就愈龐大。可是，似乎沒有人有興趣，讓許許多多的個體找到他們自己。

我在這裡的工作包括，要帶你脫離任何形式的組織力量，因為真理從來就無法被組織化。你得單獨踏上這趟朝聖之旅，因為這趟朝聖，就在你的裡面，你不能帶任何人在身邊，還要拋下一切自他人那裡學到的東西，因為那些偏見會干擾你的視線，使你看不到你赤裸的實相。那赤裸的實相是你能找到神的唯一希望。

神，即是你赤裸的實相，無須任何形容詞的修飾。祂不受限於你的形體、你的出生、你的膚色、你的性別和國籍。祂絕對不受限於任何事物，祂就在那裡，那麼地近在咫尺：

只要往內跨一步，你就到達了。

人們一直都告訴你，朝向神的旅程是漫長的。那段旅程並不長，神不是那般的遙不可及，神就在你的呼吸裡，就在你的心跳中。神在你的血液、在你的骨髓內，只要你將眼睛閉上，往自己內在走一步，就到了。

這或許需要一點時間，因為你積習難改，即使是將眼閤起來，你的思緒還是繼續游移，那些思維是從外面來的。世上偉大的先知們都採行一個簡易的法門，那就是觀察你的思緒，只是做一名觀照者：不要譴責、不要解釋或合理化它們，保持超然、保持淡然，讓它們經過，它們會遠走的。

有一天，你的頭腦全然地寂靜，沒有一絲干擾的聲音，你即已向神的聖殿跨出第一步。

神的聖殿是由你的意識所構成，所以你無法與你的朋友、小孩、太太和父母去到聖殿。每個人都必須單獨去那裡。

關於單獨的問答

問：我從沒屬於過任何人或事，從未在自己的裡面過，也不曾覺得和別人是一體的。怎麼我的一生都是個獨行俠呢？

生命是個奧祕，你不能將它縮減成一個問題，一旦你將奧祕變成問題，你的麻煩就大了，因為沒有解決奧祕的途徑。奧祕會一直是奧祕，它不是能解決得了的，否則它就不叫做奧祕了。

生命並不是一道難題，我們常犯的一個毛病就是：凡事都馬上貼上一個問號。如果你在一個奧祕上放個問號，你將終生在搜尋答案，卻永遠不得其解，自然你會覺得挫敗不已。

我的觀察是，提出這個問題的人，他是天生適合走修行路線的人。不必當它是個問題，而是要高興地享受！沒有屬於任何人或事，是生命中非比尋常的經驗；就當一個徹底的局外人，不屬於任何地方的感覺，是一種非凡的超越經驗。

有一個美國觀光客去找一位蘇菲的師父。多年來，他已經聽聞過不少關於這位師父的事情，他深深愛上他所說的話語和他傳達的訊息，終於有一天，他決定去見他。當他走進蘇菲師父的房間時，他覺得很吃驚，因為那裡面空無一物！師父坐在裡面，但他房裡沒有一件家具。這美國人很難想像，一個住的空間居然沒有家具，他馬上就問：「先生，請問你的家具在哪裡？」

這位老蘇菲師父笑道：「那你的家具又在哪裡？」

美國人說：「我是這裡的遊客，當然不會扛著我的家具到處跑。」

老人家於是說：「我也只是在這裡逗留幾天的遊客，然後我就會走了，正如你也會走一樣。」

這世界只不過是一段充滿意義的朝聖之旅，但你並不需要變成其中的一份子，而是讓自己做一片蓮花的葉瓣。

這是人類的頭腦最大的不幸之一：頭腦讓我們將每件事都變成問題。你應該為自己感到非常高興才對，不要說你是一個「獨行俠」（loner），你用錯了字眼，那個字暗示著譴責在裡邊。你是單獨的，而單獨（alone）這個字有著無限美的涵義。你甚至都不是孤獨的，孤獨的意思是，你需要某個人；單獨則是：你根植於自己，歸於自己的中心，你對你自己來說已經足夠了。

你還沒有接受存在這項禮物，所以你才會受無謂的苦。這是我的觀察：成千上萬的人，一直沒有必要地在受苦。

換另一個觀點來看這件事，我不是在告訴你答案，我從來就沒給過任何答案。我只是給你一個新觀點、新的角度。

請這樣看待自己：你是天生的靜心者，你擁有單獨的能力，因為你夠堅強，你如此地歸於中心，深植於自己的內在，因此一點都不需要別人。是的，你可以與他人連結，但那從不會演變成一種關係。與人連結是非常好的，兩個單獨的人可以連結，但他們不會形成關係。

無法單獨的人才需要關係。兩個寂寞的人會陷入一段關係，但兩個單獨的人，則是連結彼此、享受溝通交流，但他們依舊單獨。他們的單獨沒有被沾污，仍然保持潔淨無瑕。單獨性就像是山峰，如同喜馬拉雅山峰那般壯觀，穿越過雲間，矗立在天空中。從來就沒有兩座山峰曾交遇過，是的，它們會透過清風、雨水、河川、陽光和星星進行某種交流；是的，兩者之間有種交流，有無數的對話在進行；它們互相低語著，但依然保持絕對單獨，這一點是不容屈就的。

成為天空下一座單獨聳立的山峰，為什麼你非得屬於什麼不可呢？你又不是一件物品，只有東西才能歸屬。

你說：「我從沒屬於過任何人或事，從沒有在自己的裡面過。」

並不需要！作這世界裡的一員表示了你的迷失。世俗的人就是局內人，一個佛，注定是局外人。所有的佛都是局外人，即使是身處在人群中，祂們依舊是單獨的。即使置身於市井中，祂們也並不在那裡；即使是與人連結，祂們仍然保持距離，某種細微的距離一直都在。

那個距離就是自由、是無上的喜悅，那個距離就是你自己的空間，而你卻叫自己是「獨行俠」？想必是你在與他人比較：「他們有這麼多關係，他們正在談戀愛；他們是圈內人，而我是局外人——為什麼會這樣？」你在製造無謂的焦慮。

我的想法向來是如此：無論存在給你的是什麼，那必定是你的靈魂中一樣微細的必須，否則，它根本就不必被賦予你。

請多以單獨的角度想這件事，慶祝單獨，慶祝你純淨的空間，你心中將會升起款款樂章，那是覺知的樂章，那是靜心的樂章，就像一隻單獨的鳥兒從遠處傳來啁啾的鳴聲，牠並沒有在召喚某個特定的人，只是純粹召喚著，因為滿實的心想要召喚。因為雲的水氣已經飽和了，所以它想要下雨；因為花已經成熟了，所以展開花瓣、釋放出花香……沒有要傳給誰。讓你的單獨，成為舞蹈。

我為你感到非常高興，如果你能停止為自己製造問題……我不認為你有什麼真正的問題。唯一的問題是，人自己不斷製造出問題！問題從來都沒有被解決過，它們只是融解掉了。我給你一個新視野看待事情，去融解你的問題！將你的狀況當成神的禮物接受下來，感激神給你這份禮物，並且將它活出來！你將欣喜地見到！那是多麼珍貴的禮物，你甚至都還不懂得欣賞它；那麼寶貴的禮物就在你的心房裡，可是卻沒有受到重視。

舞出你的單獨，唱出你的單獨，活出你的單獨！

我不是叫你不要愛，事實上，也只有能夠單獨的人才擁有愛的能力。孤單的人無力去愛，他們緊緊抓著他們的需要不放，怎麼有能力愛？寂寞的人無法愛，他們只會剝削；寂寞的人假裝在愛，其實只想藉此得到愛。他們沒有愛，所以根本給不出愛來，唯有懂得如何單獨自處且覺得快樂的人，才會充滿愛，這樣的人才能分享愛，而且他可以與陌生人分享愛。

記得，所有人都是陌生人，你的先生、妻子和孩子，他們全是陌生人，永遠不要忘記這件事！你並不了解你的先生，不了解你的妻子。你甚至不了解你的小孩，你懷在肚裡九個月的孩子也是陌生人。

這整個世界是一個陌生的地方，我們來自一個未知的源頭，忽然間我們到了這裡，而有一天又忽然離開這裡，回到那個源頭。這只是為期幾天的一趟旅程，所以應該活得愈快樂愈好。可是我們卻反其道而行，努力地讓自己在痛苦中愈陷愈深，將所有能量都花在痛苦上。

問：為什麼我的悲傷，感覺上比快樂真實？我很想做一個真實、誠懇的人，不戴任何面具，不過這代表我常會被別人所拒絕，請問，單獨是有可能的嗎？

有件很重要的事要了解，大多數人都有這個狀況。你的悲傷當然是會更真實，因為那是你的，那是真實的；你的快樂很淺薄，那不是你的，因為你的快樂倚賴著某個人或某件事。舉凡能夠讓你倚賴的人事物，不管你可以快樂多久，很快，你的蜜月期就會結束，而且比你所期望的還早結束。

你的快樂是因為你的男朋友、女朋友，可是他們是獨立的個體，不是每件事情都和你有相同的意見。事實上，先生所喜歡的，太太卻不喜歡；太太所喜歡的，先生卻不喜歡，真奇怪！這個現象幾乎到哪裡都看得到，原因出在：在內心深處他們痛恨著彼此，很簡單，因為他們倚賴著對方而得到快樂，可是其實沒有人喜歡倚賴，被奴役並不是人類的原始渴望。如果一個女人或男人帶給你快樂，你因此就變得倚賴他，在此同時，由於你的倚賴，你產生一股深深的恨意。你離不開這個女人，因為她讓你快樂，而你也擺脫不了對她的恨意，因為她使你倚賴。

所謂的愛的關係都是很奇怪又複雜的現象，是愛恨交織的關係，而恨意，必須要有一些發洩的出口，所以凡是你太太喜歡的，你一定不喜歡；凡是你先生喜歡的，你就不會喜歡。夫妻會為了任何一點芝麻蒜皮的事吵架，譬如要看哪一齣電影？馬上就爭執起來了。在快樂的外表下隱藏著恨意，那樣的快樂永遠只是膚淺的，只有薄薄的一層，你輕輕一摳，就可以看到相反的東西。

可是悲傷就比較真實，因為它不倚賴任何人，悲傷是你的，完完全全是你的，這件事應該會帶給你一些啟發，也就是你的悲傷比快樂更能幫助你。你從來沒有深入檢視過你的悲傷，總是以許多方式避免正視它。當你難過的時候，你跑去看電影；當你傷心的時候，你打開電視機；當你心情不佳的時候，你去俱樂部找朋友玩，總而言之，你開始做一些事情，這樣就不必看到自己的悲傷，這不是正確的做法。

當你感到悲傷的時候，那是一個很重要、很神聖的現象，那是你自己的某些東西顯現了。讓自己熟悉它、深入它，你將有驚人的收穫。靜靜地坐著，悲傷有它的美。悲傷是寧靜的，悲傷的發生是因為你的單獨，它帶給你機會去深入你的單獨。與其游走在一個接一個膚淺的快樂之間，不如將悲傷當成靜心的一個工具，觀照它，它是一個朋友！而且將會為你打開永恆的單獨之門。

要不單獨是不可能的，你可以欺騙自己，但你不會成功。我們用一切可能的方式在欺騙自己：關係、野心、成名或做這件事、做那件事。我們試圖說服自己不是單獨的，也不是悲傷的。可是遲早你的面具都會剝落——因為它是假的，所以一定會壞——然後你必須再戴上另一張面具。在短短的一生中，你要戴多少張面具？而又有多少張你戴過的面具已經溶化消失、已經改變了？然而你還是老習慣不改。

如果你想作一名誠實的個體，那就利用悲傷，別逃開它。悲傷是很大的幸福，靜靜地與它坐在一起，為它高興。悲傷沒有什麼不對的，當你與它愈熟悉，當你愈了解其中細微的差異，你會驚訝地發現：悲傷是一種深深的放鬆與休息，當你走出來的時候，你將會恢復活力與朝氣，你感覺自己更年輕、更新鮮。一旦你嘗到這個經驗，你會一再找尋那些美麗的悲傷時刻；你將會以歡迎的心情等候它們，它們將為你開啟你的單獨之門。

你單獨地出生，單獨地死亡。在這兩個單獨之間，你可以欺騙自己並不單獨，因為你有老婆、老公、小孩、金錢和權力，但在這兩個單獨之間，你確實還是單獨的；所有的事只不過讓你忙於分心，所以你不會意識到你的單獨。

從小，我就不曾與別人有任何連結。我的家人對此很關切，因為我從不與別的孩子一起嬉戲，老師們也關心地問道：「當其他小朋友在玩的時候，你都在做什麼？你只是一個人坐在樹底下。」他們以為我有什麼毛病。

我跟他們說：「你們不必擔心，事實上，有毛病的是你們和那些孩子。我一個人快樂得很。」漸漸地，他們接受我就是這個樣子，沒有什麼能夠改變我。他們試過各種方式要我與同年齡的孩子混一起，可我就是非常享受自己一個人，踢足球在我看來，簡直就是神經有問題。

我告訴我的老師：「我不懂這有什麼好玩的，沒事為什麼要把球踢來踢去？實在沒什麼道理。就算你得分了又怎麼樣？那有什麼成就可言？如果人們這麼喜歡得分，乾脆就一個人給他們一顆球，讓他們愛得多少分都可以，沒有人會攔著，直到他們高興為止！像這樣實在太辛苦了，為什麼需要無謂地找碴？」

我的老師說：「你不懂，這樣就不叫遊戲了。如果每個人都有一顆球，讓大家想得幾分就得幾分，那就不好玩了。」

我說：「我是不懂，為什麼有那麼多阻礙不讓人們得分……他們跌倒，摔成骨折，各種亂七八糟的事等等。不只如此，還有許多人來看比賽，似乎這些人並不知道生命短暫如朝露，他們居然在看一場足球賽！你看他們興奮得又叫又跳，對我來說，那簡直就是神經有毛病，我寧願坐在我的樹下。」

我有一棵樹，這棵美麗的樹位於校舍的後面，後來大家都知道那是我的樹，所以沒有人會去那裡。那時每當下課時間，或任何做「神經有毛病的活動」——所謂課外活動的時間，我總會去那棵樹下坐坐。在那裡，我有許多的收穫，所以往後每當我回到家鄉的鎮上時，我從不會去看校長，雖然他的辦公室離那棵樹不遠——事實上，那棵樹就在他的辦公室後面。我總是去看那棵樹，只為了謝謝它，向它致上我的謝意。校長見到我會走出來，他說：「怪了，你回來都不曾來看我或看學校，不過你總是會來看這棵樹。」

我說：「我在樹下所經驗到的，還多過你和那些瘋狂老師的教導，那些老師什麼都沒有給過我。實際上，他們所給我的，我事後還得擺脫掉；但這棵樹所給我的，到現在對我還很受用。」

有件令人詫異的事，這種事曾發生過兩次，所以肯定不是巧合。從一九七〇年那一年起，我就再也沒有回去那個城鎮，因為我答應過我外婆，只有當她還在世的時候，我才會回去，在她離開人世之後，那裡就沒有我駐足的理由了。我不再回去之後，有人告訴我那棵樹死掉了，我當時以為那是意外，只不過是巧合，跟我應該是沒有關係才對。可是，同樣的事又發生了一次……

當我在大學裡教書的時候，那裡有一排壯麗的樹，我常常都把車子停在樹下，那已經變成是我的特權，我也不知道怎麼會這樣。例如，教授的共同休息室裡我所坐過的椅子，後來都沒有人會去坐，甚至連旁邊的位子也都沒有人敢坐，他們都認為我有一點危險。一個滿腦怪思想、沒有朋友的人，一個反對所有宗教與傳統的人，他單獨對抗像甘地這樣受到全印度尊崇的人物，當然人們會認為：「最好離這個人遠一點，他可能灌輸你一些想法，接下來你就有麻煩了。」

當時我常將我的車停在某一棵樹下，沒有人會去停那裡，就算我沒有去停，那個位子還是會空著。其他每一棵樹都枯死了，只有我那棵樹還活得好好的，大家都知道那是我的樹。

在我辭去學校的教職一年後，副校長跟我說：「很奇怪，你那棵樹死了。自從你不來學校之後，那棵樹發生了一些變化。」

我心裡明白那是一種同步的狀況。如果你靜靜地與一棵樹坐在一起……樹是靜默的，你也是靜默的……兩份寧靜不可能保持獨立，要分割寧靜是不可能的。

你們都坐在這裡，要是你思緒紛飛，你就與這裡的人分開了。然而，如果你們全都靜下來，那麼忽然間，會有某種像是集體靈魂（collective soul）的發生。

也許，是那兩棵樹思念我，從我之後就沒有人去找它們，它們失去了溝通的對象，由於沒有任何人給它們溫暖，於是枯死了。以前，我總對那些樹懷有無限的愛與敬意。

每當你覺得傷心的時候，就去坐在一棵樹、一條河流或一顆岩石的旁邊，然後，讓自己放鬆在自己的悲傷之中，不必害怕。你愈放鬆，你就愈能熟悉悲傷的美，於是悲傷開始轉換形式，成為一股寧靜的喜悅，那並不是由外人所引發的喜悅，所以不是膚淺的快樂，膚淺的快樂可以輕易地就被拿走。

快樂是膚淺的，因為快樂倚賴著別人；接著在中間的是喜悅，喜悅並不倚賴任何人。深入你的單獨，有一天你將發現，不單只有喜悅而已，喜悅只是你半途會遇上的，當你再繼續深入，你會進入極樂的境界，那就是我所說的——成道。

利用所有的事情，那麼你就會成道，不過，請利用你自己的東西，那才是真實的。你將擁有一天二十四小時的狂喜，整個人從頭到腳容光煥發；現在的你可以分享了，你可以分享給任何一位你所愛的人。那是一份無條件的禮物，而且，再也沒有人可以令你受苦。

我所做的努力是，讓你經驗不倚靠任何人的狂喜，那並不代表你必須放棄這世界，離開你的老婆、你女朋友或你喜愛的食物、甚至是你最愛的冰淇淋，這一點與那些都無關。不管你做什麼，你的狂喜都跟著你，它將強化你的活動力，豐富你每一次的行動。你的愛會有一種不同的味道，此時，不會再有恨意躲在愛的後面，只有純粹的愛。甚至你根本沒有任何期望收到回報，因為你不需要，能夠付出即是天大的祝福，你什麼都不需要；你的內在是如此地豐足，沒有什麼能令你更加豐足的。

而且你可以不斷去分享這份狂喜，分享得愈多，就擁有愈多；你不可能匱乏，這是我所知道唯一的奇蹟。

問：隨著我的靜心日趨深入，而我真正去看我自己是誰時，我發現去維持關係成了一件困難的事。請問，是本來就會這樣，還是我哪裡不對勁？

當你進入內在的朝聖之旅時，從前向外流的那股能量，現在會往內走，因此一時之間，你發覺自己就像是一座孤島。你的困難來自於，你還不是真的安於做自己，使得所有的關係顯得像是倚賴與束縛。但這是過渡階段，請別一直存有這種心態，遲早當你再一次安頓於自己的內在時，當你的能量一直在流動時，你就又想要進入關係。

當頭腦往靜心的方向走時，起先，愛會像是一種負擔，從某種角度上來說，這是真的，因為當頭腦不是沉靜的時候，它不可能真正處於愛，那樣的愛是虛假的，比較像是迷戀，而不是愛。但除非真正的愛發生了，否則你沒有對象去對照出虛假的愛來。所以說，當靜心開始時，幻象的愛開始一點一滴消散、瓦解，可別因此失去信心，而且也不要一直抱持這種態度，以為自己有什麼毛病。

事情有兩種可能性。如果因為失去了愛的關係，你的執著使你產生灰心的心情，這對你的內在探索之旅有不利的影響，那麼，請接受這個狀況，現在你的能量正在尋求一條新的道路，會有幾天的時間，你沒有能量給外在的活動。

從事創作工作的人開始靜心時，他的創造力會暫時消失，例如你是一位畫家，你發覺自己忽然不在作畫這件事情上，你可以繼續作畫，可是卻漸漸失去能量與熱情；或你是一位詩人，你有可能寫不出詩來。如果你處在一段關係裡，愛的能量將不復從前，如果你強迫自己進入關係，試圖恢復舊有的一切，那股強迫的力量非常危險，因為你在做一件矛盾衝突的事：你一方面正試著往內走，另一方面又想往外走。正如你開一輛車，同時踩油門又踩煞車的後果將很可能釀成大災難，因為你同時在做兩件完全相反的事。

靜心只反對虛假的愛，凡虛假的終會消失，那就是讓真實顯現的基本條件。不真的必須離開，假的必須從你裡面撤退，這樣你才有空間留給真實。所以，這段時間先讓自己暫且忘記關係。

第二個可能也極端危險，那就是你的生命從此就固定成這個形態，這種事已經發生在許多人身上。例如傳統宗教中的人，那些生活在修道院裡的老和尚，他們一輩子從來就沒有愛的關係，那是他們的生活形態，因為他們以為，愛與靜心兩者是背道而馳的，那不是真的；靜心反對的是虛假的愛，但，完全與真愛在同一邊。

一旦你定下來了，那時的你再也沒有往前的路，因為你已經來到自己的核心所在，你已經抵達最底限的地方，於是你歸於中心了。你開始有充沛的能量，但能量卻沒有地方可去。當初開始靜心之時，你停止了外在的活動，而現在，你的內在旅程已完成；你已經穩定、回到家了。這股能量將會開始四處流動，那流動有著一種非常不同的品質，因為它沒有動機。

以前，當你為別人做什麼時，你帶著動機，現在卻不是，現在純粹因為你有好多的能量可以與他人分享。

以前你表現得像個乞丐，現在你是一位國王，不再向別人需索快樂，因為你已經擁有快樂了。現在，你擁有這麼多的快樂，像一朵水氣飽滿的雲禁不住要下雨一般，也像一朵盛開的花朵，你的芬芳想乘著風去到世界各個角落，那就是分享。一種新的關係開始存在，稱呼它是「關係」其實並不正確，因為它不再是關係，而是一種存在的狀態；不是你在愛，「你」就是愛。

所以別灰心，更別讓自己的生命形態從此就變成這個樣子，現在只是一個過渡時期，放棄的做法只是一個過渡工具，慶祝才是生命的目的。有些時候我們需要放棄一些事情，就好像當你生病的時候，醫生要你斷食一樣，斷食不會是你的生活形態；先暫時放棄食物，等你恢復健康，你即可以再次地享受食物。不要讓斷食變成是你永遠的生活，那是過渡階段，但在當時這麼做是必須的。

只需將愛與關係暫放到一邊，很快，你就會有能力再動起來。你盈滿洋溢著能量，行動時沒有帶著目的，那樣的愛才是美麗的；在那之前，愛只會是醜陋的，不管你怎麼辛苦嘗試，愛遲早會發酸發臭。兩個人或許都很努力想讓事情美麗一點，但事情的本質卻不「美」，而是「醜」；由於這個緣故，每一段關係遲早都會觸礁，你等著看……

靜心與慈悲

有則禪宗故事：

在中國，有一名老婦人供養了一位和尚超過二十年。她為他蓋了一間簡單的房子，當他靜心的時候，她就為他送食物過去。

有一天，她決定去探一下和尚在這些年裡的修行到什麼程度。她得到一個女孩的協助，那個女孩正好有這樣的欲望。她對女孩說：「你去擁抱他，然後突然問問他：『現在你打算怎麼辦？』」

女孩就去找和尚，她二話不說就撫摸、親吻他，然後問他接下來他要如何。「冬天裡的一株老樹長在岩石上。」和尚的回答中，帶著幾分詩味兒，接著說道：「毫無暖意。」

女孩回去將事情發生的始末，細述給老婦人聽。

「想想我養了那個傢伙二十幾年！」老婦人的語氣中有怒意，她拉大嗓門說：「他沒有體貼你的需要，完全置你的狀況於不顧。他並不需要以熱情來回應你，但至少應該對你感到慈悲。」

老婦人立即去到和尚住的小屋，將那間屋子燒掉。

有句俗話說：「種一個想法，得到一個行動；種一個行動，得到一個習慣；種一個習慣，得到一種性格；種一個性格，得到一個命運。」

我對你說：「什麼都不種，得到靜心或愛。」

什麼都不種，靜心不過就是如此，結果自然就會是愛。如果在靜心之旅的尾聲，愛還沒有開花的話，那麼整個旅程等於是白走一遭了。一定是某個地方出了問題，以致你展開了旅程，卻沒有達到終點。

愛，是試驗。在靜心的道路上，愛是一種測試；靜心與愛是一體兩面，同一股能量的兩種呈現。當其中一者在的時候，另一者一定也在；如果另一者不在，前面那者肯定也不在。

靜心並不是一種專注（concentration）。專注的人或許無法愛——事實上他不可能愛——而且可能變得更加暴力，因為，專注是保持緊張的訓練，專注會使頭腦變得狹窄，那對你的意識會造成很深的暴力。當你對自己的意識都很暴力了，你不可能對別人沒有暴力。你對自己是怎麼樣，對別人也會是那樣。

讓這件事成為生命的基本原則，這是最重要的原則之一：你怎麼對自己，就會怎麼對別人。假如你愛自己，你就會愛別人；假如你對自己是流動的，你在關係中也會是流動的。如果你內在凍結的話，你在外面也會施展不開。內在有變成外在的趨勢，內在總是會藉由外在彰顯出來。

專注不是靜心。專注是屬於科學的方法，是科學上的方法論。學科學的人，需要在專注上有很深的紀律，但沒有人會期望一個科學家很慈悲，因為他不需要慈悲，事實上，他會對大自然愈來愈暴力，科學上一切的進步都建立在對自然的暴力。科學是一種破壞，因為他們對自己的意識以暴力相向；非但不讓意識延伸擴展，反而還壓縮意識，將所有事情排除在外，只剩下一個點。那是一種強迫與暴力。

所以記著，靜心不是專心，但靜心也不是沉思、不是思考。你或許所想的是關於神的事情，即使那樣，你還是在「想」；只要有「關於」，就會有「思考」。無論你所想的是有關金錢，還是有關神的事，都沒有什麼不同。想的動作持續著，唯一在變的是思考的客體，要是你所想的是有關這個世界，或是關於性，沒有人會說你是在冥想；如果你所想的是神，如果你所想的是耶穌、克里希那、佛陀，人們就會說你在冥想。但禪宗在這件事上非常嚴格，這不叫靜心（meditation），這仍舊是思考，你關心的重點仍舊在外面。

在冥想（contemplation）裡還是有別人，雖然它的排他性不若專注來的強，冥想比專注要來的有彈性。專注中的頭腦定在一個固定點上，冥想中的頭腦則是傾向一個主題對象，不是對準在一點。你冥想的對象會換來換去，但從整體的角度看，對象依然還是同一個。

那麼，何謂靜心？靜心是單純地在自己的存在中感到愉悅，靜心是你活出自己的喜悅。靜心是很容易的：意識全然地放鬆，你什麼事都沒有做。當你一開始做什麼的時候，你馬上就有緊張、焦慮。怎麼做？做什麼？如何成功做到？如何才不會失敗？你已經跑去未來了。

假設你正在冥想，你能冥想些什麼？你怎麼可能去冥想未知的事情？又怎麼冥想不可知的事情？你只能夠冥想已知的事情，反覆咀嚼了半天，不過就是已知的一切。你可以重複去想耶穌，因為你知道一些耶穌的事情；你可以常常想克里希那，因為你知道克里希那的一些事情。就算你每次想的內容有些不同，有些調整、修飾，但你不可能因此而進入未知。

神就是未知。

靜心只是存在，沒有做任何事；沒有行動、沒有思緒、沒有情緒。你只是存在，存在就是喜悅。當你什麼都沒有做的時候，喜悅從哪裡來？它從無處來，或說，它從每一處來，它的出現不用受到任何觸發，因為存在即是由喜悅所構成，所以喜悅是沒有任何原因的。你的不快樂是有理由的，而當你快樂的時候，你沒由來地就是快樂。你的頭腦試圖找出快樂的理由，因為它無法相信沒有理由的事情，頭腦沒辦法控制沒有原因的事，這下它變得完全無能，所以非找一些原由不可。不過，我想告訴你，每當你快樂的時候，你的快樂是沒有原因的，而你的不快樂有著某些理由。你是由快樂所做成的，快樂是你的本質、你最深的核心。喜悅，就在你內在最深處的核心裡。

你看樹，看小鳥、雲朵、星星……如果你有眼睛的話，你將會看得出來，整個存在無處不是喜悅的。樹的快樂並沒有理由，而你看它們不會當上總裁或總統，也不會變有錢，它們沒有銀行的存款；看看花兒——沒有任何理由，它的快樂之深真是不可思議。

整個存在是由一種東西所構成，它叫「喜悅」。印度教的人叫那做「satchitanand」，「anand」即是喜悅，那就是為什麼不需要理由或原因。如果只是與自己在一起，沒有做什麼，只是享受著自己、與自己同在，而且很高興你活著，高興自己正在呼吸，高興你正聽著小鳥的鳴唱，而不用任何理由，那麼你就是在靜心之中。靜心就是活在此時此地，當你無端感到快樂時，你的快樂不可能局限在你一個人身上的，快樂將會傳播、分享給他人。你守不住它，因為它是這麼多，好像無止無盡一般；你無法將它握在你的手掌心，你必須允許它傳遞擴及出去。

這即是慈悲；靜心是與你自己在一起，當你與自己在一起時，慈悲即開始流露。從前是熱情的那股能量，現在變成是慈悲，被削減到身體或頭腦裡面的，正是同一股能量，從小洞中洩漏掉的能量，也是那股能量。

性是什麼？它只是從身體的一處小洞中所漏出的能量，印度人真的就是說「洞」（holes）。當你能量滿溢流動的時候，當你的能量不經由「洞」流出去，那麼所有的牆壁都消失了，你成為整體，從此你無法自己，開始延展出去。

不是說你要變得慈悲，不，在靜心的境界中，你就是慈悲。慈悲與熱情（passion）一樣的溫暖，所以慈悲這個字才叫「compassion」，它很熱情，但它的熱情並沒有針對特定的對象，而且也不尋求任何報酬。整個過程的順序剛好顛倒過來，起先你從某處找尋快樂，現在你找到了，而且你將你的快樂表達出來。熱情尋找快樂，而慈悲表達快樂，但慈悲是熱情的、溫暖的，這點你必須了解，因為，慈悲有矛盾的特質。

愈偉大的事情就愈矛盾，靜心與慈悲是最高的山峰之一，所以它們一定是矛盾的。

矛盾就在於，一個靜心的人是很淡然的，但並不是漠然；淡然而溫暖，但還不到熱的程度。熱情是熱的，它的溫度幾乎就像發高燒一般。慈悲則是淡然而溫馨，它是一種歡迎與接受，等待著分享、隨時準備好要分享，因為它很高興可以分享。如果靜心的人變得冷漠的話，這個人就錯過重點了，他不過是一個壓抑的人。壓抑熱情會使人麻木，也因此，全世界的人都變得沒有感情，人人都壓抑自己的熱情。

從小，你的熱情就受到打壓，每當你正要開始展現你的熱情時，總會有某個人，例如你母親、父親、老師、警察，他們馬上會對你疑神疑鬼，你的熱情於是遭到約束與抑制，因為他們一句：「不可以！」你很快地就縮回去了。逐漸你學到一件事，為了過太平日子，你最好聽周圍的人所說的話，這樣比較安全。

所以怎麼辦？當一個孩子有滿腔熱情與能量，他很想要又跑又跳，可是他爸爸正在看報紙，他該怎麼辦？雖然報紙上寫的都是垃圾，但他是一家之主，在家中的地位很高。怎麼辦呢？這孩子想做的是一件很棒的事，在他的裡面迫不及待想手舞足蹈的是神，但是爸爸卻在看報紙，不可以吵吵鬧鬧的，所以小孩子不能跳舞、不能跑跳、不能大聲叫。

他將會抑制他的能量，試著保持冷漠、集中，努力控制自己。控制，被當成一項極高的價值，但實際上，根本一點價值都沒有。

一個控制的人是死板、呆滯的人，控制的人不見得有紀律，紀律是全然不同的一回事。紀律來自覺知，控制出於恐懼。你身邊的人氣勢比你強，他們可以懲罰你或傷害你，他們擁有一切控制、腐化、壓抑的力量，孩子因而也開始懂得察言觀色。當性能量出現時，孩子不知所措，因為社會反對性能量，主張必須將性能量疏導到別的地方，而孩子全身上下都流竄著這股能量，所以他的能量一定會被切斷。

在學校裡我們都做些什麼事？實際上，學校比較是控制的工具，而不是傳授知識的工具。孩子一天有六、七個小時坐在那裡，這會抑制他的舞蹈、歌唱與喜悅，這是一種控制。每天坐在一個像監獄一樣的地方六、七個鐘頭，能量自然日漸乾涸，這孩子變成很壓抑、很僵硬，現在沒有那條能量流了，因為能量不再來了，他活在最小的能量限度中，我們說那叫控制。**壓抑的人永遠無法活出最大的生命格局。**

心理學家一直在所究，他們發掘出一項造成人類不幸的重大因素，那就是一般人只活出了百分之十的生命：他們只呼吸了百分之十，只愛百分之十，只享受到百分之十，他們有百分之九十的生命沒有被允許活出來，這真是暴殄天物！一個人應該活出他百分之百的能力，只有那樣，他才會開花。

所以，靜心不是控制，不是壓抑。要是你不慎有了錯誤的想法，你壓抑了自己，強烈的控制將造就你的冷酷無情，因為你變得愈來愈漠然，凡事都事不關己、不在乎、不可愛，這不是超脫，相反的，幾乎可以說是一種自殘。你以最低最少的能量生存，活得不痛不癢；你的生命不是兩端燃燒的蠟燭，而只是火光非常微弱的小火焰，冒著濃濃的煙，幾乎見不到一絲火光。

走在靜心道路上的人常發生這樣的情形，例如天主教徒、佛教徒、耆那教徒，他們後來都變得冷冰冰的，控制對他們來說是駕輕就熟的事。覺知需要費力，控制則是輕而易舉，只需培養控制的習慣就行了。你養成某些習慣，然後習慣會占據你，你沒什麼需要煩惱的，因為接下來，你只需要跟著習慣走，習慣都是機械式的，使你活得像個機器人。你也許會看起來像個佛，但你不會是個佛，而是一座沒有生命的石像。

如果你沒有變得慈悲，那你就是變得無動於衷。無動於衷意謂著沒有熱情，而慈悲是蛻變後的熱情。去看天主教、耆那教、佛教裡的僧侶，你將會發現到非常無趣的人物典型——遲鈍、愚蠢、呆滯、封閉、畏縮與無時不在的恐懼。

控制的人，永遠都處於緊張狀態，因為，混亂依然在他的內心底。如果沒有控制，你很流動、很活生生的，自然不會有緊張。沒有緊張的問題存在，反正不管發生什麼，發生就發生了，你對未來沒有預期，也沒有在假裝什麼，所以有什麼好緊張的？看看天主教、耆那教、佛教的僧侶，你會發現他們非常緊張，在修道院裡也許還不會那麼緊張，假如把他們帶到外面的世界，你將看到他們面臨極大的壓力，因為處處充滿著誘惑。

靜心的人，會來到一個沒有誘惑的點。試著了解這一點，誘惑從來都不是來自外在，它是被壓抑的欲望，也就是受到壓抑的能量、憤怒、性、貪婪，壓力即是由此而來。誘惑來自你的內在，跟外面的人事物一點都沒有關係。不是魔鬼跑來誘惑你，是你自己飽受壓抑的頭腦變邪惡，它想要報復，所以為了控制好頭腦，一個人必須保持得很冷漠、很僵硬，讓生命的能量無法流通到你的軀幹、四肢。如果不小心讓能量流動起來的話，被壓抑下去的東西就會浮出檯面。

那就是為何人們學會了如何冷漠，他們學習怎麼去接觸別人，卻碰觸不到別人，他們學怎麼去看別人，卻看不著別人。生活中充斥著像：「哈囉，你好嗎？」的陳腔濫調；嘴巴上那麼說著，心裡卻沒有一點誠意，這種話只是為了避免兩個人的正面交會。人們不敢正眼看著別人，也不敢去握別人的手；不想去感覺另一個人的能量，也不讓彼此的能量交互流動。他們怕東怕西，只是大概做個樣子，既冷淡又呆板，好像身上罩了一件束縛衣。

靜心的人已經學到如何充滿能量，而且是最飽滿的能量。他活在顛峰，讓自己住在最高的山頂。他必定是有溫情的人，但不會是發高燒，只是平實地呈現出生命的樣子。他不會一頭熱，因為他很冷靜，不被欲望所驅使；他是如此地快樂，使他不再需要去尋找任何快樂。他是那般地從容自得，安於自己的家，他不再想去到哪裡，不再到處追逐……內在無比的平靜。

在拉丁文中有一句格言：「**行動跟隨你的本質。**」這句話說得真好，不要嘗試改變你的行為，試著去找出你的本質，行動自然會跟著改變。行為是次要的，存在才是主要的；行為是你去做某件事，本質是你的存在的樣子。行為從你而出，但它只是一小局部，即使將你一切的作為加起來，也不會等於你的本質，因為所有做過的事加起來將是你的過去。那你的未來要怎麼說？你的本質中，涵蓋著你的過去、未來、現在，你的本質包含永恆。就算把你的行為全部加起來，也只是過去罷了，過去是有限的，未來是無限的。已經發生過的是有限的，那是可以被定義的，因為它已經發生了。尚未發生的是無限的，也是無法被定義的。你的本質包含永恆，你的行為僅只包含過去而已。

所以說，一個從以前到現在都是罪犯的人，他有可能成為下一位聖者。千萬別從一個人的所作所為判定他，要看他的本質。罪人可以變成聖人，聖人可以淪為罪人。每個聖人都有過去，每個罪人也都有未來。

永遠別以一個人的行為表現來評斷他。可是，除此之外又沒有別的辦法，因為你連你自己的本質都不了解，又怎麼看出別人的本質？一旦，你知曉了自己的本質，你就學會那種語言，於是你懂得看進他人本質的訣竅。你能看見自己到什麼程度，你就能看見別人到什麼程度。倘若你能徹頭徹尾地看清自己，你也將能從頭到腳地看清別人。

在我開始講這個美麗的故事前，有幾件事：

如果你因為靜心而漸漸有變冷漠的趨勢，要警覺。要是你的靜心讓你更加溫暖、更有愛、更流動，很好，你走在正確的道途上。假設你的愛變少了，慈悲也正在消失，你的感情愈來愈薄，那就要趁早改變你的方向，不然你遲早會變成一道牆。

不要變成一道牆，讓自己活絡些，就像一條川流不息的溪流，讓自己悸動、融化。

當然，問題是存在的。為什麼人們會變成一道牆？因為牆是可以被界定的。牆可以畫清界限，又有清晰的形狀輪廓，印度人稱那是「nam roop」，意思是名與相。如果你融化、流動，這時你就失去了界限，不知自己身在何方，不知最終會到哪裡，又會從哪裡再開始。你不斷與人們深入地在一起，以致所有的界限逐漸愈來愈不像是真的。有一天，界限消失了。

事實就是那樣，現實是沒有界限的。你認為你止於哪裡？到你的皮膚嗎？通常我們都認為：「當然是這樣，我們在我們的皮膚裡層，皮膚是我們的圍牆，也是界限。」不過，要是沒有空氣在周圍的話，你的皮膚也不可能是活的，因為，若沒有持續從四周的空氣裡吸收氧氣，你的皮膚不可能活著。將這層氣體抽掉，你很快就會死亡，即使皮膚沒被抓破，你還是會死，所以，皮膚不可能是界限。

地球被兩百哩厚的大氣層所包圍，那就是你的界限所在嗎？同樣地，那也不可能是你的界限。這氧氣、大氣層、溫暖與生命沒有太陽無法存在，假設太陽不存在，或墜下來枯竭了……有一天會發生這樣的事。科學家說，有一天太陽不會再發光發熱，它會枯竭，那麼這大氣層會忽然隨之消逝，你也就跟著死亡。這麼說，太陽是你的界限嗎？物理學家現在說，這顆太陽與某個中央能量來源連接著，雖然我們還沒有能力找到那個能量來源，但那個來源確實屬實，因為萬事萬物都是交互關連的。

這樣，我們該如何決定自己的界限在哪裡？樹上的蘋果並不是你，在你將蘋果吃下去之後，它就變成了你，所以它只是等著要變成你；那是潛在性的你，是未來的你。然後你上大號，丟掉許多的垃圾，一分鐘以前，那蘋果還是你，所以究竟你該怎麼取決？我在呼吸，在我體內的那口氣是我，但前一刻那口氣或許是你的，一定會是這樣的，因為我們所呼吸的是相同的空氣，彼此吸進來又呼出去，我們是相互間的一份子；你在我裡面呼吸，我在你裡面呼吸。

不只是呼吸而已，生命裡的一切都是如此。你注意過嗎？當你靠近某些人身邊時，你感覺到活力十足，他的出現充滿著能量，牽動了你內在的回應，你也跟著活了起來。而有些人……光是見到他們的臉就足以讓你覺得倒胃口，光看他們在那裡就夠你受的，他們一定往你身上注入什麼有毒的東西。每當你待在一個讓你感到神采飛揚的人身邊，你的心裡有些東西開始跳動，使得你心跳加快，這個人一定對你傾注了某些東西。

我們都在給彼此一些東西。所以在東方「撒尚」（satsang，接近真理、與師父的存在同在）顯得非常重要，與一個已經知道的人在一起，只是與他的存在在一起就已經足夠，他將持續不斷地傳送他的存在給你，你也許知道，也許不知道；今天你也許發覺到，也許沒有發覺到，但是遲早有一天，種子會開花。

我們之間是息息相關的，每個人並不是各自獨立的島嶼。一個冷漠的人就像一座孤島，那是一件不幸，一件大不幸，因為你原可成為一塊遼闊的大陸，而你決意變成一座島嶼。你本來可以如自己隨心所欲的擁有富裕，卻決定去過赤貧的生活。

不要變成一道牆，不要去壓抑，否則你一定會變成一道牆。壓抑的人都是戴著面具的，他們假裝自己是另一個人。壓抑的人，內心世界和你其實沒有兩樣，只要有機會，只要一點刺激，他內在的真實面就會跑出來。那就是為什麼，出家人會從世界裡消失，因為這裡有太多刺激、太多誘惑了，他們在這裡很難知足、很難把持得住。所以他們跑去喜馬拉雅山或洞穴裡，從世界當中退休之後，就算有些想法、誘惑和欲望升起，他們也沒有辦法去滿足了。

但是，這不是轉化之道。

會變成冷漠的人，其實是非常熱情的；會立誓要獨身的人，其實是性慾很旺盛的；頭腦很容易從一個極端跳到另一個極端。我所觀察到的是，對食物很執著的人，絕大部分後來會轉而對斷食執著，這是必然的，因為你無法在一個極端上待太久。當一件事做得太多、太過時，不用多久你就會厭倦；沒有別條路，你必須移到另一個極端上。

那些會跑去出家的人，是很世俗的人，他們曾經極度投入在市場裡，然後鐘擺就會盪到另一邊。貪婪的人放棄這世界，這樣的棄世不是基於了解，而是貪婪倒錯的表現；他們先是努力地積攢……然後忽然，他們覺得事情的荒繆與無意義，於是就通通丟開。原本連一毛錢都害怕失去，現在換成害怕還有一毛錢留在身邊，可是恐懼一直都在。早先他們對這世界太貪婪，現在他們對另一個世界太貪婪，但貪婪從沒變過。這些人早晚會進入修道院，成了偉大的獨身者、棄俗者，然而，他們依然不改本色。

除了覺知，沒有什麼能改變一個人，絕對沒有。所以別想假裝，不會發生的就是不會發生。了解這件事，既不要假裝，也別讓他人誤信曾有任何改變發生過，因為沒有人會在這場騙局中失去什麼——只有你。

那些想控制自己的人，選了一個很蠢的方式，控制是無效的，他們還會因此變成冷血動物，那就是控制自己唯一的辦法——讓自己冷冰冰的，能量就不會升起。獨身禁慾者不會吃太多，事實上，他們會讓身體挨餓，因為身體有愈多能量的時候，性能量也就會更多，可是，他們不知道怎麼處理這麼多的能量，所以，佛教僧侶一天只吃一頓飯，可是那是不夠的，他們為了不讓身體有多餘的能量，只吃進身體的最低所需而已，這種禁慾不叫禁慾。

當你的能量自然流動，而能量開始自行蛻變成愛的時候，你自然變得無欲，那才是很美的一件事。

有位心腸很好的老婦人，走進店裡買了一包樟腦丸，隔天她回來又買了五包，過了一天之後，她又回來買一打。

「你家一定有很多蟑螂。」店員說。

「對啊，」好心腸的老婦人回答，「我已經連續三天在灑這些樟腦丸，但是目前為止，我只打死一隻蟑螂而已！」

以控制的方式會連一隻都打不中！事情不是那樣解決的。你與樹葉、樹枝對抗，你這邊剪剪、那邊修修，那不是結束那棵欲望之樹的辦法，真正的做法是砍掉樹的根。而唯有當你深及欲望的根時，根才能被砍斷。嫉妒、憤怒、羨慕、怨恨、渴望，它們只是枝微末節，當你愈深入一層，你將愈有所領悟，你知道它們來自同一個根源，那個根源就是你的不覺知。靜心意謂著覺知，覺知能斬斷所有的根，整棵樹就會自行消失，於是熱情轉變為慈悲。

我聽過一位年高德劭的禪師晚年的故事。九十六歲的他雙眼幾乎已經失明了，那時他沒辦法再教人習禪。老師父決定該是離開人世的時候，因為現在他對任何人都沒有用處，所以他停止進食。

當寺裡的僧侶問他為什麼不吃飯的時候，他回答說自己已經活夠久了，現在他只會妨礙到大家。然而他們告訴他：「現在是一月，天氣還十分寒冷，如果您這時候走，在這麼冷的天舉行您的喪禮，會給大家造成更大的不便，所以，還是請您吃東西。」

這種事情只可能發生在禪寺裡，由於弟子對師父的愛與尊敬是如此之深，所以不需要拘泥於任何常規。於是老師父又恢復進食，但是當天氣漸暖時，他又停止進食了，沒有多久他就悄然無聲地辭世。

如此深的慈悲！他為慈悲而活，為慈悲而死，甚至選好了一個離開的時機，這樣就不會打擾到別人。沒有人需要當一個麻煩人物。

我還聽過另一位禪師即將過世時的事。

他說：「我的鞋子在哪裡？請將我的鞋子拿給我。」

某個人問他：「您要去哪裡？大夫說您的時間剩下不多了。」

禪師說：「我要去墓地。」

「為什麼？」

他說：「我不想麻煩任何人，要不然你們還得將我扛去墳場。」

他自己走去墳場，然後死在那裡。

真的好慈悲！這個人的禮貌真是沒有話說！連那一點事情都不願去麻煩別人，而這樣的人卻曾經幫助過無數人，有許多人對他深懷無限感激，他們因為他而成為光與愛，可是他不會想去打擾別人。當他還有用的時候，他願意活著，並且去幫助別人，一旦沒有用處了，那就是他離開的時辰。

現在，回到這則故事。

在中國，有一名老婦人供養了一位和尚超過二十年。她為他蓋了一間簡單的房子，當他靜心的時候，她就為他送食物過去。

這是東方發生過的奇蹟，西方人至今還是不能懂為什麼。這在東方已存在了好幾百年，當一個人修行的時候，社會就供養這個人，他靜心就夠了，沒有人會認為他是一個負擔，不會有「為什麼我要養他？」的想法。正由於他只要靜心就夠了，東方人發現到，即使只有一個人成道，他的能量將會與所有人分享；即使只有一個人的靜心開花，他的花所攜帶的芬芳將會融入社會的一部分，這是莫大的收穫，所以東方人從來就不會說：「不要坐在那裡靜心。誰要養你？誰要給你衣服穿？誰要供你地方住？」佛陀有一萬名門徒跟著他游走各處，但人們很樂於供養、照料他們，因為他們在修行。

西方人很難想像那種方式，連在東方也漸漸式微了。在中國，許多修道院都已關閉，原本修行的場所被改成醫院或學校；優秀的師父已經不多見了，他們被迫下田或到工廠工作。沒有人可以去修行，因為他們已經失去了一項重大的了解，滿腦子只有唯物主義的想法，彷彿物質才是一切。

在小鎮上，如果有一個人開悟了，那麼全鎮上的人都會跟著受益，供養他並不是一種浪費，因為，沒有任何事情可以讓你得到這麼珍貴的寶藏！人們都很樂於提供幫助。

這個女人幫助了一名和尚二十年的時間，他除了打坐靜心以外，什麼事都沒做。她為他蓋了一座小屋，並且悉心照料他的起居。有一天，她想知道這名和尚的靜心是否已經開花，還是他這些年來只會打坐。二十年的時間夠長了，加上她年歲漸大，有可能隨時說走就走，所以她想知道自己所服侍的是一名真正的靜心者，還是說謊的騙子。

有一天，她決定去探一下……

這個女人必定對自己有很深的了解，因為她所嘗試與試驗的方法，顯示她充滿悟性。

有一天，她決定去探一下和尚在這些年裡的修行到什麼程度。

要看出一個人的修行是否有所進展，唯一的標準就在「愛」與「慈悲」。

她得到一個女孩的協助，那個女孩正好有這樣的欲望。她對女孩說：「你去擁抱他，然後突然間問他：『現在你打算怎麼辦？』」

有三種可能性。第一：如果他有二十年的時間都沒有碰過一個美麗的女人，頭一個可能是他受到引誘，並成為引誘的犧牲者，他會把靜心忘得一乾二淨，而和這個女孩做愛。另一個可能是，他還是保持不為所動，繼續他的矜持，而且不會對這女孩流露任何慈悲：他會硬是退縮回去，這樣就不受誘惑的刺激。第三個可能，如果他的靜心已經開花結果的話，他將充滿愛、同理心與慈悲，並想要去了解這個女孩，希望能夠幫助她。她不過是這三種可能的一項測試。

假如情況是第一種，代表他一切的修行是白修了。如果是第二種的話，那他只達到當出家人的標準，還沒有達到作為一名靜心者的真正標準。

想必你聽說過俄國的行為主義者帕卜洛夫（Pavlov）這個人，他說人、動物或任何東西都是沒有意識的，一切只是一個頭腦的機械構造。你可以訓練這台頭腦的機制，看你要給與什麼制約，它就會開始以那種方式工作。頭腦的運作是依制約而產生反射動作，如果你把食物放在狗的前面，牠會馬上露出垂涎三尺的樣子，開始分泌唾液並一面朝食物跑過去。帕卜洛夫試過一件事，每當他要給狗食物時，他會先搖鈴，漸漸的，狗將鈴聲與食物聯想在一起，然後有一天，他光只是搖鈴而已，那隻狗馬上就流著口水朝他跑過去。

這是很荒謬的，以前從來沒有人知道狗會對鈴聲有這種反應。這個鈴聲不是食物，但食物與鈴聲的關聯性已經制約住狗的頭腦。帕卜洛夫說，人也可以用同樣的方法來改造。例如，每次性慾出現後，你就懲罰自己：斷食七天，或鞭打你的身體，或在寒冷的夜裡站一整晚，慢慢地身體就學會了這招把戲。每當性能量出現時，身體立刻自動壓抑自己，因為它怕被懲罰。如果你按照帕卜洛夫的思考方法，賞與罰就是制約頭腦的方式。

這個和尚一定都是這麼做的，許多人也都是如此；修道院裡百分之九十九的人都只是在重新制約他們的頭腦與身體。然而，意識與那些都無關，意識不是一項新的習慣，而是帶著覺知去過生活，不受任何習慣的約束，不被任何機制所占據，它是超越機械性的。

她對女孩說：「你去擁抱他，然後突然間問他：『現在你打算怎麼辦？』」

這個「突然」是整件事情的關鍵。要是你給他一點時間，頭腦就可以用既定的方式運作，那是頭腦的功能，所以不要給他任何時間。他一直都獨自住在城外，在三更半夜的時候去找他，那時他一個人在靜心；直接走進那間小屋，二話不說就去愛撫他、抱他、親他，接著馬上問他：「現在你打算怎麼辦？」觀察他的反應，看他是否有任何變化，聽他說些什麼，他臉上閃過何種神情，他的眼神透露出何種訊息，他的反應與回應是什麼。

女孩就去找和尚，她二話不說就撫摸、親吻他，然後問他接下來他要如何。

「冬天裡的一株老樹長在岩石上。」和尚的回答中帶著幾分詩味兒，接著說道：「毫無暖意。」

他的那隻狗已經訓練有素了，他已經制約住他的身心（body-mind），二十年的時間對訓練制約來說是夠長了，連這樣突如其來的入侵也無法打破他的習慣模式，他還是克制得很好。想必他一定是個控制能力很好的人，因為他依然保持冷靜，能量連一下都沒有受到擺動，他說：「冬天裡的一株老樹長在岩石上。」不僅很冷靜地把持住，他還能在這麼挑逗、誘人的危險狀況下，以詩意的話語回答，他的自制力由此可見一斑。

「冬天裡的一株老樹長在岩石上。」和尚的回答中帶著幾分詩味兒，接著說道：「毫無暖意。」

女孩回去將事情發生的始末細述給老婦人聽。

「想想我養了那個傢伙二十幾年！」老婦人這時語氣中帶有怒意。

他的靜心還沒有開花，只是變成一具冷漠又沒有感覺的死屍。也並沒有悟道或成佛。

「他對你的需要相應不理……」

一個慈悲的人，永遠會想到你和你的需要，他那一副自我中心的冷漠，說明了他是什麼樣的人：「冬天裡的一株老樹長在岩石上——毫無暖意。」對於那名女孩，他都沒有提到隻字片語，甚至連問都沒有問：「你為什麼來這裡？你需要什麼？為什麼這麼多人之中，你選擇了我？請坐下來。」

他應該聽聽她說話的。她一定處在萬分需求的狀況下，要不然，沒有人會在大半夜裡，跑去找一個已經坐禪二十年的和尚，一個快要消失在世上的人。她為什麼會來？他一點都沒有注意到她。

愛永遠都會想到別人，自我只會想到自己；愛永遠是善體人意，自我則不在乎他人死活。自我只有一種語言，那就是「自己」，它永遠在利用他人，愛則是願意被別人所使用，愛，隨時準備好要去服務別人。

「他對你的需要相應不理，完全置你的狀況於不顧。」

當你去到一個慈悲的人面前，他會注視著你，看進你的心坎裡去；他試著發現你的問題是什麼，為什麼你陷在這種狀況裡，為什麼你去做現在做的這件事。他將自己忘懷，專注力完全放在前來找他的這個人身上，這個人的需求、困境、焦慮是他所關心的。他會盡力去協助，只要是他能做到的，他都會去做。

「他並不需要以熱情來回應你……」

那是真的，慈悲的人無法以熱情回應你，他並不冷酷，但他是淡然的。他可以給你他的溫暖、滋潤，但他無法給你任何熱，因為他沒有。請記住，一個發高燒的身體與一個溫暖身體的不同之處，一個發高燒的身體是不健康的，而溫暖的身體是健康的。熱情使一個人像發高燒一般，你看過自己陷入高度熱情時的樣子嗎？那時的你可以說得上是個瘋子，瘋狂、無忌憚地做著某件連自己都不知道為什麼要做的事，你整個身體顫抖個不停，身處在一個沒有颱風眼的颱風之中。

溫暖的人是健康的，像一位母親將孩子抱近自己的胸懷餵奶時，孩子所感受到的溫暖包圍、滋潤與歡迎。所以，每當你走進一個慈悲者的靈氣氛圍內，你進入了一個母親般溫暖的環境裡，那是一個很滋潤的能場。事實上，如果你靠近一個慈悲者，你的熱情將會消失，他的慈悲是如此強而有力，他的溫暖是如此之深，他的愛源源不絕灑落在你身上，你一定會變得沉靜下來，歸於自己中心。

「他並不需要以熱情來回應你，但至少應該對你感到慈悲。」

老婦人立即去到和尚住的小屋，將那間屋子燒掉。

在那二十年的時間裡，他的修行不過是做個象徵性罷了，雖然他希望能有所精進，但事實證明，他白白浪費了二十年的時間。當一名虛有其表、壓抑又冷漠的出家人是不夠的，冷漠，意謂著你的壓抑，而且是很深的壓抑。

那正是為什麼我常告訴你：當你進入靜心時，慈悲與愛會自動產生，它們如影子般跟隨著靜心。所以，你用不著擔心整合的事，整合將會自行發生，你不必去做任何事讓它出現。選擇一條道路，如果你選愛、奉獻、舞蹈的道路，選擇讓自己融化在你的愛裡邊，選擇經由愛朝向神聖，那是消融的道路，此時覺知是不需要的；你需要的是讓自己喝醉，與神一起喝醉，你需要當一名醉漢。或者，你選擇靜心的道路，那時你就不需要消融進入任何事，你所需要的是愈來愈凝聚，你需要成為整合、警覺與覺知的。

你順著愛的道路上走，有一天，你將會看到靜心已在你裡面開花，你的心田開出千千萬萬朵蓮花，可是當初，你並沒有為那些蓮花做些什麼，你所做的是別的，然後它們就開花了。當愛與奉獻達到本身的極致，靜心就開花了。靜心的道路也是一樣的，只要忘掉愛、奉獻，你只要靜靜地坐著，保持警覺、享受你的存在，那樣就夠了；和你自己在一起就夠了，學習如何單獨，就這樣。別忘了，一個懂得單獨自處的人是從來不會寂寞的，唯有不知道如何單獨自處的人，才會孤單。

在靜心的道路上，你所要尋找、欲求、希望與祈禱的是單獨。讓自己單獨，直到你的意識中絲毫沒有別人的影子在晃動。在愛的道路上，讓自己融化，直到只剩別人是真實的，而你變成影子，漸漸地，你徹底消失不見。在愛的道路上，神在而你不在；在靜心的道路上，神不在而你在。但最終和最總說來，結果都是一樣的：你內在有一項偉大的整合發生了。在剛開始的時候，永遠不要想去綜合這兩條路，它們終將交會——在最高峰交會，在聖殿裡交會。

猶太教士莫許的一位門生很窮，他向老師抱怨，自己的可憐處境阻礙了學習與禱告。「在這個時代，」莫許說，「最大的奉獻在於，完全如實接受這個世界，這比學習與禱告還偉大。」

對於一個走在靜心或愛的道路上的人，如果他能夠如實接受這世界所呈現出來的樣子，這對他將會有所幫助。世俗的人從不接受這世界的樣子，他們企圖改造世界、重整事情的秩序等等，總之，都是對外面的世界做改變。一個有宗教品質的人會接受外境的狀況，他不受到干擾，外面是什麼樣子對他並沒有影響，他工作的重心是內在。有人透過愛行動，有人透過靜心行動，但兩者都是內在的行動；宗教的世界是內在的世界，內在是超脫一切的。

在拉丁語中，「罪」（sin）有兩種意義：第一種是「沒有命中目標」，另一個意義是

「外面」，這個意義更美。在你自己的外面是一種罪；待在你裡面、你的內在才是美德。

莫許過世之後，另一位猶太教士曼戴爾問莫許的其中一名門生：「對你的老師來說，什麼是最重要的？」

這位門生想了一下，然後回答：「對他來說，最重要的是當下他正在進行的事情。」

當下，是最重要的事。

結語

擁抱矛盾

單獨是美的，愛是美的、與人們在一起也是美的，這兩者互補，而不是矛盾。當你享受著別人，就好好去享受，享受到淋漓盡致，不需要去管單獨的事。而當你受夠了別人，那就進入單獨，盡情享受你單獨一個人。

不要做選擇，選擇等於是在自找麻煩，每一個選擇都會造成你內在的分裂。為什麼要選擇？當你可以擁有兩者的時候，為什麼只擁有一個？

我的教導由兩個字所構成：「靜心」與「愛」。靜心，讓你感受到無比的寧靜；愛，使你的生命變成一首歌、一支舞、一場慶祝。你必須在這兩者之間移動，若你能夠輕易地游走於兩者之間，若你可以毫不費力地來去自如，那麼你已經學會生命中最重要的事情。

這一直是人類最大的問題：靜心與愛，單獨與關係，性與平靜；不同的稱呼，但問題是同一個。幾百年來，人們對這個問題沒有正確的了解，因而吃盡苦頭——他們去做選擇。

選擇關係的人，他們被稱為紅塵中人；而選擇靜心的人，是出家人，但這兩種人都受苦，因為他們都只有活出一半，活出一半就是受苦；成為完整才會令人快樂，成為完整才是完美的。活出一半之所以受苦的原因在於，另一未完成的部分總是會陰魂不散，隨時伺機要報復。另一部分永遠都不可能被毀掉，因為那是「你的」另一半！你本質的另一半，不是你能放棄的。

就像一座山決定：「我不要有任何山谷圍在我周圍。」你看，沒有山谷就沒有山，山谷是山存在的一部分；沒有山谷，山便無法存在，它們彼此之間是互補的。如果山選擇不要山谷，那山也就消失了；如果山谷選擇不要山，山谷就會不見。或者，你換成假裝沒那回事——山假裝沒有山谷的存在，但山谷明明在那裡，任你將它藏起來，將它掩埋在你無意識的深處，它還是一直在那裡，它是存在性的，所以你毀不掉它。實際上，山與山谷是一件事，愛與靜心也是如此，關係與單獨也是如此；單獨的山峰，唯有在關係之谷中才能夠凸顯。

事實上，唯有當你享受關係，你才能夠享受單獨。關係造成了對單獨的需要，那是一種韻律。當你與某個人深入於關係之中，你將感覺到自己非常需要單獨。你開始覺得耗損、精疲力竭、疲憊，因為你快樂到倦了、高興到累了，興奮是會令人疲乏的。與別人的連結很美，但現在你想單獨一下，將自己重整一番，這樣你又可以再度流動，再次根植於自己的存在之中。

在愛裡面，你進入另一個人的存在，失去了與自己的連繫，你淹沒了、沉醉了。這時，你需要再一次找回你自己。但是，當你一個人的時候，你又會創造出愛的需求，因為遲早你會有盈滿的能量，於是你想去分享；你將會像一條豐沛的川流，希望有人能讓你傾注你的能量，讓你給出你自己。

愛，從單獨之中滋長。單獨使你充實，愛則接收你的禮物；愛，敞空你，所以你可再度充盈起來。每當你被愛敞空時，單獨就準備好要滋潤你、整合你，這是一種韻律。

人們誤以為這是不同的兩件事，這是最危險的愚昧。紅塵裡的人讓自己精力耗盡、掏空，他們沒有給自己一點時間，不知道自己是誰，也從來沒有機會與自己相會。他們與別人生活在一起，為別人而活，他們成為眾人的一員，而不是獨立的個體。記住，他們的愛並不會令人滿足，因為他們只活出了一半，一半不可能是圓滿；只有完整才能令人滿足。

然後，出家人選擇只活出另一半，他們住在修道院裡。「僧侶」（monk）這個字的意思是一個離群索居的人，與「一夫一妻制」（monogamy）、「千篇一律」（monotony）、「修道院」（monastery）、「壟斷」（monopoly）這些字源自同一個字根，指的是單一、單獨。

僧侶選擇單獨，但很快他們就滿溢、成熟，可是卻不知道能量要流向哪裡？要往哪裡傾灑他的能量？他不允許愛與關係，不和人們在一起，這時他的能量會漸漸酸掉，因為不流動的能量會變得苦苦的。就算是甘露，當它酸敗的時候也會變成毒液，反之亦然，當毒液開始流動時，就會變成甘露。

流動使你品嘗到甘露，酸敗使你知道何謂毒液。毒液與甘露並不是兩樣東西，而是同一股能量在兩種狀態下的顯現：流動的就是甘露，停滯的就是毒液。每當有一些能量在流動，卻沒有流洩的出口時，能量就會變酸、變苦、變悲傷、變醜陋，不僅沒有使你更完整、更健康，反而讓你生病。所有的出家人都生病了，他們注定是病態的。

世俗的人空虛、無聊、疲憊，他們以義務、家庭、國家的名義勉強支撐著度日，那些名義聽起來天經地義，但他們不過是在混日子，等死亡來超渡自己。只有進了墳墓，他們才有喘一口氣的機會，活著的時候根本一刻不得閒。沒有休息的生命，並不叫生命，就像一首沒有片刻安靜的歌，那只會是一堆討人厭的噪音，讓人覺得很刺耳。

偉大的音樂結合了聲音與寧靜，兩者融合得愈好，交織成的音樂就愈有深度。聲音創造了寧靜，寧靜創造出空間接收聲音；聲音為音樂帶來更多愛，讓音樂有更多的空間給寧靜。

聆聽偉大的音樂總是讓人有祈禱與某種完整的感覺，你的內在會發生某種整合，使你更加歸於中心、根植於自己。讓天空與大地相遇，兩者不再分離；讓身體與靈魂融合，從此失去了各自的界限，合而為一。

那是偉大的片刻——當奧祕的整合發生的時刻。

做選擇，是一場由來已久的奮戰，但那很愚蠢，真的很愚蠢，所以請意識到這件事：在性與無欲之間，不要製造任何衝突，如果你引起衝突，你的性將會是醜陋、病態的，你的無欲會是晦澀、死寂的，你應該讓性與無欲兩者相遇、融合。事實上，在深深的愛、高峰的愛之後，最偉大的寧靜發生了；而跟在寧靜與單獨片刻之後的，永遠都是高峰的愛。靜心引領你到愛，愛引領你進入靜心，要拆散這兩個夥伴是辦不到的。問題不在如何綜合這兩者，事實上，要分開它們根本就不可能；重點是，你不了解它們是不可分割的，它們早已是一個綜合體在那裡，是合一的一體兩面！你不需要去綜合，因為它們從沒分開過。人類一直竭盡心力在嘗試，但從來沒有成功過。

宗教性還沒有變成一股活躍的世界性潮流，理由何在？就是這個區分：若非入世，就是出世，反正你得選一條路。當你一做出選擇，你就錯失了某樣東西；無論你選的是什麼，你都會有損失。

我說：不要選擇，活在它們的一體性當中，當然，活出兩者是需要藝術的。選擇一個，然後抓住不放是很簡單的，隨便一個蠢蛋都辦得到，而實際上，也只有蠢蛋才辦得到。有些蠢蛋選擇待在世界，有些蠢蛋選擇離開世界，聰明人兩者都要，桑雅斯（sannyas）就是這個意思，你不僅可以得到蛋糕，還可以吃到蛋糕——那才叫聰明。

讓自己警覺、覺知、放聰明，去看出那個節奏，跟著韻律一起動而不做任何選擇。保持在一種沒有揀選的覺知當中，了解這兩個極端；它們看起來相反、矛盾，但其實不，在深處它們是互補的。就像同一個鐘擺在左右擺盪，別去將它固定在左邊或右邊，如果你這麼做的話，你會把鐘給弄壞，這就是人們到目前為止所做的事。

接受生命所有的層面。

這個問題我很了解，問題很簡單，當你開始進入關係時，你不知道該如何單獨，這表示你不夠聰明。關係並沒有任何不對，只是你還不夠聰明，你讓關係變得太沉重，以致找不到獨處的空間，弄得你一身疲憊。然後有一天，你決定關係是不好的，關係是沒有意義的，你決定：「我要出家，我要去喜馬拉雅山上的洞穴自己一個人生活。」你將會夢想單獨有多麼好，因為，沒有人會侵犯你的自由，沒有人會去操控你，你根本就不必顧忌另一個人。

沙特說：「別人是地獄。」那句話只顯示出他不懂愛與靜心的互補性。別人是地獄，沒錯，如果你不知道有時要單獨，別人就會變成地獄。在所有的關係裡面，別人都變成地獄，你覺得乏味、累人、無聊。另一個人在你眼裡喪失了美感，因為對方變成已知了；你們對彼此很熟稔，再也沒有什麼驚喜會出現。你在那塊土地上旅行了很長一段時間，那片領土對你而言已不再新鮮，反正所有事情已到了令你厭倦透頂的地步。

可是你又離不開對方，另一個人也離不開你，對方也很痛苦，因為你是他或她的地獄，正如他或她是你的地獄一般。兩個人都在為對方製造地獄，而卻又緊抓著彼此不放，唯恐失去對方，因為……怎樣都比什麼都沒有來得強。至少你有個東西可以抓著，一面暗自希望情況到了明天會好轉；今天沒有比較好，那明天就會比較好。你還是可以心存希望，繼續抱著企盼，就這樣，你活在絕望當中，同時又不斷期望著。

遲早你會開始覺得還是單獨比較好，在你恢復單身的剛開始，你會覺得再美也不過了，就跟關係剛開始時會帶給你的感覺一樣，不過，這只有幾天的時間而已。正如關係裡有蜜月期，靜心也有蜜月期。起先你覺得如此無拘無束，只要做你自己，沒有人會要求你什麼，沒有人會期望你任何事。你想一早起床就起床，不想起床的話就繼續睡；你想做某件事就去做，要是你不想做的話也沒有人會強迫你。所以有幾天的時間，你感到快樂無比，但是快樂的光景過不了幾天，很快你就覺得厭煩，因為你有好多能量，但是沒有人接受你的愛。

你會成熟，成熟後能量需要去分享，否則你會很沉重，反而被自己的能量所困住。你希望某個人能歡迎你的能量，接受你的能量，好讓你卸下重量，此時你的單獨不太像單獨，而是孤獨。這時轉變發生了，你的蜜月期結束，單獨開始轉成寂寞，使你產生極大的渴求去找到一個人。別人開始出現在你的夢中。

去問問出家和尚，他們都做些什麼樣的夢，他們只會夢到女人，沒有別的；他們會夢到能夠讓他們卸下包袱的人。去問尼姑，她們只夢到男人，這是病態的現象。你必須去注意基督教的歷史，他們的修士與修女連眼睛睜開時都可以作夢，夢境已經變得如此真實，不必等到晚上。連在白天，靜坐中的修女會看到魔鬼來找她做愛。有件事很令人詫異，在中世紀，有修女因為坦言自己與魔鬼做愛而被處以火刑。她們承認自己不僅與魔鬼做愛，還懷了魔鬼的孩子，那是假性懷孕，只不過是肚子裡有熱空氣，居然會讓她們的肚子愈來愈大，純粹是心理上的懷孕。她們對魔鬼的描述鉅細靡遺，說魔鬼白天及晚上都跟著自己……那全是她們自編自導出來的。同樣的事，也發生在修士身上。

選擇單獨將造就出很病態的人類，而且似乎沒有人是快樂的；活在世俗問的人不快樂，出家的人也不快樂，全世界的人一直活在痛苦中。雖然你可以選擇，你可以選擇這個痛苦，或那個痛苦，不過痛苦就是痛苦，只有改變選擇的頭幾天，你會覺得舒服一點而已。

我要帶給你一則新的訊息，那就是：**不要再選擇，在生活中常保一種沒有揀選的警覺心；凡事要聰明一點，而不是老去改變外境。**聰明一點，改變你的心理，想體驗快樂的極致，就需要多一點聰慧！這樣，你就能同時擁有單獨與關係。

讓你的女人或男人也意識到這個韻律，沒有人能一天二十四小時都在愛，應該有人來教導人們這一點，每個人都需要一段休息時間。而且，沒有人能夠按照命令去愛，愛是一個自發的即興現象，當它發生的時候，它就是發生；當不發生的時候，它就是不發生，你不能拿它怎麼辦。如果去做些什麼，你就是在演戲，那種愛，是假的。

真正的愛侶、聰明的愛侶，他們會讓彼此警覺到這個現象：當我想單獨的時候，並不代表我拒絕你，事實上，就是因為你的愛，使得我有機會單獨。如果你的女人想要單獨一個晚上或幾天的時間，你不會覺得受傷或被拒絕，認為你的愛不被接受或歡迎。你將會尊重她想單獨幾天的決定，其實你高興都來不及！因為你的愛是這麼多，所以她覺得自己的空乏，現在她需要休息一下，好再次充實自己。

這，就是聰明睿智。

通常人們都會以為自己被拒絕，例如你去找你的女人，如果她不願與你在一起，或對你並不是那麼友愛，你就覺得被無情地拒絕，因此你的自我很受傷。自我不是非常聰明的東西——所有的自我都是愚蠢的，聰明人沒有自我，只是看著所發生的狀況，試著去了解為什麼她不想和你在一起。她並沒有拒絕你，你知道過去她曾是那麼愛你，現在她依然愛著你，只是這個片刻，她想要單獨一個人。如果你愛她的話，你不會去叨擾她、折磨她，你不會強迫她與你做愛。假如是男人想要單獨，女人不會想：「他對我不再有興趣，也許是因為他另結新歡了。」聰明的女人會讓男人單獨，好讓他能回到自己，這樣他才有能量可以分享。而這個節奏就像白天與黑夜、夏天與冬天，一直都在變化著。

愛永遠是尊重的，愛，深深地尊敬著另一個人，那是一種非常崇敬、祈禱的境界。假若兩個人真的尊重彼此，逐漸地，你們對彼此的了解將與日俱增，你開始覺察到伴侶的節奏和你自己的節奏。很快地，你發現由於愛與尊重，你們的節奏性愈來愈靠近，常常當你感覺愛的時候，對方也感覺到愛，你們之間的韻律逐漸穩定一致，就這麼自然地處於同步的狀態。

你是否曾經觀察過？當你遇到一對真正的愛侶，你會看到他們身上有許多相似的地方。真正的愛侶，就好像兄弟姊妹，讓人驚訝的是，即便是兄弟姊妹也沒有那麼神似；他們表現出來的樣子，例如走路、說話、姿態是如此相像，卻又如此不同。這種事是很自然的，兩個人只是在一起而已，就會漸漸變得心有靈犀，不需向另一個人說些什麼，對方的直覺立刻就會感應到。

當女人心情糟透了的時候，她或許並不會說出來，但男人能了解，並讓她自己獨處。如果是男人正在傷心的話，女人也能知道，然後找某個理由讓他自己單獨一下。愚笨的人所做的恰恰相反，他們永遠纏著對方不放，不給彼此一些單獨的時間和空間，直到兩個人都感到厭煩、疲倦。

愛給與自由，並且幫助對方做自己。愛是一個很矛盾的現象，一方面，愛讓你們成為住在兩個身體裡的同一個靈魂，另一方面，愛又賜予你個體性與獨特性。愛，協助你放掉你的小我，但也協助你得到最終極的自我（supreme self），如此問題就不存在了：愛與靜心是一對翅膀，它們平衡著彼此。你在這兩者之中成長，在這兩者之中成為完整。

生命潛能出版圖書目錄

心靈成長系列		作者	譯者	定價
ST0111	如何激發自我潛能	山口　彰	鄭清清	170
ST0137	快樂生活的新好男人	巴希克	陳蒼多	280
ST0139	通向平靜之路── 根絕上癮行為的新認知法則	約瑟夫・貝利	黃春華	180
ST0140	心靈之旅	珍妮佛・詹姆絲	侯麗煬	200
ST0144	珍愛	碧提	黃春華	190
ST0147	揭開自我之謎	戴安	黃春華	150
ST0149	揮別傷痛	布萊克	喬安	150
ST0151	我該如何幫助你？	高登	高麗娟	200
ST0154	自我治療在人生的旅程上	羅森	喬安	200
ST0155	快樂是你的選擇	維拉妮卡・雷	陳逸群	250
ST0156	歡暢的每一天	蘇・班德	江孟蓉	180
ST0159	扭轉心靈危機	克里斯・克藍克	許梅芳	320
ST0161	與慈悲的宇宙連結	拉姆・達斯＆保羅・高曼	許桂綿	250
ST0165	重塑心靈	許宜銘		250
ST0166	聆聽心靈樂音	馬修	李芸玫	220
ST0167	敞開心靈暗房	提恩・戴唐	陳世玲／吳夢峰	280
ST0168	無為，很好	史提芬・哈里森	于而彥	150
ST0172	量身訂做潛能體操	蓋兒・克絲＆席拉・丹娜	黃志光	220
ST0173	你當然可以生氣	蓋莉・羅塞里尼＆ 馬克・瓦登	謝青峰	200
ST0175	讓心無懼	蘭達・布里登	陳逸群	280
ST0176	心靈舞台	薇薇安・金	陳逸群	280
ST0177	把神祕喝個夠	王靜蓉		250
ST0178	喜悅之道	珊娜雅・羅曼	王季慶	220
ST0179	最高意志的修煉	陶利・柏肯	江孟蓉	220
ST0180	靈魂調色盤	凱西・馬奇歐迪	陳麗芳	320
ST0181	情緒爆發力	麥可・史凱	周晴燕	220
ST0182	立方體的祕密	安妮＆斯羅波登	黃寶敏	260
ST0183	給生活一帖力量── 現代人的靈性維他命	芭芭拉・伯格	周晴燕	200
ST0184	治療師的懺悔──頂尖 治療師的失誤個案經驗分享	傑弗瑞・柯特勒＆ 瓊恩・卡森	胡茉玲	280
ST0186	瑜伽上師最後的十堂課	艾莉絲・克麗斯坦森	林惠瑟	250
ST0187	靈魂占星筆記	瑪格麗特・庫曼	羅孝英／陳惠嬪	250
ST0188	催眠之聲伴隨你（新版）	米爾頓・艾瑞克森＆ 史德奈・羅森	蕭德蘭	320

ST0190	創造金錢（上冊）── 運用磁力彰顯財富的技巧	珊娜雅・羅曼＆ 杜安・派克	沈友娣	200
ST0191	創造金錢（下冊）── 協助你開創人生志業的訣竅	珊娜雅・羅曼＆ 杜安・派克	羅孝英	200
ST0192	愛與生存的勇氣── 自我關係療法的詮釋與運用	史蒂芬・吉利根	蕭德蘭、 劉安康、黃正頤 梁美玉等	320
ST0193	水晶光能啓蒙── 礦石是你蛻變與轉化的資產	卡崔娜・拉斐爾	鄭婷玫	250
ST0194	神聖占星學── 強化能量的鍊金術	道維・史卓思納	張振林	250
ST0195	擁舞生命潛能（新版）	許宜銘		220
ST0196	內在男人，內在女人── 探索內在男女能量對關係 與工作的影響	沙微塔	莎加培雅	250
ST0197	人體氣場彩光學	喬漢娜・費斯林傑＆ 貝緹娜・費斯林傑	遠音編譯群	250
ST0198	水晶高頻治療── 運用水晶平衡精微能量系統	卡崔娜・拉斐爾	弈蘭	280
ST0199	和內在的自己玩遊戲	潔娜・黛安	黃春華	200
ST01100	和內在的自己作朋友	潔娜・黛安	黃春華	200
ST01101	個人覺醒的力量──增強 心靈感知與能量運作的能力	珊娜雅・羅曼	羅孝英	270
ST01102	召喚天使── 邀請天使能量共創幸福奇蹟	朵琳・芙秋博士	王愉淑	280
ST01103	克里昂靈性寓言故事── 以高層心靈的視界， 突破此生的課題與業力	李・卡羅	邱俊銘	250
ST01104	新世紀揚昇之光──開啓 高次元宇宙奧祕與揚昇之鑰	黛安娜・庫柏	鄭婷玫	300
ST01105	預知生命大蛻變──由恐懼 走向愛的聖魂進化旅程	弗瑞德・思特靈	邱俊銘	320
ST01106	古代神祕學院入門書── 超感應能力與脈輪開通訓練	道格拉斯・德龍	陶世惠	270
ST01107	曼陀羅小宇宙── 彩繪曼陀羅豐富你的生命	蘇珊・芬徹	游琬娟	300
ST01108	家族系統排列治療精華─愛的 根源回溯找回個人生命力量	史瓦吉多	林群華、黃翎展	380
ST01109	啓動神祕療癒能量── 古代神祕學院進階療癒技巧	道格拉斯・德龍	奕蘭	280

ST01110	玩多元藝術解放壓力	露西雅・卡帕席恩	沈文玉	350
ST01111	在覺知中創造十大法則	弗瑞德・思特靈	黃愛淑	360
ST01112	業力療法── 清除累世障礙，重繪生命藍圖	狄吉娜・沃頓	江孟蓉	320
ST01113	回到當下的旅程── 靈性覺醒道路上的清晰引導	李耳納・傑克伯森	鄭羽庭	360
ST01114	靈性成長── 與大我合一的學習之路	珊娜雅・羅曼	羅孝英	320
ST01115	如何聆聽天使訊息	朵琳・芙秋博士	王愉淑	220
ST01116	天使之藥	朵琳・芙秋博士	陶世惠	340
ST01117	影響你生命的12原型	卡蘿・皮爾森	張蘭馨	400
ST01118	啓動天使之光	黛安娜・庫柏	奕蘭	300
ST01119	天使數字書	朵琳・芙秋博士	王愉淑	250
ST01120	天使筆記書	生命潛能編輯部		200
ST01121	靈魂之愛	珊娜雅・羅曼	羅孝英	350
ST01122	再連結療癒法	艾力克・波爾	黃愛淑	380
ST01123	Alpha Chi 風水九大封印──風水知識的源頭與九大學派的演變	阿格尼・艾克曼 & 杜嘉・郝思荷舍	林素綾	360
ST01124	預見未知的高我	弗瑞德・思特靈	林瑞堂	380
ST01125	邀請你的指導靈	桑妮雅・喬凱特	邱俊銘	380
ST01126	來自寂靜的信息── 靈性覺醒的邀請函	李耳納・傑克伯森	鄭羽庭	320
ST01127	呼吸的神奇力量──十種豐富生命的奧修鑽石呼吸靜心	德瓦帕斯	黃翎展	270
ST01128	當靜心與諮商相遇	史瓦吉多	莎薇塔	380
ST01129	靈性法則之光	黛安娜・庫柏	沈文玉	320
ST01130	塔羅其實很簡單	M. J. 阿芭迪	盧娜	280
ST01131	22 個今天靈魂課題	桑妮雅・喬凱特	林群華	360
ST01132	跨越 2012── 邀請您共同邁向黃金新紀元	黛安娜・庫柏	吳瑩榛	360
ST01133	地心文明桃樂市第一冊── 第五次元拉姆妮亞的揚昇之道	奧瑞莉亞・盧意詩・瓊斯	陳菲	280
ST01134	齊瑞爾訊息：創世基質	弗瑞德・思特靈	邱俊銘	340
ST01135	開放通靈── 如何連結你的指導靈	珊娜雅・羅曼 & 杜安・派克	羅孝英	350
ST01136	綻放直覺力── 打造你的私房通靈工作坊	金・雀絲妮	許桂綿	280

奧修靈性成長系列		作者	譯者	定價
ST6001	成熟──重新看見自己的純真與完整	奧修	黃瓊瑩	280
ST6002	勇氣──在生活中冒險是一種喜悅	奧修	黃瓊瑩	300
ST6003	創造力──釋放內在的力量	奧修	李舒潔	280
ST6004	覺察──品嘗自在合一的佛性滋味	奧修	黃瓊瑩	300
ST6005	直覺──超越邏輯的全新領悟	奧修	沈文玉	280
ST6006	親密──學習信任自己與他人	奧修	陳明堯	250
ST6008	叛逆的靈魂──奧修自傳	奧修(精裝本定價500元)	黃瓊瑩	399
ST6009	存在之詩──藏密教義的終極體驗	奧修	陳明堯	320
ST6010	禪──活出當下的意識	奧修	陳明堯	250
ST6011	瑜伽──提升靈魂的科學	奧修	林妙香	280
ST6012	蘇菲靈性之舞──讓自我死去的藝術	奧修	沈文玉	320
ST6013	道──順隨生命的核心	奧修	沙微塔	300
ST6014	身心平衡──與你的身體和心理對話	奧修(附放鬆靜心CD)	陳明堯	300
ST6015	喜悅──從內在深處湧現的快樂	奧修	陳明堯	280
ST6016	歡慶生死	奧修	黃瓊瑩	300
ST6017	與先哲奇人相遇	奧修	陳明堯	300
ST6018	情緒──釋放你的憤怒、恐懼與嫉妒	奧修(附靜心音樂CD)	沈文玉	250
ST6019	脈輪能量書I──回歸存在的意識地圖	奧修	沙微塔	250
ST6020	脈輪能量書II──靈妙體的探索旅程	奧修	沙微塔	250
ST6021	聰明才智──以創意回應當下	奧修	黃瓊瑩	300
ST6022	自由──成為自己的勇氣	奧修	林妙香	280
ST6023	奧修談禪師馬祖道一──空無之鏡	奧修	陳明堯	280
ST6024	靈魂之藥──讓身心放鬆的靜心與覺察練習	奧修	陳明堯	250
ST6025	奧修談禪師南泉普願──靈性的轉折	奧修	陳明堯	280
ST6026	女性意識──女性特質的慶祝與提醒	奧修	沈文玉	220
ST6027	印度，我的愛──靈性之旅	奧修（附「寧靜乍現」VCD）	陳明堯	320
ST6028	奧修談禪師趙州從諗──以獅吼喚醒你的自性	奧修	陳明堯	250
ST6029	奧修談禪師臨濟義玄──超脫理性的師父	奧修	陳明堯	250
ST6030	熱情──真理、神性、美的探尋	奧修	陳明堯	280
ST6031	慈悲──愛的極致綻放	奧修	沈文玉	270
ST6032	靜心春與夏──奧修與你同在	奧修	陳明堯	220
ST6033	靜心秋與冬──奧修與你同在	奧修	陳明堯	220
ST6034	蓮花中的鑽石──寂靜之聲與覺醒之鑰	奧修	陳明堯	320
ST6035	男人，真實解放自己	奧修	陳明堯	300

奧修靈性成長系列		作者	譯者	定價
ST6036	女人，自在平衡自己	奧修	陳明堯	300
ST6037	孩童，做自己的自由	奧修	林群華	320
ST6038	愛、自由與單獨	奧修（附演講DVD）	黃瓊瑩	350

心靈塔羅系列		作者	譯者	定價
ST11003	女神神諭占卜卡 （44張女神卡＋書＋絲絨袋）	朵琳・芙秋博士	陶世惠	780
ST11004	守護天使指引卡 （44張守護天使卡＋書＋絲絨袋）	朵琳・芙秋博士	陶世惠	780
ST11005	揚昇大師神諭卡 （44張揚昇大師卡＋書＋絲絨袋）	朵琳・芙秋博士	鄭婷玫	780
ST11006	神奇精靈指引卡 （44張神奇精靈卡＋書＋絲絨袋）	朵琳・芙秋博士	陶世惠	850
ST11007	大天使神諭占卜卡(2009年新版) （45張大天使卡＋書＋絲絨袋）	朵琳・芙秋博士	王愉淑	780
ST11008	古埃及神圖塔羅牌(2009年新版) （78張塔羅牌＋書＋神圖占卜棋盤）	白中道博士	蕭靜如繪圖	980
ST11009	聖者天使神諭卡 （44張聖者天使神諭卡＋書＋絲絨袋）	朵琳・芙秋博士	林素綾	850
ST11010	白鷹醫藥祕輪卡 （46張白鷹醫藥卡＋書＋絲絨袋）	瓦納尼奇& 伊莉阿娜・哈維	邱俊銘	850
ST11011	生命療癒卡 （50張療癒卡＋書＋絲絨袋）	凱若琳・密思博士& 彼德・奧奇葛羅素	林瑞堂	850
ST11012	天使療癒卡 （44張天使療癒卡＋書＋絲絨袋）	朵琳・芙秋博士	陶世惠	850
ST11013	指導靈訊息卡 （52張指導靈訊息卡＋書＋絲絨袋）	桑妮雅・喬凱特博士	邱俊銘	850

美麗身心系列		作者	譯者	定價
ST80001	雙人親密瑜伽—— 用身體來溝通、分享愛和喜悅	米夏巴耶	林惠瑟	300
ST80003	圖解同類療法——37種 常見病痛的處方及藥物寶典	羅賓・海菲德	陳明堯	250
ST80004	圖解按摩手法—— 體驗雙手探索身體的樂趣	柏妮・羅文	林妙香	250
ST80005	水晶身心靈療方	海瑟・芮芳	鄭婷玫	360
ST80006	五大元素療癒瑜伽—— 整合脈輪的瑜伽體位法	安碧卡南達大師	林瑞堂	380
ST80007	樹的療癒能量	派屈斯・布夏頓	許桂綿	320
ST80008	靈氣情緒平衡療方	坦瑪雅・侯內沃	胡澤芬	320
ST80009	西藏醫藥	拉斐・福得	林瑞堂	420
ST80010	花草能量芳香療法—— 融合陰陽五行發揮精油 情緒調理的功效	蓋布利爾・莫傑	陳麗芳	360

更多資訊請瀏覽：

www.OSHO.com
這是一個多國語言的網站，內容有雜誌、奧修的書籍、奧修的影音與聲音的演說、英文與印地文（Hindi）的奧修文字資料庫、以及大量的奧修靜心資訊。你也能找到奧修多元大學（OSHO Multiversity）的課程表，還有奧修國際靜心勝地（OSHO International Meditation Resort）的資訊。

與奧修國際基金會聯繫請至：www.osho.com/oshointernational

奧修靈性成長系列38

愛、自由與單獨

原著書名／Love, Freedom and Aloneness
作　　者／奧修Osho
譯　　者／黃瓊瑩Sushma
執行編輯／黃品瑗
主　　編／郎秀慧
發 行 人／許宜銘
行銷經理／陳伯文
出版發行／生命潛能文化事業有限公司
聯絡地址／台北市信義區（110）和平東路三段509巷7弄3號1樓
聯絡電話／(02)2378-3399
傳　　真／(02)2378-0011
郵政劃撥／17073315（戶名：生命潛能文化事業有限公司）
網　　址／http://www.tgblife.com.tw
E-mail／tgblife@ms27.hinet.net
郵購單本九折，五本以上八五折，未滿$1,000元郵資60元，購書滿$1,000元以上免郵資

總 經 銷／吳氏圖書有限公司・電話／(02)3234-0036
內文排版／普林特斯資訊股份有限公司・電話／(02)8226-9696
印　　刷／承峰美術印刷・電話／(02)2225-7055

2002年6月初版　2011年4月二版
定價：350元

ISBN: 978-986-6323-24-9

國家圖書館出版品預行編目資料

愛、自由與單獨／奧修（Osho）著；黃瓊瑩譯. -
二版. --臺北市：生命潛能文化, 2011.04
面；　公分.

譯自：Love, freedom, and aloneness: a new vision of relating

ISBN 978-986-6323-24-9（平裝附數位影音光碟）

1. 靈修

192.1　　100003179

讓生命潛能 帶你探索
Life Potential